— Ouvrage collectif —
sous la direction de Victor Battaggion

LES FIGURES DU MAL
Histoires vraies

PERRIN

SONATINE ÉDITIONS

Direction éditoriale : François Verdoux et Benoît Yvert
Coordination éditoriale : Laure-Hélène Accaoui

Éditions Perrin
12, avenue d'Italie
75013 Paris
Tél. : 01 44 16 09 00
Fax : 01 44 16 09 01
www.editions-perrin.fr

Sonatine Éditions
32, rue Washington
75008 Paris
www.sonatine-editions.fr

LES FIGURES DU MAL

Histoires vraies

Contributeurs

Jean-Yves Boriaud
Joëlle Chevé
Pascal Dayez-Burgeon
Bruno Dumézil
Fabien Faugeron
Rémi Kauffer
Jean-Pierre Langellier
Xavier de Marchis
Lorraine de Meaux
Éric Pincas
Lionel Richard
Catherine Salles
Thierry Sarmant
Françoise Thom
Olivier Tosseri
Laurent Vissière
Olivier Weber

SOMMAIRE

The Dark Side of Man

Regard noir, sourcils froncés, sourire sardonique, crocs dévoilés... Le Mal se fend la gueule. Car derrière son rictus énigmatique flotte plus insidieusement la menace. Imminente, glaçante. L'infâme brûle de bondir toutes griffes dehors pour nous dépecer en quartiers comme de vulgaires proies. Par pur plaisir, par folie destructrice ou par goût du sang. Difficile de déterminer ses motivations. Elles sont troubles, rationnellement difficiles à saisir, souvent non élucidées... Venu du fond des âges, l'ange noir harcèle l'Homme sans relâche, opiniâtre et obstiné, polymorphe. Son nom est légion : Pazuzu, Baal, Belzébuth, diable, Satan, Lucifer, antéchrist ou Asmodée. Ses facettes sont multiples, changeantes et miroitantes. Lui, dont l'image se forge chez nous réellement au XIIe siècle, prend les formes correspondant à ses divers appétits. L'ennemi dans sa quintessence, l'antithèse de soi ou l'expression d'une peur viscérale. Grand rival de Dieu, il se repaît des ombres, des angoisses, de la souffrance et de la colère du monde. Ses armées pourchassent inlassablement les mortels pour recueillir leurs âmes tourmentées et pécheresses. Causer le mal le réjouit. Le révéler dans le cœur des autres aussi...

Implacable, comme s'il était inhérent à la condition humaine. Ses terribles graines, semées dans notre âme, notre cœur et notre ADN, sont prêtes à germer au moment le plus (in)opportun. De même que pour Plaute puis Thomas Hobbes « l'homme est un loup pour l'homme », ou que pour Jean-Paul Sartre « l'enfer c'est les autres », il semble que nous soyons en droit de penser que

« l'enfer est en nous ». Qui n'a jamais eu un mouvement agressif, haineux, violent, odieux, détestable ? Une pulsion enfantée par la colère, l'envie, la haine, la jalousie ou la vengeance ? La conscience morale (le surmoi des psychanalystes), garde-fou de nos pulsions intimes, se révèle parfois bien impuissante face aux assauts du Malin – autrement dit, de nous-mêmes –, rôdeur du royaume des ténèbres, musard des sombres ruelles des nuits d'hiver, mais aussi ribleur des chemins tortueux de notre esprit.

En perpétuelle construction, l'Homme est lancé dans une course effrénée pour s'accomplir, à la recherche éperdue de son idéal. Les épreuves et les chausse-trappes sont nombreuses. La tentation, le péché (dans la tradition judéo-chrétienne) et la faute jalonnent fatalement son parcours. « C'est pourquoi on est tenté d'affirmer, par manière de dire, que nous sommes pécheurs avant toute faute, et que la faute en acte préexiste à elle-même dans la faute en puissance, dans la faute originelle. Il n'y aurait pas de mal si personne n'en commettait, mais aucun homme ne commettrait le mal si l'existence n'était pas profondément ataxique [irrégulière, désordonnée] et passionnée. Le mal est donc à la fois la cause et l'effet de la faute ; son étiologie [la recherche de ses causes] est circulaire », avance Vladimir Jankélévitch dans son *Traité des vertus*. Le philosophe semble nous proposer une vision plus sombre de notre condition : si l'Homme est par nature pécheur, c'est parce que le Mal lui préexiste et même façonne sa nature. Le diable, somme toute, attise la tentation ardente qui nous habite. Il révèle notre faiblesse, notre incapacité à surpasser notre nature imparfaite ; il hâte la défaite de notre volonté. La peur qu'il inspire subsiste à cause de la faiblesse humaine, elle-même moteur d'une croyance multiséculaire. En fautant, l'Homme renoue avec sa nature même : dès lors, succomber une fois, c'est ouvrir la porte aux dérives et aux malheurs…

… Jusqu'à vouloir anéantir l'existence de l'Autre pour édifier la sienne ? Non, bien sûr, seuls certains individus en arrivent à ces extrêmes. Question de personnalité et, bien sûr, d'état psychique. Les ressorts du désir destructeur sont complexes. Chez certains, tabous et remparts moraux tombent comme des châteaux de cartes sous les assauts de la pulsion de mort. Des milliers d'hommes et de femmes ont fait preuve – et continuent de le faire – de monstruosité, de perversité et de cruauté à travers les siècles... Il suffit de lire des ouvrages d'histoire, de parcourir le journal, d'allumer la télévision, d'écouter la radio ou de regarder brièvement les nouvelles, entre deux stations de métro, sur un smartphone.

Cet ouvrage décrypte les destins d'une vingtaine d'entre eux : empereurs sanguinaires, reines prédatrices, tyrans pervers, grands criminels... Tous incarnent l'effroi, de l'Antiquité à nos jours. Caligula (12-41), l'autocrate dément, prend un malin plaisir à torturer psychologiquement ses proches et assiste avec gourmandise au supplice des condamnés. Gilles de Rais (v. 1405-1440), compagnon d'armes de Jeanne d'Arc, est exécuté pour avoir violé et massacré une quantité effroyable d'enfants. La comtesse Élisabeth Báthory (v. 1560-1614) utilise, dit-on, le sang de jouvencelles fraîchement assassinées pour ses soins de beauté. La Voisin (v. 1637-1680), devineresse au sens aigu des affaires, devient l'empoisonneuse la plus célèbre de l'histoire de France, au grand dam de Louis XIV. Henri Désiré Landru (1869-1922) met littéralement ses femmes « aux fourneaux » en menant parallèlement à ses crimes une vie tranquille de père de famille sans aspérités. Rafael Leónidas Trujillo (1891-1961), à la tête d'un régime despotique, engage la République dominicaine dans une ère de barbarie. Idi Amin Dada (v. 1923-2003), le « Dernier roi d'Écosse » ou le « Conquérant de l'Empire britannique », colosse fruste et brutal, fait tuer près de 300 000 opposants sous sa tyrannie. Quant à Charles Manson (1934-), le hippie démoniaque, dont le nom fait encore trembler Hollywood, sa vie a inspiré bien des fictions littéraires et cinématographiques toutes plus gores les unes que les autres.

L'*hubris* ou la « démesure », une perversion définie par les Grecs de l'Antiquité, notamment par Platon et Aristote, semble frapper la majorité de ces grands monstres de l'humanité : intempérance, orgueil exacerbé, perte du sens de la réalité, sentiment d'omnipotence... Pour eux, c'est un feu qui consume l'âme. La mythologie, peuplée de dieux jaloux et vengeurs, regorge de personnages ayant dépassé la mesure, c'est-à-dire les limites imposées par les lois du monde à leur condition humaine. Tous les illustres condamnés aux Enfers ont voulu concurrencer les dieux. Mal leur en a pris. Ombrageux, les Olympiens ont foudroyé les coupables de leur bras armé : la Nemesis (la Vengeance). Tantale paie son « appétit » monstrueux par la frustration éternelle dans le Tartare. Le roi thessalien Ixion, épris d'Héra – la propre femme de Zeus ! – au point de tenter de la séduire, est attaché à une roue enflammée qui ne cesse de tourner. Sisyphe, ravisseur du génie de la Mort (Thanatos), doit éternellement rouler un énorme rocher jusqu'au sommet d'une montagne... qui retombe irrémédiablement. Savoir rester à sa place et se contenter de sa condition : voilà les hommes prévenus.

En dépit de ces exemples édifiants, l'être humain continue à faire preuve d'*hubris* – notion naturellement opposée à la *sophrosunè* (sagesse). La fièvre du pouvoir est souvent la cause de cette spirale de l'excès. Des empereurs, rois, hommes d'État et, bien sûr, dictateurs, font fi de toutes contraintes pour brutaliser leurs sujets ou leurs concitoyens. Bafouer les lois et les normes morales, imposer leur voix, satisfaire leurs désirs les plus fous devient leur priorité – la fin justifiant toujours les moyens. Néron (37-68) se débarrasse de sa mère, la terrible Agrippine, et, englouti dans ses fantasmes esthétisants, se montre sadique et implacable en fin de règne. Frédégonde (v. 550-597), la souveraine sans pitié et prête à tout pour conserver le trône des Francs, commandite une dizaine d'assassinats. Ezzelino III da Romano (1194-1259), le féroce *condottiere*, mutile atrocement ses adversaires et leurs familles sans remords. Vlad III Tepes (v. 1430-1476), le bien nommé « Empaleur », également connu sous le surnom de « Dracula », empale ses ennemis par milliers. Alexandre VI Borgia (1431-1503), le pape scélérat, fait disparaître ceux qui entravent son avidité sans limite. Le tsar Ivan le Terrible (1530-1584) mène la Russie d'une main de fer – un doux euphémisme – et tue son propre fils dans un accès de colère… Saddam Hussein (1937-2006), le « boucher de Bagdad », convaincu d'être le nouveau roi de Babylone, élimine Kurdes et chiites sans aucun scrupule. Kim Jong-un, né en 1983, suit les traces de ses prédécesseurs : en Corée du Nord, barbarie et cynisme se transmettent de père en fils… « Le pouvoir corrompt, et le pouvoir absolu corrompt absolument », dit-on.

Toutes les « raisons » qui poussent ces personnages à commettre des actes barbares s'imbriquent autour de la notion de pouvoir. Pour l'atteindre, le maintenir ou le renforcer… Dans ses *Trois Discours sur la condition des grands*, le philosophe et moraliste Blaise Pascal fait une piqûre de rappel aux puissants : « […] Et surtout ne vous méconnaissez pas vous-même en croyant que votre être a quelque chose de plus élevé que celui des autres. Que diriez-vous de cet homme qui aurait été fait Roi par l'erreur du peuple, s'il venait à oublier tellement sa condition naturelle qu'il s'imaginât que ce Royaume lui était dû, qu'il le méritait et qu'il lui appartenait de droit ? Vous admireriez sa sottise et sa folie. Mais y en a-t-il moins dans les personnes de condition qui vivent dans un si étrange oubli de leur état naturel ? Que cet avis est important ! Car tous les emportements, toute la violence, et toute la vanité des Grands viennent de ce qu'ils ne connaissent point ce qu'ils sont. » Pour les faire redescendre sur terre, il faudrait donc leur rappeler leur condition de simple mortel et leur marteler que l'exercice du pouvoir leur est échu par hasard.

Au XXe siècle, les dictateurs autocrates, tueurs de masse et fondamentalistes conjuguent folie et idéologies de tous les extrêmes. Mao Zedong (1893-1976) remet son pays sur le « droit chemin » en causant la mort de près de 50 millions de Chinois. Nikolaï Iejov (1895-1940), le « Nain sanglant » de Staline, devient par excès de zèle le chef d'orchestre de la Grande Terreur, une véritable boucherie conditionnée par la paranoïa du régime. Reinhard Heydrich (1904-1942), le technocrate du Troisième Reich, planifie minutieusement l'extermination massive des juifs d'Europe. Pol Pot (1925-1998), le fossoyeur tranquille, liquide un quart de la population cambodgienne pour esquisser un futur nouveau – égalitaire, cela va de soi – à son pays. Ben Laden (1957-2011), fondateur d'Al Qaïda, se lance dans une guerre sainte contre l'Occident, commanditant notamment les célèbres attentats du 11 septembre 2001.

Toutes ces terribles figures, ces mauvais génies, hantent notre histoire contemporaine, certes. Gardons cependant à l'esprit un facteur essentiel : le Mal prend toujours des proportions atroces quand les conditions sociales et économiques le fécondent. Le virus se propage ; l'épidémie devient incontrôlable. Dans les années 1920, par exemple, une Allemagne en pleine crise économique a entraîné la quête d'un Sauveur, la traque de boucs émissaires, une fièvre délirante d'antisémitisme et, au passage, hissé au sommet un certain... Adolf Hitler, auteur d'un coup d'État manqué et d'un pavé indigeste intitulé *Mein Kampf*. Même réflexion pour les prises de pouvoir de Trujillo, Mao, Staline, Amin Dada, Pol Pot et Saddam Hussein ; Ben Laden procédant d'un autre registre où le fanatisme religieux et idéologique ne débouche pas sur la conquête du pouvoir.

Bien évidemment, cette liste ne se veut pas exhaustive. D'autant qu'elle a été volontairement pensée sans certaines grandes figures comme celles d'Adolf Hitler justement ou Joseph Staline. Trop connus, ils éclipsent, dans la mémoire collective, d'autres spécimens rares et venimeux, comme Reinhard Heydrich et Nikolaï Iejov.

Dans ces pages, les plus grands spécialistes ont mis toutes leurs compétences au service d'un récit haletant des faits, abjects, et dans la mesure du possible d'un décryptage des mécanismes psychologiques sous-jacents ayant animé ces génies du mal. Tout est terrifiant. Tout est terriblement vrai.

Cet ouvrage collectif souhaite offrir plus qu'une simple galerie de portraits maléfiques. Il est conçu comme un polyptyque dont les différents panneaux forment une œuvre « réaliste » de la noirceur des hommes. Le lire, c'est en quelque sorte plonger dans les recoins insondables de l'âme humaine…

Victor Battaggion

E.T.

Caligula
Ubu roi à Rome

(12-41)

Troisième empereur de Rome, appartenant à la famille julio-claudienne, Gaius-Caligula a régné à peine quatre ans. Frappé par une maladie inconnue et célèbre par ses excentricités coûteuses, il gouverne en tyran mégalomane, faisant exécuter sans raison de nombreux grands personnages... Son nom est synonyme de folie, de cruauté, d'extravagance à peine imaginables. Pourtant, on sait peu de choses du troisième empereur romain. La principale source (et quasi unique) est Suétone (70-122 après J.-C.). Or, l'auteur de la Vie de Caligula *ne portait pas cette famille dans son cœur et l'on peut penser que ses écrits manquaient d'objectivité. De là à dire qu'il en a rajouté en monstruosités... Quoi qu'il en soit, c'est cette image d'empereur fou qui nous est parvenue.*

« Voilà que notre Gaius s'est enrôlé dans la légion ! » s'esclaffe un soldat à la vue du petit bonhomme de 2 ans qui parade devant lui. L'enfant est vêtu d'un costume de légionnaire à sa taille et le cordonnier du camp lui a confectionné des chaussures semblables aux *caligae*, brodequins militaires lourds et inconfortables. Attifé de la sorte, le petit Gaius défile, fier comme un paon, devant les soldats que cela amuse beaucoup. Ce bambin est d'ailleurs devenu leur mascotte, et ils l'ont surnommé affectueusement Caligula (qu'on peut donc traduire par « Petit Godillot »), sobriquet qu'il conservera toute sa vie.

L'enfance d'un empereur

Cet enfant, dont les mollets potelés dépassent de ses *caligae*, n'est autre que le fils de Germanicus, neveu et héritier de l'empereur Tibère. Ce brillant général est très populaire auprès des Romains. Beau, instruit, très courageux, il réunit toutes les qualités de corps et d'esprit qu'exige un homme de son rang. Son charisme exceptionnel et sa grande simplicité font le reste. Son épouse, Agrippine l'Aînée, petite-fille de l'empereur Auguste, est l'archétype de la bonne matrone romaine : énergique et audacieuse, cette femme vertueuse accompagne son mari partout. D'une fécondité rare à son époque, elle mettra au monde neuf enfants, entre les ans 6 et 18 de notre ère, mais trois mourront prématurément. Lorsque le petit Gaius naît en 12, il a deux frères aînés, Nero et Drusus. Après lui, viennent trois filles : Agrippine la Jeune, Drusilla et Livilla. La petite famille suit les déplacements de Germanicus, de camp en camp, au gré des affectations et des saisons.

En août 14, l'empereur Auguste meurt et Tibère lui succède. Les légions de Germanie et de Pannonie en profitent pour se révolter, voyant dans le changement d'empereur l'occasion d'obtenir de nouveaux avantages. Germanicus est envoyé sur place pour ramener les légionnaires à la raison. Il est accompagné de sa femme, enceinte, et du petit Gaius. Craignant des débordements, le général annonce alors qu'il va faire partir sa famille pour la protéger des violences. Le spectacle de cette mère portant dans ses bras le petit Gaius-Caligula émeut les troupes qui supplient leur général de garder leur petite mascotte auprès d'eux. Et cela suffit à calmer la soldatesque.

En 18, l'empereur Tibère, qui se méfie de Germanicus dont Auguste voulait faire son héritier, envoie celui-ci faire une tournée d'inspection dans les provinces d'Orient. Son épouse et le jeune Gaius font partie du voyage. L'Arménie, l'Égypte, la Judée, la Syrie... En 19, alors qu'ils séjournent à Antioche, le jeune général tombe malade et meurt brusquement. De fait, tout laisse à penser qu'il a été empoisonné par le gouverneur de Syrie, Pison, peut-être sur l'ordre de Tibère. Selon les rituels funéraires romains, le corps du défunt est brûlé sur le forum, la grande place d'Antioche, en présence de son fils. La nouvelle de la mort du général adulé plonge les Romains dans l'affliction. Le retour d'Agrippine à Rome est spectaculaire. Lorsque son bateau accoste à Brindisium, la plage, le port et les remparts sont envahis par une foule éplorée. En habits de deuil, Agrippine sort du bateau avec Gaius et la petite Livilla, née à Lesbos pendant le voyage. Au moment où elle brandit l'urne funéraire de Germanicus, les lamentations du peuple redoublent.

Puis la mère et ses six enfants prennent la route de Rome où ils s'installent. L'empereur Tibère ne voit pas d'un bon œil la présence de cette femme, et surtout de ses deux fils aînés, Drusus III et Nero, qu'il soupçonne de vouloir l'éliminer, soutenus par un grand nombre de sénateurs. En 26, la rupture entre Tibère et Agrippine est consommée. Trois ans plus tard, l'empereur la fait arrêter ainsi que ses deux aînés. Il l'exile sur l'île de Pandateria où, maltraitée et humiliée, elle meurt de faim en 33. Ses deux fils prisonniers connaissent le même sort.

À l'arrestation de leur mère, Caligula et ses sœurs sont recueillis par la veuve d'Auguste, Livie. Celle-ci meurt en 29 et les enfants sont amenés chez leur grand-mère, Antonia. Puis Tibère, retiré à Capri, fait venir auprès de lui le jeune Gaius, qui a maintenant 19 ans et reste son seul successeur adulte – son petit-fils Gemellus étant encore tout enfant. Dans la superbe villa impériale, Caligula mène la vie insouciante d'un jeune homme de sa classe. Il « fréquente les bordels, séduit les matrones, aime les danses et les chants lascifs », dit Suétone, qui ajoute qu'« il assiste aux supplices les plus cruels avec une joie non dissimulée ».

Un début de règne prometteur

Le 16 mars 37, le vieil empereur Tibère meurt à Misène. Macron, préfet du prétoire, l'homme le plus important de Rome, fait prêter un serment de reconnaissance à Gaius par tous les militaires de l'Empire, le portant ainsi à l'investiture suprême. Accompagnant la dépouille de Tibère, le nouvel empereur traverse l'Italie au milieu d'une foule compacte pleine d'allégresse. À Rome, où il pénètre le 28 mars, c'est la folie ! Tous acclament le beau jeune homme de 25 ans, que l'on dit intelligent et instruit, en criant : « Voici notre astre, notre petit poulet, notre poupon, notre nourrisson ! » De fait, les Romains ne connaissent pas Gaius-Caligula, mais l'extrême popularité de son père Germanicus explique leur enthousiasme. Plus de 16000 animaux sont immolés dans les trois mois qui suivent pour fêter l'avènement du nouvel empereur.

Pendant ses premiers mois de règne, le comportement de Caligula répond à la ferveur du peuple. On sait que c'est un bon orateur, amateur d'arts, de danse, de chant, qu'il apprécie les courses de chars et les combats de gladiateurs, disciplines qu'il pratique à l'occasion, ce qui ajoute à sa popularité. Soucieux de se concilier tout le monde, en particulier le Sénat, il gracie les condamnés et les exilés du règne précédent et fait brûler les pièces d'accusation de leurs dossiers. Puis il rapatrie les cendres de sa mère et de son frère Nero pour les déposer solennellement dans le mausolée d'Auguste. Son oncle Claude (futur empereur de 41 à 54), écarté par toute la famille qui le considère comme un débile mental, reçoit le consulat. Enfin, il fait payer comptant au peuple les legs de Tibère, supprime les impôts impopulaires et restitue aux rois étrangers les biens confisqués par son prédécesseur.

Tout va pour le mieux : le « petit poulet » des Romains répond à l'attente de ses sujets.

La mystérieuse maladie

En mai 37, meurt Antonia, sa grand-mère. Cette vieille dame, qui a élevé Gaius, est la seule à avoir eu une bonne influence sur le garçon. Au mois d'octobre suivant, Caligula tombe gravement malade, et on craint pour sa vie. Les Romains sont au désespoir, ils passent des nuits en prières autour de la vaste maison de Tibère, sur le mont Palatin, où Caligula a élu domicile. Un mois plus tard, le prince adoré se rétablit, mais il n'est plus le même. Désormais, il se comporte tantôt comme un gamin et un mauvais plaisant, tantôt comme un dangereux criminel. On a émis beaucoup d'hypothèses sur la nature du mal qui a touché l'empereur sans parvenir à des conclusions satisfaisantes. Il est probable que la jeunesse bousculée de Gaius ait favorisé son déséquilibre. Comme la plupart des descendants de Jules César, il a des crises d'épilepsie. Mais l'empereur n'est pas à proprement parler dément, dans le sens où il n'est pas coupé de la réalité.

Insomniaque, il ne dort pas plus de trois heures par nuit, son sommeil est traversé de cauchemars épouvantables. Il passe la nuit à déambuler dans le palais. Il est parfois saisi d'agitations incontrôlables. Abandonnant le strict régime alimentaire qu'il observait à Capri, il se livre désormais à des goinfreries quotidiennes : vin pur en abondance, friandises, gloutonneries immédiatement suivies de vomissements. Son aspect physique évolue : son corps de jeune homme vigoureux s'est beaucoup amaigri et ses membres sont disproportionnés, son teint est blême, ses yeux, enfoncés dans leurs orbites, gardent une fixité inquiétante. Le sommet de son crâne est chauve, seuls quelques pauvres cheveux poussent sur les côtés de sa tête. Dans sa malignité, il enlaidit encore son visage en élaborant devant son miroir des grimaces destinées à inspirer l'effroi !

Une haine farouche des sénateurs

Caligula se livre à des plaisanteries du plus mauvais goût, indignes d'un prince, parfois aussi à des exécutions sadiques. Dans sa détestation des sénateurs et des aristocrates et, sous prétexte d'être un ultra-démocrate, il n'a de cesse de les ridiculiser quand il ne les fait pas carrément exécuter. Ainsi du préfet du prétoire Macron et de sa femme Ennia, qu'il oblige à se suicider, ne supportant plus les réprimandes de celui qui l'a porté au pouvoir. Même sort pour le petit-fils de Tibère, et successeur potentiel, Gemellus, qu'il accuse de comploter.

Au cours de ses promenades, il n'est pas rare de voir des sénateurs empêtrés dans leur toge courir auprès de sa voiture. Au cirque, au lieu d'offrir les prestigieux spectacles dont le peuple est friand, il fait combattre des gladiateurs octogénaires ou des bêtes miteuses contre des grands personnages, âgés ou infirmes. Des pères sont contraints d'assister à l'exécution de leurs fils. Un sénateur est étripé et ses entrailles sont répandues dans les rues de Rome. D'honorables citoyens doivent se tenir à quatre pattes dans une cage comme des animaux. Un intendant des jeux est, plusieurs jours durant, battu avec des chaînes en présence de Caligula – l'empereur attend d'être incommodé par la puanteur de sa cervelle en putréfaction pour ordonner sa mise à mort. Il y aurait beaucoup d'autres anecdotes tout aussi répugnantes pour démontrer que Gaius prend un malin plaisir à inventer les pires cruautés.

Persécuter les sénateurs l'amuse donc beaucoup. Leur inspirer de grandes frayeurs le met en joie. Ainsi, en pleine nuit, convoque-t-il au Palatin trois anciens consuls. Terrorisés en imaginant ce qui les attend, les trois vieillards sont invités à monter sur une estrade. Tout à coup retentit une musique tonitruante et apparaît l'empereur, vêtu d'une longue robe transparente, qui s'élance… et se met à danser. Les sénateurs sont priés de dire ce qu'ils pensent des nouveaux pas de danse qu'il a inventés ! Lors d'un festin, le voilà qui se met à rire. Ses voisins, deux consuls, lui demandent la raison de son hilarité, il leur répond : « C'est parce que je pense que, sur un signe de tête, je peux vous faire égorger tous les deux à l'instant ! »

C'est dans cette optique que doit être interprétée la fameuse anecdote sur Incitatus, son cheval avec qui il partage ses repas et qu'il aurait voulu nommer consul. Ce n'est pas un acte de folie, mais de dérision à l'égard des sénateurs, affirmant par là qu'un simple cheval ferait aussi bien que ces incapables !

Mais son exécration des classes dirigeantes suppose-t-elle des mesures démocratiques ? Si Caligula témoigne parfois d'une affection surprenante pour la plèbe, il agit uniquement par démagogie. Et cela ne l'empêche pas de châtier les plus humbles tout aussi cruellement que les notables. À l'exemple de cet esclave qui, un jour, détache une lamelle d'argent d'un lit de table. Immédiatement, le châtiment tombe : on lui coupe les mains que l'on suspend à son cou et le malheureux doit faire le tour des convives paré de son sanglant collier. Lorsque le repas traîne en longueur, Gaius fait sortir des prisons des condamnés et son bourreau personnel leur tranche la tête. Il recommande à ce dernier de procéder par petits coups répétés : « Frappe-le de telle façon qu'il se sente mourir ! » D'ailleurs, il répète à l'envi « qu'ils me haïssent, pourvu qu'ils me craignent ! » tout en déplorant que le peuple romain ne soit pas une tête unique, ce qui rendrait la décapitation plus rapide.

Des désirs complexes

Ne négligeant aucune occasion d'offenser les sénateurs publiquement, il les convie aux banquets officiels accompagnés de leurs femmes. Lorsque ces grandes dames passent devant lui, il les examine longuement sous toutes les coutures comme le ferait un marchand d'esclaves. Puis, au cours du repas, il sort de la salle à manger plusieurs fois avec celle qui lui a plu et revient affichant des marques bien visibles de sa débauche. Alors, à haute voix, il loue ou critique, dans les moindres détails, le corps de la jeune femme et la façon dont elle fait l'amour. On imagine la confusion et la colère muette du mari !

Gaius va se marier à quatre reprises. Veuf de Junia Claudilla, morte en couches en 36, il convole ensuite en enlevant des épouses de sénateurs. En 38, il assiste aux noces de Calpurnius Pison et de Livia Orestilla. En pleine cérémonie nuptiale, il s'empare tout simplement de la fiancée, l'épouse, mais la répudie au bout de quelques jours. L'année suivante, il arrache Lollia Paulina à son mari Memmius, puis la renvoie très vite. Enfin en 40, c'est sur Caesonia, enceinte de huit mois de son mari, qu'il jette son dévolu. Cette femme, pas très jeune, pas très belle, est « perdue de vices et de débauches », ce qui plaît bien à l'empereur. Il la présente à ses soldats chevauchant à ses côtés portant des habits militaires. Il adopte la fille qu'elle met au monde un mois après son enlèvement et se vante que les enfants d'empereur naissent en un mois ! Sa véritable fille, Julia Caesonia naît un an plus tard. L'enfant a hérité des mauvais penchants de ses parents : toute petite déjà, elle cherche à griffer le visage des petits enfants jouant avec elle et à leur arracher les yeux...

La sexualité de Caligula est à l'image du personnage : complexe et souvent équivoque. Non content de ravir les épouses à leurs maris, il s'éprend de prostituées, noue des relations incestueuses avec ses sœurs, et a pour amants son beau-frère Lepidus et le comédien Mnester. Ces expériences multiples lui permettent d'affirmer que tout lui est permis comme à un dieu. Et il traite ses amours avec une perversité morbide : chaque fois qu'il embrasse une femme, il s'exclame : « Cette tête charmante tombera dès que je l'ordonnerai ! »

Les grandes extravagances

« Faire du jour la nuit et de la mer la terre », fonder une ville au sommet des Alpes, percer un canal dans l'isthme de Corinthe, élever les plaines à la hauteur des montagnes… tels sont quelques-uns des desseins saugrenus de l'empereur. Il parvient à en réaliser un : un pont d'environ cinq kilomètres, formé par des bateaux, entre Baïes et Pouzzoles… C'est en fait une vengeance contre l'astrologue Thrasylle, qui avait affirmé à Tibère : « Gaius n'a pas plus de chance de devenir empereur que de traverser à cheval la baie de Baïes. » Gaius empereur relève le défi et ordonne de faire un pont avec des bateaux de commerce (en particulier ceux qui approvisionnent Rome avec le blé égyptien, ce qui provoque une grande famine). Ces navires sont mis à l'ancre sur deux rangs, puis recouverts de terre. Pendant deux jours de suite, Gaius ne cesse d'aller et de venir sur cette « route », à cheval le premier jour, sur un char à deux chevaux le lendemain, suivi de ses soldats prétoriens et de ses amis en voiture. Au cours de la nuit, il y fait servir un grand festin. La fête se termine mal : gorgé de nourriture et de vin, Caligula jette nombre de convives à la mer et envoie contre eux des navires équipés d'éperons pour les noyer.

Gaius décide ensuite de se rendre en Gaule et en Germanie. Il réside presque une année à Lyon où il tient une cour magnifique. Il y organise un concours d'éloquence grecque et latine et ordonne aux candidats dont les œuvres lui ont déplu d'effacer leurs écrits avec leur langue. Dans sa mégalomanie, il se présente aux Lyonnais costumé en Jupiter. Ce qui fait rire un cordonnier local : « À quoi est-ce que je ressemble ? » interroge Caligula vexé. « À un grand fou ! » lui répond le cordonnier.

Après une expédition grotesque en Germanie, l'empereur nourrit le projet d'envahir la Grande-Bretagne. Dans cette perspective, il rassemble ses légions venues des différents camps de l'Empire (ce qui vide dangereusement les garnisons des frontières).

Il déploie les soldats sur le rivage de l'océan Atlantique, fait aligner les machines de guerre, des sonneries de trompettes annoncent le début du combat... Soudain, Caligula ordonne aux légionnaires de ramasser des coquillages sur la plage : « Voici les dépouilles de l'Océan dues au Capitole ! » Et repart.

Un empereur bling-bling

Par ses dépenses inconsidérées, Caligula épuise en moins d'un an l'énorme trésor amassé par Tibère. Outre les demeures somptueuses qu'il fait bâtir, comme le palais de son cheval Incitatus doté d'une écurie en marbre et d'une mangeoire d'ivoire, il dépense d'énormes sommes pour la construction de galères-palais d'un luxe inouï. Plus longues que des navires de guerre et manœuvrées par dix rangs de rameurs, elles sont ornées à la poupe de pierres précieuses. L'une d'elles est pourvue d'une vaste plate-forme où se trouvent des thermes, des portiques, des salles à manger, des vignes et des vergers. Caligula peut donner en plein jour des festins accompagnés de danses et de comédies en longeant les côtes campaniennes.

L'or le fascine. Aussi fait-il remplir une chambre de son palais de pièces d'or sur lesquelles il se roule avec délectation... à moins qu'il n'en répande une pluie sur la foule romaine. Il fait servir dans les festins des pains et des aliments couverts d'une couche d'or. Ses tenues vestimentaires ne sont pas moins clinquantes : longue robe de soie transparente brodée d'or et bottines de perles. Sa troisième épouse, Lollia Paulina, apparaît, lors d'un repas de fiançailles, couverte d'émeraudes et de perles.

Tout ceci coûte naturellement fort cher et les caisses de l'État se vident. Il faut trouver de nouvelles sources de revenus et Caligula ne manque pas d'idées pour en obtenir. Le plus simple est d'augmenter les impôts et les taxes, ou d'en inventer de nouveaux. Il refuse de reconnaître le droit de cité à ceux dont les parents l'avaient obtenu et les obligent à le racheter très cher. Il annule les testaments des centurions morts sous le règne de Tibère et récupère les legs. Il fait percevoir par les fermiers publics des impôts de forme nouvelle. Les marchands de comestibles de Rome doivent payer des droits exorbitants. Les portefaix et les prostituées sont contraints de verser le huitième de leur gain journalier. De nouvelles taxes sont prélevées sur chaque procès. Obligé par la loi de faire afficher ces nouveaux impôts pour en informer le public, Caligula les fait placarder en lettres minuscules dans un recoin très resserré, si bien que personne ne peut les lire. Il confisque les biens des individus trop riches. Au début de l'année, il demande aux Romains de lui donner des étrennes : se tenant dans le vestibule de son palais, l'empereur reçoit l'argent que, toutes classes confondues, les citoyens répandent devant lui à pleines mains et à pleine toge. À la naissance de sa fille, il se plaint en public de ne pouvoir assumer les charges d'un père de famille et oblige les citoyens à lui faire des offrandes.

Après ses dépenses excessives, le voici soucieux d'économies. Désormais, pour les jeux, afin de ne pas devoir acheter des fauves trop chers, il les remplace par des condamnés à mort. Lorsqu'il est à Lyon, il fait vendre aux enchères une partie du patrimoine impérial. Puis il fait venir de Rome du mobilier pour le liquider aussi. Pour transporter ces biens, il réquisitionne les voitures de louage et les chevaux des meuniers de Rome, provoquant une disette de pain dans la ville. Après avoir fait condamner ses sœurs pour trahison, il vend à l'encan tous leurs biens, parures, mobiliers, esclaves, pour lesquels il fixe des prix exorbitants. Une autre fois, il organise une vente aux enchères de biens impériaux rassemblés sur le Palatin. Debout à côté du commissaire-priseur, il énumère à tue-tête à qui appartenait chaque objet : « Ça, c'était à ma mère… Ça, c'était à mon père… Ça, c'était à ma grand-mère Antonia… Ça, c'était à la femme d'Auguste… »

Jamais à court d'idées, il installe au palais un lupanar avec de nombreuses cellules abritant des matrones et des garçons de naissance libre. Des serviteurs impériaux parcourent places et basiliques pour obliger jeunes et vieux à venir dans ce lieu de débauches. Pour payer le prix exorbitant des passes, les visiteurs doivent emprunter à usure et des agents notent publiquement leurs noms.

Le mirage oriental

À son retour de Gaule en 40, Caligula reprend de plus belle ses extravagances. Il n'oublie pas qu'il a pour ancêtre Marc-Antoine : la fille de celui-ci, sa grand-mère Antonia, lui a raconté la « vie inimitable » menée par Antoine et Cléopâtre à Alexandrie. Autour de lui s'active un personnel presque exclusivement égyptien. Petit à petit, il se laisse envahir par l'amour de l'Égypte et adopte le comportement des souverains orientaux. Imitant Cléopâtre, il boit d'énormes perles dissoutes dans du vinaigre, établit un nouveau mode de salutation : la « prosternation » (les sénateurs doivent se mettre à genoux et lui embrasser les pieds).

Après avoir officialisé le culte d'Isis, à l'instar des pharaons égyptiens, Caligula se prend désormais pour un dieu. Il fait relier par une passerelle le Palatin au Capitole afin de pouvoir aller discuter avec Jupiter lorsqu'il en a envie. Il scie toutes les têtes des statues d'hommes illustres dressées sur les forums pour les remplacer par sa propre tête. Dans un premier temps, il s'assimile à Apollon, Héraclès, Hermès, ou Arès, et se promène dans les rues de Rome déguisé en l'un de ces dieux. Puis il devient Zeus/Jupiter en personne. Il retire la statue de Jupiter du Capitole pour y placer la sienne. Il a l'intention d'en faire porter une copie au Parthénon d'Athènes et dans le saint des saints du Temple de Jérusalem (indignés, les Juifs lui envoient un émissaire pour protester).

S'inspirant encore des souverains égyptiens, il pratique l'union physique avec ses sœurs. Il est à peu près sûr que Caligula, lors de son séjour chez sa grand-mère Antonia, ait eu des relations incestueuses avec les trois – Agrippine, Drusilla et Livilla, encore adolescentes. À son accession au trône, il prend Drusilla, pourtant déjà mariée, pour en faire son épouse légitime. Malheureusement, la jeune femme meurt prématurément en 38. Le chagrin de Caligula est démesuré : il fait décréter un deuil national interminable, Drusilla est divinisée et sa statue est l'objet d'un culte.

La mise à mort

Les extravagances et les cruautés de Caligula provoquent de plus en plus de protestations de la part de ses sujets. Plusieurs conjurations échouent. En 41, le préfet du prétoire Arrecinus Clemens, deux tribuns du prétoire, Cassius Chaerea et Cornelius Sabinus, un affranchi, Calliste, ainsi que deux sénateurs, Annius Vinicianus et Valerius Asiaticus, se concertent pour supprimer l'homme que plus personne ne supporte. Le 24 janvier 41, Caligula, après avoir assisté le matin à des jeux, revient au Palatin par un cryptoportique. Dans une galerie, il rencontre une troupe d'enfants égyptiens devant se produire le soir sur scène. L'empereur s'arrête pour leur parler et les encourager. Les conjurés profitent de l'occasion. Chaerea, qui se trouve derrière lui, porte le premier coup et lui plante violemment son glaive entre les deux épaules. Caligula flanche. Devant lui, Cornelius Sabinus lui transperce le cœur. Abattu, recroquevillé par terre, l'empereur hurle qu'il vit encore. Les autres conjurés se jettent sur lui pour l'achever en lui portant de nombreux coups de poignard. Au même moment, un centurion exécute de son glaive Caesonia, la femme de Caligula, et la petite Julia Drusilla est écrasée contre un mur.

Gaius-Caligula meurt à l'âge de 28 ans, après trois ans et neuf mois de règne. Il est le premier empereur romain à finir assassiné. Sa mégalomanie, ses bouffonneries, ses cruautés monstrueuses en font pour les Romains la hideuse caricature du pouvoir impérial.

CATHERINE SALLES

Néron
L'histrion magnifique
(37-68)

Dernier empereur de la dynastie julio-claudienne, Néron, poussé par sa mère Agrippine, arrive au pouvoir très jeune. C'est un personnage ambigu dont les réelles qualités ne masquent pas les crimes. Pendant son règne de quatorze ans, il tente de réformer Rome en lançant un vaste programme fondé sur l'esthétisme. Il se montre implacable pour les opposants et ne craint pas d'éliminer sa mère, son frère et son épouse.

« Il n'a pu naître d'Agrippine et de moi qu'un être détestable et funeste pour l'État ! », tel est l'accueil à la vie qu'un nouveau père de famille fait à son fils. Cette naissance a lieu le 15 décembre 37 dans la propriété impériale d'Antium (Anzio) dans le Latium. L'accouchement est difficile, car l'enfant se présente par le siège. Au moment où il apparaît, le soleil levant illumine sa petite tête, ce qui est le signe d'une destinée éclatante... Après l'avoir baigné, la sage-femme dépose le bébé aux pieds de son père, Cnaeus Domitius Ahenobarbus (« barbe de bronze »), à même le sol, ainsi que le veut la coutume. Celui-ci reconnaît son fils en le prenant dans ses bras.

La mère du bébé n'est autre qu'Agrippine la Jeune, fille du couple le plus charismatique du règne d'Auguste, le prince héritier Germanicus et la petite-fille d'Auguste, Agrippine l'Aînée. Ses parents et deux de ses frères ont disparu tragiquement. Depuis quelques mois, son dernier frère Caligula a succédé à Tibère à la tête de l'Empire. La jeune femme a été mariée à 13 ans à un personnage pour le moins antipathique. Si Cnaeus Domitius appartient bel et bien à la plus haute noblesse, il n'en demeure pas moins un méchant homme, cruel et malhonnête. Parmi ses méfaits, on rapporte qu'il a écrasé délibérément un enfant en conduisant son attelage sur la voie Appienne ; qu'en plein Forum, il a arraché un œil à un chevalier qui n'était pas d'accord avec lui ; qu'il omet de payer aux cochers vainqueurs leurs récompenses et qu'il ne règle pas ses achats lors des ventes publiques.

Neuf jours après la naissance de l'enfant, il est temps de lui donner un prénom. Toute la famille impériale se déplace à Antium pour assister à la cérémonie. Agrippine demande à son frère Caligula de choisir le prénom du bébé. Avec son habituel goût pour les plaisanteries, l'empereur, apercevant son oncle Claude, déclare : « Je donne à mon neveu le nom de Claude. » Stupeur ! Agrippine rit jaune. Donner le prénom de celui que toute la famille méprise et considère comme un idiot, qui est la risée de la cour, mais quelle idée ! Voilà qui n'est pas du goût de cette mère ambitieuse. Passant outre, elle décide que l'enfant s'appellera Lucius, prénom en usage dans la famille Domitia.

Les parents s'occupent peu de leur fils. Cnaeus Domitius, déjà assez malade, fait le tour des villes d'eau pour se soigner. Et Agrippine passe ses journées à intriguer dans les salons mondains de Rome. Le petit Lucius est donc confié aux bons soins de ses nourrices. Deux d'entre elles, Églogé et Alexandra, resteront à ses côtés jusqu'à sa mort.

En 39, la police impériale découvre un complot fomenté contre Caligula par plusieurs membres de son entourage. Agrippine est impliquée jusqu'au cou. Son frère fait preuve de « clémence » à son égard : elle est exilée dans l'île de Pontia et ses propriétés sont confisquées. Notre petit Lucius, privé de sa mère, est confié à sa tante paternelle, Domitia Lepida. Peu de temps après, son père est emporté par l'hydropisie qui l'accable depuis plusieurs années. Son testament lègue à son fils un tiers de sa fortune... dont Caligula s'empresse de s'emparer !

Comme n'importe quel enfant de 3 ans, Lucius n'est pas conscient de ce qui se passe. La perte de ses parents n'est pas un grand bouleversement. Il a changé de maison mais ses chères nourrices sont à ses côtés. Quant à sa tante Lepida, si elle est plutôt affectueuse, elle est bien trop accaparée par les mondanités pour s'occuper de son neveu. Aussi l'a-t-elle relégué dans les communs, avec pour « maîtres » un barbier et un danseur, chargés de lui donner sa première éducation.

En 41, Caligula est assassiné par des officiers de sa garde prétorienne. Claude, « l'idiot », « cet avorton, cette caricature d'homme », selon sa propre mère, est, bien malgré lui, salué empereur. Un des premiers gestes du souverain est de rappeler d'exil sa nièce Agrippine et de lui restituer sa fortune. La jeune femme reprend son fils, mais ne lui accorde guère plus d'affection qu'auparavant. Elle a autre chose en tête : se faire une place de choix à la cour de son oncle. Mettre la main sur un mari titré et fortuné pourrait servir son ambition. Elle prend alors dans ses filets le très riche Crispus Passienus. Celui-ci meurt assez vite (sans doute en 47) et son immense fortune est partagée entre sa femme et son beau-fils.

Un garçon éveillé et intelligent

Lucius est un bel enfant à l'abondante chevelure blonde ardente et aux yeux bleu clair, intelligent et curieux de tout. Il a une passion pour les spectacles et les chants. Ce que sa mère n'approuve pas, jugeant ces divertissements vulgaires. Il est grand temps de lui faire donner une éducation digne de son rang : elle le confie à deux pédagogues d'origine grecque, Anicetus et Beryllus, qui initient l'enfant aux disciplines « libérales » (littérature et langue grecques et latines). En 47, Lucius participe aux Jeux troyens, sorte de parade équestre des enfants de la noblesse romaine. La tradition veut que le fils du souverain régnant prenne la tête du premier escadron de guerriers en herbe. Britannicus, fils de Claude et de Messaline, est un garçonnet chétif d'à peine 6 ans, peu doué pour les exploits sportifs, qui se débrouille comme il peut. À l'inverse de Lucius qui, à 9 ans, est déjà un athlète accompli. À la tête du second escadron, il brille par une assurance et une autorité qui enthousiasment les spectateurs. Expérience inoubliable pour le garçon qui gardera toute sa vie le souvenir de son premier succès public. Et triomphe à peine dissimulé pour Agrippine, qui inflige ainsi un camouflet à la jeune impératrice Messaline.

Les deux femmes se détestent et rivalisent d'ambition pour leurs fils. L'impératrice aurait même songé à faire assassiner Lucius en envoyant des hommes pour l'étrangler pendant son sommeil. D'après la légende, un serpent se serait dressé au chevet du dormeur mettant en fuite les assassins épouvantés. De fait, on retrouva la peau d'un serpent sur son oreiller. Agrippine la fit enchâsser dans un bracelet d'or que Lucius porta jusqu'à sa mort, montrant ainsi qu'il était protégé des dieux.

Pour Messaline, les choses se gâtent. Sa vie dissolue, ses intrigues, son train de vie dispendieux sont connus de tous, mais en s'éprenant du noble Silius, consul désigné pour l'année suivante, elle dépasse les bornes. En 48, profitant d'une absence de son mari, elle divorce de lui et épouse son amant le même jour. Averti, l'empereur Claude revient de toute urgence à Rome et fait exécuter l'impératrice par un tribun militaire dans les jardins où elle s'est réfugiée.

Claude annonce qu'il a l'intention de se remarier. Toutes les dames de la cour espèrent devenir la prochaine impératrice. Agrippine se met sur les rangs. À 33 ans, elle est encore belle, d'allure impérieuse. Si elle n'est pas plus vertueuse que Messaline, ou plus maligne, elle prend soin de n'en rien laisser paraître. Son allié, l'affranchi Pallas, fait valoir les nobles origines d'Agrippine et la popularité de son père Germanicus. Son époux opportunément décédé, elle passe à l'offensive : la nièce attentionnée rend fréquemment visite à son vieil oncle, l'embrasse et le caresse affectueusement. Claude ne résiste pas. Va pour le mariage. Il subsiste un problème majeur : la législation romaine interdit l'union d'un oncle et de sa nièce. Obstacle vite balayé : l'empereur obtient du Sénat une loi exceptionnelle. Et le 1er janvier 49, le mariage est célébré. Désormais, Agrippine est la première femme de Rome.

Quid de Lucius ? L'ambitieuse Agrippine le voit déjà empereur. Ce fils dont elle s'est si peu préoccupée jusqu'ici devient l'instrument de ses ambitions. Il est grand temps de parfaire son éducation. Elle choisit l'ancien directeur du musée d'Alexandrie, Chaeremon, pour l'initier aux conceptions politiques de l'Égypte, ainsi que le philosophe Alexandre d'Égée. Le coup d'éclat de la conspiratrice est aussi de faire appel à la sommité intellectuelle de Rome, le philosophe Sénèque, qui revient d'un exil de huit ans en Corse. Il n'y aura pas de meilleur éducateur pour Lucius que cet homme aux connaissances encyclopédiques, aussi doué pour la philosophie que pour la poésie. Un peu plus tard, le préfet du prétoire Burrus sera chargé de sa formation physique.

Agrippine accélère le mouvement et obtient que Claude fiance sa fille Octavie à Lucius. Puis au mois de février 50, elle convainc l'empereur d'adopter Lucius qui devient alors Tiberius Claudius Néron. Le garçon, qui va avoir 13 ans à la fin de l'année, est très fier de ce surnom de « Néron » qui, en langue sabine, signifie « brave et hardi ». En mars 51, neuf mois avant la date légale, Néron revêt la toge virile marquant son entrée dans l'âge adulte. Claude le présente au Sénat comme « Prince de la jeunesse » – autrement dit, héritier présomptif de l'Empire. Les épaules couvertes d'un manteau écarlate brodé d'étoiles d'or et brandissant un bouclier d'or, le jeune Néron préside une parade militaire. Tous saluent en lui le futur maître de l'Empire. À 14 ans, c'est un beau garçon au corps bien proportionné, avec des traits gracieux et une abondante chevelure. En 53, le mariage entre Néron et Octavie est célébré.

Empereur grâce à un plat de champignons !

Afin de dégager la voie impériale pour son fils, Agrippine élimine tous ceux qui pourraient être un obstacle à ses desseins. À commencer par son ancienne belle-sœur Domitia Lepida (celle qui avait accueilli un temps le petit Lucius) qu'elle fait accuser de magie noire et qui est exécutée. D'autres grands personnages dont l'impératrice convoite les biens sont éliminés brutalement. Mais Claude commence à se lasser de l'autoritarisme de son épouse qui participe à toutes les réunions officielles et exige toujours plus de pouvoir. Il supporte mal de voir son fils chéri Britannicus relégué au second plan et envisage de lui restituer la place qui lui revient. Agrippine s'inquiète. Des années d'intrigues, de complots, ruinées si près du but. Pas question.

Une seule solution : faire disparaître Claude. Elle fait appel à la célèbre empoisonneuse Locuste. Le 12 octobre 54, au cours du dîner, on sert à Claude un plat de champignons dont il est très friand. Comme à son habitude, le prince se goinfre de ce plat succulent. Aussitôt, il est pris de terribles vomissements et diarrhées. Mais il a tellement bu et mangé que cela ne surprend personne. Il paraît se rétablir. Agrippine convainc le médecin Xénophon qu'il faut en finir. Prenant une plume, bien entendu empoisonnée, dont il use habituellement pour provoquer des vomissements, il l'introduit dans le gosier de Claude. Et cette fois, ça marche. Claude n'est plus !

Le 13 octobre, vers 11 heures, les portes du palais s'ouvrent soudain et Néron, escorté de Burrus, s'avance vers la cohorte prétorienne de garde. Porté en litière jusqu'au camp des prétoriens, il prononce un discours et offre aux soldats le *donativum* (« don de joyeux avènement »). Tous les militaires le saluent comme *imperator* (« chef suprême »). Néron fait célébrer de magnifiques funérailles à Claude dont il prononce l'éloge funèbre en l'élevant au rang des dieux. Agrippine se montre en veuve éplorée pleine de dignité. Contrairement à l'habitude, le testament de Claude n'est pas lu en public, mais détruit (il est probable qu'il désignait comme successeur Britannicus).

Le nouveau César est conduit devant des sénateurs enthousiasmés par le discours plein de promesses du jeune prince (il a 17 ans) et qui le comblent d'honneurs. Il déclare suivre les principes d'Auguste et son intention de gouverner sagement. Durant les cinq premières années de son règne (le *quinquennium Neronis*), il ne manque aucune occasion de manifester sa générosité et sa clémence ; respecte les pouvoirs du Sénat ; diminue les impôts indirects (taxes de douanes intérieures, revenus des fermages) ; refuse d'intenter des procès sur des délations non fondées et de signer des condamnations injustes.

Un quinquennium de rêve

Et Agrippine ? Triomphante, elle est aux premières loges. Dès les premiers jours du règne, elle se comporte en véritable impératrice. Omniprésente, l'insatiable ambitieuse ne quitte pas son fils d'une semelle, l'accompagne dans sa litière, et sera même représentée avec lui sur les monnaies. Le Sénat lui accorde tous les honneurs. Lorsque Néron reçoit des ambassadeurs et des rois, elle siège à ses côtés... Comme une femme n'a pas le droit d'entrer au Sénat, elle exige que Néron convoque les sénateurs au palais. Ainsi peut-elle suivre leurs séances, cachée derrière un rideau. Elle est sûre de l'appui de son fils : n'a-t-il pas, le premier jour de son principat, choisi *optima mater* (« la meilleure des mères ») comme mot de passe aux officiers de sa garde ? Forte de sa position, elle fait éliminer tous ceux qui ont tenté de lui nuire ou qui pourraient le faire. Procès et assassinats ou suicides se multiplient. De fait, la terreur règne à Rome. Néron semble tout ignorer et paraît se soumettre aux caprices de sa mère. S'il accomplit consciencieusement les devoirs de sa charge le jour, la nuit, anonymement, il se rend dans les bas-fonds de Rome où il se livre à toutes sortes de débauches et d'exactions en compagnie de camarades, dont son grand ami Othon. Une véritable bande de voyous.

Vient le jour où Néron, pour la première fois, tombe amoureux ! Il a rencontré une belle affranchie originaire d'Asie, Acté. Très épris d'elle, il lui donne de grands domaines en Italie et en Sardaigne. Il songe même à l'épouser. Sénèque et tout son clan favorisent les amours du jeune empereur.

Agrippine est folle de rage en découvrant la liaison de son fils. A-t-elle songé alors, comme l'écrivent certains historiens, à avoir des relations incestueuses avec lui pour le retenir par la sensualité ? Ce n'est pas sûr. Toujours est-il qu'elle affiche alors une nouvelle politique, proclamant qu'elle va soutenir Britannicus, le véritable successeur de Claude, et menaçant d'aller le présenter au camp des prétoriens.

Toujours est-il que Néron prend peur et, lorsque Néron a peur, le pire survient immanquablement. Britannicus va avoir 14 ans, âge où il doit revêtir la toge virile, et risque de revendiquer son héritage. Les talents de l'empoisonneuse Locuste sont à nouveau sollicités par Néron. Lors d'un repas, on sert à l'adolescent un breuvage trop chaud (mais inoffensif) qu'il repousse. Un serviteur va chercher de l'eau froide pour apaiser la brûlure. À la première gorgée Britannicus s'affaisse, raide mort (février 55). Néron continue de dîner tranquillement et affirme qu'il s'agit d'une crise d'épilepsie dont son « frère » est affligé depuis l'enfance. Agrippine et Octavie sont troublées, mais elles ont appris à ne rien manifester publiquement. Pour une fois, Agrippine n'y est pour rien. Elle comprend qu'elle perd son pouvoir sur son fils.

Le *quinquennium* s'achève. Le bilan est plutôt positif. Néron est toujours aussi populaire auprès du peuple et du Sénat : il a amélioré l'approvisionnement de Rome, entrepris des travaux, donné des jeux pour divertir ses sujets, construit un amphithéâtre en bois sur le champ de Mars. En ce qui concerne la défense des frontières de l'Empire, il a su temporiser, en particulier dans les longues luttes opposant Romains et Parthes.

Le meurtre abominable

En 58, Néron a 20 ans. Il fait une rencontre bouleversante par l'intermédiaire de son ami Othon qui ne cesse de lui vanter les charmes de son épouse, Poppée. Celle-ci est sans doute la femme la plus belle de Rome. Intelligente et séduisante, la jolie rousse possède tous les attraits, sauf une âme honnête. Elle a peu de souci de sa réputation, mais, en coquette accomplie, attise les désirs de Néron jusqu'à exiger de devenir son épouse. Agrippine veille, même si son fils lui a rogné les ailes – il lui a retiré sa garde personnelle de soldats germains et l'a obligée à quitter le palais pour une autre demeure –, et c'est d'un très mauvais œil qu'elle voit s'imposer cette nouvelle ambitieuse qui guigne l'impériale place occupée par Octavie. Poppée est beaucoup plus dangereuse qu'Acté. Et l'on sait le pouvoir de nuisance d'Agrippine.

Dès lors, Néron ne voit qu'une seule solution : se débarrasser de sa mère. Trois tentatives d'empoisonnement échouent, puis c'est le plafond de la chambre maternelle qui est censé s'effondrer sur elle. Finalement, le préfet de la flotte de Misène, Anicetus (un des pédagogues du petit Néron), a une idée.

En mars 59, pour les fêtes de Minerve, Néron invite sa mère à venir dans sa villa de Baïes (golfe de Naples). Le repas se prolonge tard dans la nuit et Agrippine, un peu éméchée, veut retourner dans sa maison de Bauli. L'empereur reconduit sa mère sur le quai où est amarré un navire. Avec une belle hypocrisie, il embrasse longuement Agrippine en lui souhaitant un bon retour. Celle-ci embarque avec sa confidente Acerronia Polla et un certain Crépérius Gallus. Ils se placent sur un lit dans la cabine de poupe.

La nuit est étoilée, la mer paisible. Tout à coup, sur un signal d'Anicetus qui commande le navire, le plafond de la cabine chargé de masses de plomb s'écroule. Crépérius est tué sur le coup ; les deux femmes, protégées par les montants du lit, sont précipitées à la mer au moment où le navire se disloque. Imprudemment, Acerronia crie qu'elle est l'impératrice et qu'il faut la secourir. Les marins l'achèvent à coups de rames et de gaffes. Agrippine a déjà compris qu'il s'agit d'un attentat et, bien que blessée à l'épaule, s'échappe à la nage. Elle parcourt plusieurs centaines de mètres avant de parvenir au lac Lucrin où elle est secourue par des pêcheurs et ramenée dans sa villa. Mais ce n'est pas aux vieux singes qu'on apprend à faire la grimace. À peine remise, elle adresse un message à son fils pour lui annoncer qu'elle a réchappé d'un accident et qu'elle va très bien.

Néron est atterré, et surtout paniqué, apeuré. Sa mère va se venger, c'est certain. Il prend conseil auprès de Sénèque et de Burrus qui se défaussent. Après tout, puisque le plan d'Anicetus a échoué, qu'il achève la tâche dont il était chargé. Et vite.

Accompagné de deux officiers, celui-ci se présente devant Agrippine, seule dans sa chambre. Allongée sur sa couche, elle comprend. Toujours provocante, elle déchire sa tunique et s'offre au glaive, s'exclamant : « Frappe au ventre [qui a porté un monstre] ! » Plusieurs coups sont nécessaires avant qu'elle ne rende son dernier soupir. Une légende veut que Néron ait accouru pour examiner le cadavre de sa mère et ait admiré sa beauté. Pas question de faire à Agrippine des funérailles publiques : le corps est immédiatement brûlé sur un lit de table et les cendres déposées non loin de là.

Il faut cependant donner une version officielle à la mort de l'Augusta. Sénèque et Burrus informent le Sénat par un billet qu'Agrippine méditait d'assassiner son fils et que, son projet ayant été découvert, elle a préféré se suicider. La ficelle est grossière, mais elle passe auprès des sénateurs et de l'opinion publique. Au passage, on rappelle ses méfaits, notamment sous le règne de Claude. Après tout, elle l'a bien cherché. Tous félicitent l'empereur d'avoir échappé à un tel danger. Cependant, des épigrammes circulent sous le manteau, comparant Néron à Oreste, qui avait lui-même assassiné sa mère. Une statue de l'empereur est coiffée d'un sac en cuir, allusion non déguisée au châtiment romain des parricides, jetés à l'eau dans un sac contenant un chien, un coq, une vipère et un singe.

Soulagé, Néron ? Pas vraiment. Comme à chaque fois que sa couardise l'a conduit au crime, le remords le saisit aussitôt. Pendant des mois, il ne peut dormir, poursuivi par le fantôme sanglant de sa mère, hanté par les Furies brandissant torches et fouets. Il entreprend un voyage à Naples pour se changer les idées. L'ancienne colonie grecque l'enchante par son caractère hellénistique encore vivace. L'ambiance y est tellement plus raffinée qu'à Rome. Le chant, la poésie et le théâtre le transportent.

Une nouvelle conception du pouvoir

De retour à Rome, il n'a plus qu'une obsession : donner libre cours à sa passion des arts – il faut dire que sa mère tout autant que Sénèque l'ont toujours empêché de la satisfaire. Chant, danse, théâtre, courses de chars, combats de gladiateurs. Il y assiste, mais désormais y participe aussi. Il joue de la cithare, il apprend à chanter, il conduit des chars. Insensiblement, le réel laisse la place à un monde fictif. Tous les Romains doivent adhérer à sa nouvelle conception de la vie. En 60, il instaure des jeux quinquennaux, sur le modèle des olympiades grecques, les *Neronia*, dont le jury et les concurrents sont d'anciens consuls et des dames de l'aristocratie. En 64, Néron ose accomplir son rêve le plus cher : se produire en public. Il se présente sur la scène du théâtre de Naples et entame son « concert », s'accompagnant d'une lyre. C'est un triomphe, une foule considérable l'applaudit à tout rompre – il a en effet créé les *augustiani*, 5 000 jeunes gens chargés de « faire la claque » dans tous les spectacles ! Des mauvaises langues affirment qu'il suscite « à la fois rires et larmes par sa voix faible et sourde » et les esprits chagrins déplorent qu'un empereur s'abaisse à se déguiser en victime, en barbare, et même en femme, au cours des pantomimes.

Tout en s'adonnant à ses plaisirs, Néron continue à gouverner Rome. Il est surprenant de constater que cet homme, perdu dans ses fantasmes esthétisants, est aussi capable de mener à bien ses fonctions politiques. Il surveille les nominations administratives et le choix des légats envoyés dans les provinces ; s'entretient fréquemment avec les sénateurs ; intervient dans les procès ; envoie des colons dans les villes italiennes dépeuplées ; fait construire un très beau port dans sa ville natale d'Antium et, à Rome, des thermes géants. Il commence le percement d'un canal en Italie allant de la Campanie aux bouches du Tibre (250 kilomètres). Il améliore les voies navigables pour faciliter la circulation des bateaux. Mais son grand projet est une réforme fiscale : abolir les impôts indirects (taxes de douanes intérieures, revenus des fermages) pour aider les classes moyennes. Le Sénat, dont le trésor est alimenté par ces taxes, refusera ! En politique extérieure, grâce aux campagnes de Corbulon, le très réputé général en chef des armées, il peut rétablir sur le trône d'Arménie le roi Tiridate. Les légions écrasent la révolte des Bretons conduits par l'énergique reine Boudicca.

N'oublions pas que Poppée attend toujours d'épouser Néron, encore marié à Octavie. En dix ans, celle-ci n'a eu aucun enfant, preuve de sa stérilité. Un bon motif pour la répudier. Et pour faire bonne mesure, il ajoute l'adultère. Quelques jours plus tard, les noces de Néron et Poppée sont célébrées avec une grande munificence. Mais la répudiation d'Octavie a un effet inattendu : le peuple, qui a toujours beaucoup aimé la fille de Claude, manifeste dans les rues de Rome. Les portraits de Poppée sont jetés à terre, ceux d'Octavie, couronnés de fleurs, sont portés en triomphe jusqu'au Forum. Néron tremble ! Pour son trône comme pour sa vie, devant le peuple révolté, et devant Poppée – tout aussi intrigante et dangereuse qu'Agrippine. Une seule solution : établir la preuve de l'infidélité d'Octavie. On corrompt un jeune flûtiste alexandrin qui avoue être l'amant de cette dernière, qui serait enceinte de lui (n'est-elle pas stérile ?). La jeune femme est exilée en Campanie et placée sous la garde d'un détachement de soldats. Mais cela ne suffit pas à Poppée. Le préfet de la flotte de Misène, Anicetus (le responsable de l'assassinat d'Agrippine), affirme qu'Octavie a tenté de le corrompre pour l'aider à prendre le pouvoir. On relègue la jeune femme dans l'île de Pandateria et quelques jours plus tard, elle est sauvagement exécutée : un soldat lui ouvre les veines et, comme le sang coule trop lentement, on la traîne dans une étuve surchauffée. Octavie meurt de suffocation. On lui coupe la tête et on l'apporte à Poppée, ravie de la disparition d'une rivale pourtant bien inoffensive !

En janvier 63, Poppée donne naissance à une fille nommée Claudia Augusta. La joie de Néron est démesurée et de nombreuses manifestations saluent cette naissance. Au mois de mai, la petite fille meurt et la douleur de Néron est aussi excessive que son allégresse quatre mois plus tôt.

Le grand incendie

Au mois de juillet 64, Néron séjourne à Antium. Devenu très gros, il a du mal à supporter la chaleur suffocante de Rome. Dans la nuit du 18 au 19, un incendie prend naissance près du Grand Cirque, dans des baraques en bois abritant des petits commerçants et leurs familles. Le feu se propage très vite. Les habitants pris de panique se répandent dans les rues obscures. Des enfants, des femmes, des vieillards sont piétinés. La foule incontrôlée et l'épaisse fumée empêchent les cohortes de vigiles, les pompiers de Rome, d'être efficaces. Réveillé par des messagers, Néron prend tout de suite le chemin de la ville.

Il ouvre ses jardins du Vatican pour accueillir les sinistrés dans des baraquements provisoires. Les flammes font rage pendant sept jours et six nuits, puis s'arrêtent au pied de l'Esquilin. Mais de nouveaux foyers surgissent et l'incendie fait encore fureur durant trois jours. Néron, qui a réuni un état-major de crise, est constamment sur le terrain, s'entretenant avec les vigiles, décidant des mesures à prendre. Les pertes sont considérables : trois régions de Rome sont complètement rasées, sept fortement endommagées. Une grande partie des monuments de la ville a été anéantie. 200000 Romains sont sans logis. On ne connaît pas le nombre des victimes, morts et blessés.

Dès le début de l'incendie, des rumeurs courent. On dit avoir vu des esclaves impériaux lancer de l'étoupe enflammée sur des maisons. D'autres affirment que Néron, du haut d'une tour, a chanté des passages de son poème *La Prise de Troie* en s'accompagnant sur sa lyre. Néron s'affole de ces rumeurs accusatrices. Il faut très vite trouver des responsables. C'est la petite communauté chrétienne de Rome qui sert de bouc émissaire. On l'accuse d'avoir provoqué la colère divine par son impiété. Entre 200 et 300 chrétiens sont jugés et condamnés à mort. Néron transforme leur exécution dans ses jardins du Vatican en grand spectacle : certains chrétiens revêtus de peaux de bêtes périssent sous les morsures de chiens, d'autres sont crucifiés, d'autres encore, enduits de matières inflammables, sont transformés en torches vivantes.

Les historiens anciens ont présenté Néron comme le responsable de l'incendie. Cette thèse est aujourd'hui abandonnée. L'empereur ne se trouve pas à Rome au moment du déclenchement du sinistre et il a été la principale victime du feu : les flammes ont détruit ses demeures du Palatin et la *Domus Transitoria*, ainsi que ses collections inestimables de tableaux et d'œuvres d'art.

Il faut maintenant reconstruire la capitale de l'Empire. Les architectes dessinent les plans d'une Nouvelle Ville qui agrandira

Rome jusqu'à la mer. On essaie de reconstruire le centre en prenant des mesures destinées à éviter un nouvel incendie : élargissement des rues, alignement des habitations, multiplication des points d'eau. L'incendie a dégagé un vaste terrain d'une surface de 80 hectares. Néron y voit l'occasion d'élever un vaste palais pour « être enfin logé comme un homme ». Deux architectes conçoivent un ensemble de pavillons éparpillés dans un vaste parc. À l'entrée, se dresse la statue colossale du Soleil en bronze doré haute de plus de 35 mètres et ayant la tête de l'empereur. Des merveilles d'ingéniosité sont déployées dans chaque bâtiment où les trouvailles mécaniques s'allient à un luxe inouï.

Au début de l'année 65, on découvre les préparatifs d'une conjuration destinée à éliminer le souverain. Des hommes et des femmes de toutes conditions ont l'intention de porter au pouvoir le noble Calpurnius Pison. On se rend compte que tout l'entourage impérial est contaminé. La répression est sévère : de longues files de prisonniers partisans de Pison arrivent devant le palais de Néron. Les condamnations pleuvent : ordres de suicide, exils, meurtres en série. La haute société et les classes supérieures sont décapitées.

L'été 65, Poppée, enceinte, meurt soudainement. Il se dit que, pris de colère, Néron lui aurait donné un violent coup de pied. Toujours est-il qu'il affiche un immense chagrin. Et lui fait des funérailles grandioses. Contrairement à la coutume, il refuse de la livrer au bûcher et la fait embaumer. Elle est ensuite divinisée. Quelques mois plus tard, l'empereur se remarie avec une belle mondaine, Statilia Messalina.

Fin de règne

À la fin de sa vie, le physique de Néron se dégrade à tel point que le bel adolescent est devenu une caricature d'être humain. Ses excès de table, le manque d'exercice physique ont fait qu'il s'est épaissi progressivement. À 30 ans, c'est un homme corpulent au visage empâté et bouffi. Son ventre est proéminent, ses jambes très maigres. Comme souvent les hommes trop gros, il transpire beaucoup et sent mauvais. Ses yeux, de couleur bleuâtre (une teinte peu appréciée à Rome), sont globuleux et d'une fixité farouche. Il choque les Romains en laissant pousser sa chevelure qui retombe en boucles sur ses épaules. Il se moque tellement de l'opinion publique qu'il apparaît en public nu-pieds et vêtu d'une robe de chambre sans ceinture. Il atteint le comble du ridicule lorsqu'il se met à chanter : sa voix est grêle et sourde, il se dresse sur la pointe des pieds en s'époumonant, son visage s'empourpre.

Comme Caligula, il peut se montrer odieux et sadique sans dissimuler sa barbarie naturelle, probablement héritée de ses ancêtres tous arrogants et cruels. Lors de ses prestations artistiques, il exige que les spectateurs l'applaudissent sans discontinuer et ceux qui, fatigués, interrompent leurs acclamations, sont cruellement roués de coups. Il fait mettre à mort les personnages les plus riches pour s'emparer de leur fortune : l'affranchi Pallas, l'homme le plus riche de l'Empire, et sa vieille tante Lepida, dont il est l'héritier, sont empoisonnés. Il envoie à son éducateur Burrus un remède pour la gorge, c'est en fait un poison.

Pour éprouver de nouvelles sensations, il imagine une distraction nouvelle : vêtu d'une peau de bête, il s'élance d'une cage et se précipite sur les parties naturelles d'hommes et de femmes liés à un poteau et assouvit sa lubricité. La dernière grande fête offerte par Néron aux Romains est le couronnement de Tiridate, roi d'Arménie. Cette manifestation doit souligner les succès de la politique extérieure néronienne. L'empereur l'accueille à Naples et l'amène à Rome. Au cours d'une cérémonie grandiose (début 66), assis sur son trône et entouré de sénateurs et de prétoriens, il reçoit Tiridate qui, à genoux, fait acte d'allégeance. Néron le relève, lui donne l'accolade et place un diadème sur sa tête. La foule en délire applaudit. De magnifiques spectacles sont ensuite présentés au roi.

Mais Néron ne se plaît plus à Rome, car il est très déçu du peu de popularité que ses dons artistiques recueillent auprès de ses concitoyens. Aussi décide-t-il de se rendre dans un pays capable de l'apprécier à sa juste valeur : « Seuls les Grecs savent écouter, ce sont les seuls auditeurs dignes de Néron et de ses talents ! » En septembre 66, le voyage commence. Une troupe considérable de sénateurs, de prétoriens, de comédiens, de chanteurs et ses *augustiani* l'accompagnent. Ce déplacement va combiner l'inspection d'un souverain dans une province de son Empire et le « grand tour » d'un artiste. L'empereur a d'ailleurs demandé que les quatre grands concours (olympiques, néméens, delphiques et isthmiques) soient regroupés la même année.

Ainsi qu'il l'avait espéré, la « tournée » en Grèce est un triomphe. Partout, les spectateurs enthousiastes acclament ses dons d'acteur et de musicien. Est-il besoin de le dire : partout, on lui décerne les premiers prix. Pour remercier les Grecs, Néron accorde la liberté à leur pays. En vue d'améliorer les relations entre la mer Égée et l'Adriatique, il entame le percement d'un canal au nord du Péloponnèse (canal de Corinthe).

Néron est en Grèce depuis près d'un an et demi, mais il est temps de revenir à Rome. Il débarque à Naples en mars 68. Il entre dans la ville sur un char attelé de chevaux blancs après avoir fait ouvrir une brèche dans le mur d'enceinte pour passer. À Rome, il pénètre en costume de triomphateur, précédé d'un cortège portant des pancartes mentionnant toutes ses victoires grecques et les 1 808 couronnes décernées par les Grecs.

En fait, tout l'Empire est en crise. Depuis 66, la révolte des juifs monopolise en Orient des forces romaines commandées par Vespasien et son fils Titus. En Gaule, le gouverneur de la Lyonnaise, Julius Vindex, donne le signal d'une révolte contre Rome. Le mouvement fait tache d'huile et d'autres provinces se joignent à l'insurrection. Néron pense un moment diriger une expédition contre les révoltés, mais il est déjà trop tard et il doit s'enfuir avec trois compagnons.

Vêtu d'une méchante tunique, pieds nus, il gagne la maison de son affranchi Phaon, proche de Rome. Pour boire, il recueille un peu d'eau dans une flaque et passe la nuit sur un pauvre matelas. Le lendemain, un messager lui annonce que le Sénat l'a déclaré « ennemi public ». Pour échapper à un supplice atroce, Néron sait qu'il doit se suicider. Mais il se lamente, se reproche sa lâcheté, hésite. Une dernière phrase sort de sa bouche : « Quel artiste va périr avec moi ! » Son affranchi Épaphrodite l'aide à s'enfoncer un poignard dans la gorge. Ses nourrices Églogé et Alexandria, et sa concubine Acté sont les seules à lui donner des funérailles et elles déposent ses cendres dans le tombeau de famille des Domitii. Néron avait tout juste 30 ans.

Pour les Romains, il est resté l'antimodèle d'un chef d'État ; pour un empereur, c'est une injure d'être comparé à lui : Domitien, célèbre pour ses folies et ses cruautés, est surnommé le « Néron chauve ». Néron est même devenu l'antéchrist, responsable de la première exécution des chrétiens dans des conditions barbares.

CATHERINE SALLES

Frédégonde 3ème de Chilperic 1er Roi de France

† 596 ou 597.

Frédégonde
L'ennemie de Dieu
et des hommes

(vers 550-597)

Si son nom signifie « paix-guerre », Frédégonde a une nette préférence pour le second volet du programme. Entre 555 et 597, les morts s'accumulent dans le royaume franc : mari et beaux-frères gênants, évêques indociles, princes du sang ou reines concurrentes, tous reçoivent un jour ou l'autre la visite d'assassins. Les temps mérovingiens sont complexes mais, en fille du peuple, Frédégonde les aborde avec des idées simples.

Un beau jour de 584, le roi Chilpéric revient plus tôt que prévu d'une chevauchée. Il entre dans ses appartements et y trouve sa femme, Frédégonde, en train de se laver les cheveux. Taquin, le roi s'approche sans faire de bruit et, du bout de sa cravache, lui donne une petite tape sur les fesses. Les yeux encore pleins de savon, Frédégonde proteste mollement : « Qu'est-ce qui te prend aujourd'hui, Landry ? » Curieux lapsus... Chilpéric a beau avoir l'esprit épais, il commence à se poser des questions. Avant qu'il ne leur trouve des réponses, Frédégonde a déjà convoqué son amant, le nommé Landry. Avec lui, elle prépare un traquenard contre Chilpéric ; quelques jours plus tard, le royal cocu trouve la mort lors d'une partie de chasse...

Rien n'est sans doute vrai dans ce récit digne de *Game of Thrones*. Pourtant, lorsqu'un chroniqueur le rédige au début du VIIIe siècle, le public est conquis. Depuis presque deux siècles, le nom de Frédégonde était associé à ce que le mélange du sexe, de la violence et de la politique a produit de pire. Bref, il n'y avait pas grand mal à faire endosser un crime de plus à une reine sanglante.

La concubine

Frédégonde voit le jour vers 550 dans l'ouest du monde franc, dans un endroit que l'on appelle le royaume de Neustrie et qui correspond à un très grand bassin parisien. Si l'on en croit tous les témoignages, elle est issue des plus basses couches de la société. De fait, au moment de choisir son nom, ses parents ont utilisé maladroitement deux éléments issus d'une langue germanique dont ils ne maîtrisaient pas les subtilités : *Fried-gund* pourrait se traduire par « paix-guerre ».

Ce mauvais départ n'empêche pas la jeune Frédégonde d'attirer l'œil du roi Chilpéric. En cela, rien de mal : les souverains mérovingiens ont l'habitude d'épouser soit des princesses lointaines, soit des servantes du palais. Tout l'un ou tout l'autre. Si les princesses offrent de belles alliances militaires, les souillons ont l'avantage de ne créer aucune complication politique. Clovis avait occupé toute la fin de son règne à massacrer les branches collatérales de la dynastie mérovingienne... Il aurait été sot de réduire à néant ce travail de désherbage en faisant réapparaître des belles-familles gênantes.

Un mariage n'engage pas trop le roi. Jusqu'au IXe siècle, le divorce reste légal aux yeux du droit civil. Quant à l'Église, elle le désapprouve mais sans vraiment le condamner ; après tout, le mariage n'est pas encore un sacrement. Certains souverains mérovingiens en profitent pour mener des vies matrimoniales dynamiques : le père de Chilpéric, Clotaire Ier (511-561), établit même un record avec au moins six épouses successives. En somme, les Mérovingiens ne sont pas les polygames que l'on s'est souvent plu à dépeindre, mais des monogames à répétition.

Bien entendu, il existe quelques règles à ne pas transgresser et l'inceste compte parmi ces interdits infrangibles. Il est vrai que la définition de ce crime est différente de la nôtre : pour un Mérovingien, épouser son parrain ou un proche de son parrain compte pour un inceste. Si l'on en croit les rumeurs, la jeune

Frédégonde en joue pour monter sur le devant de la scène. Alors qu'elle est encore servante au palais, la reine Audevère, première épouse de Chilpéric, donne naissance à une fille. En l'absence du roi, il faut organiser le baptême à la hâte et une petite voix suggère innocemment qu'Audevère devienne la marraine de l'enfant. Revenu chez lui, Chilpéric se retrouve donc, bien involontairement, en situation d'inceste : sa femme est la marraine de sa fille. Il doit donc se séparer d'Audovère et la remplacer par Frédégonde, qu'il épouse vers 565. Elle lui donne bientôt une fille, Rigonthe. De son côté, Audovère part en exil avec ses trois enfants, Mérovée, Clovis et Basine.

Le lit de Chilpéric demeure une place instable, surtout quand la haute politique s'en mêle. Le souverain de Neustrie a en effet deux demi-frères, Sigebert d'Austrasie et Gontran de Burgondie, avec lesquels il ne s'entend guère. Or, en 566, Sigebert épouse une princesse étrangère, Brunehaut, fille du roi wisigoth d'Espagne Athanagild. Le mariage est fastueux et Sigebert nourrit de belles espérances car le roi des Wisigoths ne dispose pas d'héritier mâle. L'affaire est trop belle pour ne pas attiser la jalousie de Chilpéric, qui négocie à son tour avec Athanagild afin d'épouser une autre de ses filles, Galswinthe. Le vieux Wisigoth impose toutefois son prix : Chilpéric devra céder à sa future épouse un tiers de son royaume en biens propres. Et naturellement Frédégonde doit être répudiée, ce qui est exécuté séance tenante...

En 567, Chilpéric épouse ainsi Galswinthe mais Frédégonde demeure au palais, où elle retrouve rapidement un statut de concubine. Bientôt, le ménage à trois commence à faire jaser. Galswinthe se déclare d'ailleurs ulcérée et demande à repartir chez son père, avec ses biens propres naturellement. Chilpéric en a des sueurs froides. Une nuit, un meurtrier s'introduit dans la chambre royale et étrangle Galswinthe. D'aucuns disent que Frédégonde avait suggéré la manœuvre, mais Chilpéric avait-il besoin de conseils en la matière ? Une fois Galswinthe pleurée et enterrée, il reprend Frédégonde pour épouse, sans doute au début de l'année 569.

Dans le royaume de Sigebert, les clercs observent que Chilpéric n'a même pas respecté un temps de deuil décent avant de se remettre en ménage avec Frédégonde. Et l'on raconte que lors de la veillée funèbre de Galswinthe, d'étranges phénomènes ont eu lieu. Comme si Dieu signalait à tous qu'une innocente avait été assassinée et que les coupables étaient encore dans les environs. Bien-pensant et malveillant, l'évêque Grégoire de Tours s'empresse de répandre ces bruits ; il est vrai que le prélat doit sa mitre à Brunehaut et que, pour l'occasion, il médit en service commandé.

La question de l'héritage de Galswinthe se pose dès 568 : Chilpéric l'a récupéré en tant que veuf, mais Brunehaut le réclame au titre de sœur de la défunte. Sigebert d'Austrasie accepte de servir la cause de son épouse et déclare la guerre à Chilpéric. Après moult hésitations, le troisième frère, Gontran de Burgondie, accepte de se ranger dans le camp de Sigebert. Après sept ans de lutte inégale, Chilpéric s'épuise et perd ville après ville. En 575, il se retrouve encerclé dans sa dernière place forte, Tournai. Pendant le siège, Frédégonde donne naissance à son premier fils. Sans illusion sur son avenir, elle donne à ce garçon le nom biblique de Samson, pensant qu'il serait bientôt capturé et tondu, destin normal pour un Mérovingien vaincu. La coutume franque voulait que seuls des rois chevelus puissent monter sur le trône ; la tonsure servait à éliminer les prétendants indésirables... Mais peut-être qu'un jour, une chevelure repousserait à cet enfant, et que ce nouveau Samson retrouverait ses forces pour mener sa vengeance.

À la fin de l'année 575, Sigebert croit lui aussi avoir gagné. Laissant à ses lieutenants la responsabilité du siège de Tournai, il réunit une grande assemblée populaire pour se faire reconnaître comme roi de Neustrie. Ce répit permet à Chilpéric et Frédégonde de tenter un dernier coup de dés. Ils font sortir de Tournai une petite équipe d'assassins qui se mêlent à la foule venue acclamer Sigebert. On rapporta par la suite que ces hommes étaient équipés de scramasaxes – des épées courtes à un seul tranchant, plus discrètes que les grandes rapières – et que Frédégonde avait ensorcelé les lames. Il est bien possible que les scramasaxes soient empoisonnés, car ils occasionnent des dégâts aussi terribles qu'inattendus : dans la mêlée, Sigebert est tué et plusieurs de ses grands officiers mortellement blessés. Privée de commandement, l'armée d'Austrasie se débande ; Chilpéric peut sortir de Tournai et récupérer son royaume. Profitant du désordre, il parvient même à capturer sa belle-sœur Brunehaut, qu'il remise à Rouen sous la garde de l'évêque Prétextat.

La marâtre

Durant l'hiver 575, Brunehaut n'est pas la seule à se retrouver en situation difficile. La naissance du fils de Frédégonde, Samson, vient de faire basculer le destin du prince Mérovée. Ce fils de Chilpéric et d'Audovère était jusque-là l'héritier présomptif du trône de Neustrie. Maintenant, il craint que Frédégonde n'intrigue pour que Chilpéric privilégie Samson. De fait, Mérovée a raison d'être inquiet : en 511, même la grande Clotilde, épouse de Clovis, avait manœuvré contre les intérêts des enfants nés du premier lit. Et Clotilde était une sainte... De quoi sera capable Frédégonde ?

Au printemps 576, Brunehaut et Mérovée, les deux perdants du moment, décident donc d'unir leurs forces. Prétextant un voyage à Rouen pour revoir sa mère, le prince épouse la captive. Un tel mariage est légèrement douteux sur le plan moral – une veuve qui épouse le fils de l'assassin de son mari ! – et clairement incestueux au regard du droit de l'Église. L'évêque local accepte toutefois de bénir l'union, espérant que ce couple dynamique parvienne à renverser le très impopulaire roi de Neustrie.

C'est là aller trop vite en besogne. Laissant Frédégonde garder sa frontière orientale, Chilpéric fonce sur Rouen où il y capture les jeunes mariés. Il renvoie en Austrasie une Brunehaut qui n'en demandait pas tant et il ordonne de tonsurer Mérovée. Allégé de ses cheveux, voilà le prince aussi privé de tout espoir d'accéder au trône. Quant à l'évêque de Rouen, Chilpéric le fait déposer et exiler. Quelques mois plus tard, Mérovée s'évade de son monastère ; on le retrouve égorgé dans sa tente. Suicide, affirme aussitôt Frédégonde, sans parvenir à convaincre, car il n'y avait pas d'arme à côté du cadavre. La reine réplique que Mérovée a demandé à son meilleur ami de le tuer. Suicide assisté, donc. Par prudence, l'ami en question est aussitôt massacré, ce qui évite qu'il ne donne sa propre version des faits.

Si la disparition de Mérovée arrange les affaires de Frédégonde, Brunehaut ne semble pas très attristée par ce second veuvage. Arrivée en Austrasie, elle commence plutôt à batailler pour s'emparer de la régence au nom de son très jeune fils, Childebert II. Cette conquête du pouvoir, Brunehaut la mène sans scrupule, mais aussi sans violence inutile, ce qui lui vaut l'admiration de ses contemporains. Progressant lentement mais sûrement, elle parvient à saisir le pouvoir en 583… Elle le conservera jusqu'en 613.

En Neustrie, Frédégonde a aussi besoin d'un fils au nom duquel elle pourrait gouverner si Chilpéric venait à disparaître. Or, le petit Samson meurt de maladie en 577. Le rôle d'héritier présomptif du royaume revient donc à un autre fils d'Audovère, Clovis, frère du défunt Mérovée. Ce jeune homme ne cache pas sa haine pour sa belle-mère. Et il évoque publiquement son envie de régler ses comptes le jour venu. Certains aristocrates se disent qu'ils pourraient peut-être accélérer les choses et commencent à comploter… Bien mal leur en prend : Chilpéric et Frédégonde ne sont pas portés à la miséricorde. Accusés de lèse-majesté, plusieurs grands du royaume ont les mains et les pieds coupés ; on les expose aux carrefours des grand-routes où ils finissent d'agoniser, la loi interdisant à quiconque de les achever. Pendant que les autres traîtres en puissance méditent l'exemple, Frédégonde a le temps de donner naissance à deux nouveaux garçons : Chlodobert et Dagobert. Le prince Clovis se trouve à nouveau disqualifié : chez les Mérovingiens, c'est généralement la veuve du roi qui procède aux partages successoraux et elle tente toujours de favoriser ses propres fils.

À condition évidemment que Chlodobert et Dagobert soient bien les fils de Chilpéric... Or, en 580, une rumeur se répand selon laquelle Frédégonde aurait entretenu une relation avec l'évêque Bertrand de Bordeaux, lequel est un lointain cousin des Mérovingiens. Autant dire que la reine serait à la fois adultère, sacrilège et incestueuse. Fou de colère, Chilpéric accuse Grégoire de Tours d'être à l'origine de la calomnie. Pour une fois, ce n'était peut-être pas vrai, mais on ne prête qu'aux riches. L'évêque de Tours est arrêté et traîné en procès. Pour se sortir de cette situation épineuse, il se résout à faire réciter un panégyrique qui célèbre la parfaite chasteté de Frédégonde : « Ses mœurs sont la parure du royaume », déclame-t-il à grand renfort de vers latins. Chilpéric s'en contente. Échaudé, Grégoire se fait discret pendant quelques années. Mais sa rancœur s'exprime dans les *Dix livres d'Histoires* qu'il rédige vers 590. Chilpéric y est présenté comme le Néron des temps mérovingiens et son épouse comme l'instigatrice de tous ses crimes. Bien diffusé, le pamphlet de Grégoire de Tours contribue rapidement à faire naître la légende noire de Frédégonde.

En attendant, le sort s'acharne contre la reine. En cette même année 580, ses deux fils, Chlodobert et Dagobert, meurent l'un après l'autre. Une terrible épidémie ravage alors le monde franc et beaucoup y voient une punition de Dieu contre les crimes du couple royal. Frédégonde préfère chercher un responsable sur la Terre. Or, à qui profite la mort de Chlodobert et de Dagobert ? À sa rivale Audovère et à ce qui lui reste de descendance ! Le prince Clovis redevient suspect. Pour avoir des preuves, Frédégonde fait aussitôt torturer sa maîtresse, puis la mère de sa maîtresse, réputée connaître des recettes magiques capables d'empoisonner les enfants. Chilpéric finit par se laisser convaincre : Clovis est arrêté. Frédégonde se charge personnellement de l'interrogatoire, sans parvenir à en tirer grand-chose. Un matin, les gardiens retrouvent le prince poignardé dans son cachot; cette fois, quelqu'un a eu la précaution de laisser le couteau dans la plaie, ce qui permet de défendre la thèse du suicide.

Avec l'entourage de Clovis, on prend moins de précautions. Sa mère Audovère est sauvagement assassinée. Quant à sa sœur Basine, Frédégonde ordonne à ses serviteurs de la violer, avant de la remiser dans un monastère. Pour faire bonne mesure, on exécute les témoins à charge qui avaient eu l'étrange idée de vouloir se rétracter.

Au printemps 583, Frédégonde accouche d'un nouveau fils, Thierry. Quelques semaines plus tard, l'enfant meurt à son tour, de dysenterie semble-t-il. Une fois encore, la reine veut des coupables. Il y a des rebouteuses à Paris ? Elle les met à la question jusqu'à ce que les malheureuses avouent tout ce que l'on attend d'elles. Un grand officier semble s'y connaître en plantes et en poisons ? La reine le fait torturer puis reconduire complètement mutilé dans sa région de naissance. Au-delà de la paranoïa, la souffrance de Frédégonde demeure indiscutable. Après la mort de Thierry, elle ordonne de faire brûler les petits vêtements de soie qui avaient été confectionnés pour lui, afin que rien ne vienne plus lui rappeler le souvenir de ce fils perdu. Mais ce geste de deuil horrifie les contemporains : dans cette société pauvre qu'est le monde mérovingien, a-t-on déjà vu un tel gâchis des matières précieuses ?

Faute de mieux, Frédégonde s'occupe de sa fille. Chilpéric a, en effet, décidé de marier Rigonthe à un prince wisigoth, pour renouer une alliance espagnole que le meurtre de Galswinthe avait mise à mal. Mais la perte de tous ses fils amène le roi à hésiter... À vrai dire, plutôt que d'envoyer Rigonthe, il préférerait plutôt donner Basine, la fille d'Audovère (cette Mérovingienne de second rang ne transmettrait aucun droit sur la Neustrie à son futur mari). Ses conseillers lui font valoir qu'une princesse violée et voilée ne fera sans doute pas plaisir aux Wisigoths. D'ailleurs, l'Église s'y oppose fermement. Tant pis, on enverra Rigonthe à Tolède. Pour prouver sa munificence, Frédégonde réunit une dot colossale en or, en argent, en vêtements précieux et en esclaves. Cinquante charriots suffisent à peine à transporter le trousseau. À elle seule, l'escorte compte quatre mille hommes.

Ce faisant, Frédégonde montre qu'elle ignore tout des usages diplomatiques : aucune princesse franque n'a jamais reçu autant. Par ailleurs, les souverains d'Austrasie et de Burgondie protestent, déclarant que la Neustrie utilise là des ressources qui appartiennent à tous les Mérovingiens en indivision. De fait, le montage financier de la dot est suspect. Un ambassadeur de Brunehaut se montre trop curieux ; il est assassiné. Les grands de Neustrie commencent eux-mêmes à s'interroger. La reine leur répond avec aplomb que la dot a été constituée sur ses biens propres. Ceux qui veulent garder leurs pieds et leurs mains n'ont pas intérêt à discuter. Ils sont plutôt invités à contribuer à la corbeille.

Le convoi nuptial s'ébranle. Trop lourde, trop riche, trop convoitée, la lente caravane devient la cible de tout ce que le monde franc compte de pillards, avec la discrète complicité de Brunehaut qui leur accorde l'amnistie en Austrasie. Rigonthe n'arrivera jamais à Tolède ; deux ans plus tard, elle reviendra chez sa mère après avoir été délestée de tous ses trésors.

Pour l'heure, Frédégonde est toute à sa gloire, d'autant qu'au début de l'année 584, elle donne naissance à un nouveau garçon. Cette fois, il n'est plus question de prendre de risques. Le bébé n'est pas présenté au peuple, pas même pour être baptisé, et sa mère l'installe dans un domaine royal isolé, à Vitry, à l'abri des assassins.

Quelques semaines plus tard, un meurtre a pourtant lieu. Ce n'est pas le nouveau-né qui a été visé mais son père, Chilpéric.

Alors qu'il chassait aux environs de Paris, le roi de Neustrie est tombé sous les coups d'un assassin qui a réussi à prendre la fuite. On ignore qui est derrière l'affaire. Frédégonde est vaguement suspectée, mais sans raison objective. Qu'aurait-elle à y gagner ? Mais Brunehaut et Gontran arrivent à bride abattue pour dépecer la Neustrie.

La survivante

Frédégonde est aux abois. Abandonnée par presque toute son aristocratie, elle se réfugie dans la cathédrale de Paris. Par chance, c'est Gontran qui entre le premier dans la ville. Or, le roi de Burgondie a lui aussi perdu tous ses fils. Si jamais Chilpéric a laissé un héritier, il se dit prêt à devenir son parrain. C'est-à-dire à régner en son nom sur la Neustrie, en attendant la majorité du petit prince. Frédégonde lui présente aussitôt un garçon, qu'elle dit être le fils de Chilpéric. Gontran est dubitatif : ce bébé, qui n'a pas de nom, qui n'a pas été reconnu et que personne n'avait jamais vu, ne lui inspire qu'une confiance limitée. De fait, il est bien possible que le vrai prince soit mort à la naissance et que Frédégonde présente là un enfant qui n'est pas le sien. Dans le doute, la reine annonce d'ailleurs qu'elle va bientôt accoucher, ce qui permettrait en cas de besoin de produire un fils posthume de Chilpéric. Gontran lui rétorque que le dernier accouchement ne remonte qu'à quatre mois… On n'en reparlera plus.

À la réflexion, ce petit prince tombé du ciel arrange plutôt Gontran. Sans lui, il aurait été obligé de partager la Neustrie avec Brunehaut. Alors qu'à jouer les parrains bienveillants, le roi de Burgondie peut tout garder. Les grands officiers neustriens se mettent aussi à réfléchir : si la Neustrie survit en tant qu'entité politique, ils sauveront leurs postes. Des aristocrates qui avaient déserté Frédégonde quelques jours plus tôt reviennent à ses côtés et certifient à Gontran que, oui, pas de doute, le bébé anonyme est bien le fils de Chilpéric. Les grands s'engagent même à prêter un serment solennel en ce sens, si jamais cela peut éviter le démantèlement du royaume.

Brunehaut ne l'entend pas de cette oreille. Coincée devant les murs de Paris, elle envoie des avertissements à Gontran : « La hache qui a été plantée dans la tête de tes frères est sauve ; bientôt, elle se plantera dans ta propre tête », écrit-elle. Autant dire qu'elle accuse Frédégonde d'avoir tué Sigebert et Chilpéric, en attendant mieux. Gontran refuse pourtant d'en démordre : Frédégonde restera reine, puisqu'elle est la mère de l'héritier au trône. Évidemment, il est hors de question de lui laisser une once de pouvoir. On lui aménage donc une cour croupion à Rouen : elle y élèvera son fils... au calme.

Dans cette nouvelle résidence, Frédégonde s'ennuie. Elle s'occupe un peu à rosser sa fille, Rigonthe, désormais impossible à marier ; la princesse se venge en accumulant les amants. Bientôt la reine retrouve toutefois le goût « à la vie » : les morts suspectes s'accumulent à nouveau autour d'elle, notamment chez les hommes que Gontran a envoyés pour assurer sa surveillance. Et quand l'évêque Prétextat revient à Rouen après un long exil, il reçoit un coup de scramasaxe en pleine messe dominicale. Mortellement blessé, on le porte dans sa chambre, et Frédégonde accourt pour lui proposer l'aide de ses médecins personnels. L'évêque utilise ses dernières forces pour lui dire ce qu'il pense de ses bons soins !

Pendant que Frédégonde s'occupe, ses grands officiers travaillent à rendre à la Neustrie son autonomie perdue. Ils jouent habilement la partie et Gontran se trouve contraint de rétrocéder des territoires à sa belle-sœur. Elle devient ainsi la reine indépendante qu'elle avait toujours souhaité être. On la voit maintenant rendre la justice, selon des méthodes très originales qui sont les siennes. Un jour, il lui faut par exemple trancher un conflit entre deux nobles familles. Comme l'affaire est embrouillée, Frédégonde commence par réunir les protagonistes autour d'un banquet bien arrosé et leur demande de se réconcilier. Ils ont le toupet de refuser. Elle les enivre puis fait planter une hache dans la tête des deux chefs de famille. En toute équité, elle a ainsi rétabli la paix.

À partir de 585, la reine Brunehaut prend aussi l'habitude de recevoir des assassins venus de Neustrie. Faux clercs, faux mendiants, faux messagers, Frédégonde ne manque pas d'imagination pour tenter d'abattre sa belle-sœur et toute sa descendance. Au moment d'armer ses agents, on dit que la reine leur promet de grandes richesses s'ils reviennent, et des prières pour leur âme s'ils y laissent la vie... Parfois, plusieurs équipes sont dirigées simultanément vers des cibles différentes. Prudente et bien informée, Brunehaut évente tous les coups. Avec ironie, la reine d'Austrasie renvoie même à leur expéditrice des meurtriers déconfits.

À l'occasion, de faux ambassadeurs tentent aussi d'assassiner Gontran, ce protecteur bien encombrant. À la différence de Brunehaut, le roi de Burgondie prend fort mal la chose. Il proclame Frédégonde « ennemie de Dieu et des hommes » et, en 587, négocie un traité qui fait du fils de Brunehaut son unique héritier. Une fois la colère passée, Gontran laisse toutefois sa déplaisante belle-sœur conserver le contrôle de la basse vallée de la Seine. Car si la famille royale de Neustrie venait à disparaître, le jeu politique se limiterait à un affrontement entre Burgondie et Austrasie. Or, Brunehaut est infiniment plus subtile que Frédégonde.

En 590, le petit roi anonyme de Neustrie tombe malade. Réduite au désespoir, Frédégonde assiste impuissante aux grands mouvements de ses ennemis qui avancent pour s'emparer de ce qu'il reste de son royaume. Mais l'enfant guérit. La menace s'éloigne. L'année suivante, le vieux roi de Burgondie joue son dernier coup politique en procédant au baptême tant retardé du fils de Frédégonde. Ce petit roi est nommé Clotaire II, en souvenir du grand Clotaire Ier, le seul Mérovingien ayant jamais réussi à réunifier le royaume de Clovis. Haïe de tous, sa mère n'est même pas invitée à la cérémonie.

En mars 592, la mort de Gontran – mort très attendue, mais naturelle semble-t-il – aurait pu signer la fin de carrière de Frédégonde. Brunehaut en profite pour réunifier à son profit la Burgondie, l'Austrasie et la quasi-totalité de la Neustrie. La chance de Frédégonde est d'être autant détestée : la peur qu'elle inspire constitue un des rares facteurs d'unité entre les différentes aristocraties régionales que Brunehaut tente alors de fédérer. Elle se voit donc conservée au titre d'épouvantail et de croquemitaine. Dans tous les cas, le réduit qu'elle contrôle en Basse-Seine ne présente aucun danger pour la toute-puissante Brunehaut.

En 596, Frédégonde profite d'une période de tensions dans les États de son ennemie pour tenter une conquête de Paris. Comme souvent, la manœuvre se montre opportuniste, violente et inconsidérée ; faute d'une juste évaluation du rapport de forces, un tel succès s'avère impossible à exploiter. La ville tombe entre les mains des Neustriens, mais ils la perdent peu après. La reine a toutefois le dernier bonheur de voir son fils Clotaire II trôner dans la vieille capitale de Clovis. Elle y meurt quelques mois plus tard et est enterrée dans l'église Saint-Germain, aux côtés de son mari Chilpéric.

Contre toute attente, le jeune Clotaire II parvient à accomplir ce que présageait son nom, c'est-à-dire à réunifier le monde franc. En 613, les aristocrates austrasiens et burgondes lui livrent Brunehaut, qu'il accuse de la plupart des assassinats mystérieux qui ont eu lieu depuis plus de trente ans. La vieille reine est mise à mort d'horrible manière, attachée à la queue d'un cheval lancé au galop. Toutefois, pendant son long règne personnel, Clotaire II imite plus les grandes stratégies de Brunehaut que les petits stratagèmes de Frédégonde. Et il ne semble pas avoir travaillé à rétablir la réputation de celle qui était – peut-être – sa mère.

Aux yeux de tous, Frédégonde laisse l'image d'une reine violente et manipulatrice. Ou plutôt, disons qu'elle accomplit ses actes violents en public – ce que l'on ne tolérait pas d'une femme – et que ses ruses apparurent grossières parce qu'elle était confrontée à plus malin qu'elle. Au moins réussit-elle à survivre, ce qui n'était pas une mince affaire en ces temps, et sa chance lui permit de récupérer son royaume alors que tout semblait perdu. À la fin du VIIe siècle, on disait encore qu'un politicien « se souvenait de la reine Frédégonde » lorsqu'il réussissait un coup sournois qui lui permettait de se rétablir de façon inattendue.

BRUNO DUMÉZIL

Ezzelino III da Romano
Le féroce

(1194-1259)

Grand seigneur de la Marche trévisane, Ezzelino III da Romano est l'un des premiers condottieri à s'assurer, en Italie du Nord, le contrôle d'un grand ensemble territorial qu'il tient d'une main de fer. Chef du parti gibelin, fidèle allié de l'empereur Frédéric II, il souffre cependant d'une faible légitimité politique alors qu'il excelle à multiplier ses ennemis, déjà très nombreux. Afin de consolider son pouvoir incertain, il érige la cruauté en pratique de gouvernement, et passe, dans un pays qui n'en manque pourtant pas, pour le plus terrifiant des tyrans.

Excommunications pontificales, imprécations de prêtres, malédictions populaires... Le nom d'Ezzelino III da Romano est entaché d'infamie. Le grand seigneur est entré très précocement dans la légende noire : quelques décennies tout juste après sa mort, Dante lui réserve en effet une place de choix dans « l'Enfer » de sa *Divine comédie*. Peu après, Pétrarque le fait figurer en bonne compagnie dans un de ses poèmes, aux côtés des tyrans les plus sanguinaires de l'Antiquité, Agathocle et Denys de Syracuse, ainsi que Néron. Boccace, puis L'Arioste lui adjoignent ensuite quelques compagnons supplémentaires, tels que Marius, Sylla ou encore... Attila ! Mais c'est en fait le grand historien suisse Jacob Burckhardt qui devait l'ériger, dans sa monumentale *Civilisation de la Renaissance en Italie* (1860), au rang de l'archétype du tyran monstrueux, cruel, barbare, voire bestial.

Difficile de distinguer dans tout cela la réalité de la propagande calomnieuse. Allié et relais italien de l'empereur germanique Frédéric II de Hohenstaufen, Ezzelino était le plus puissant seigneur du parti gibelin et, à ce titre, un adversaire impitoyable de la papauté. Les souverains pontifes de l'époque ne s'y sont d'ailleurs pas trompés. La bulle pontificale d'excommunication du « tyran », publiée en 1254, fulmine : « Dissimulant sous un visage humain une âme de bête, assoiffé de sang chrétien et enhardi par l'aide de tiers, [Ezzelino] a engagé une guerre implacable contre tous les droits de l'humanité. » Le ton est donné : les chroniqueurs qui commencent alors à écrire la légende d'Ezzelino, majoritairement des guelfes et des hommes d'Église – donc ses ennemis –, accentuent encore le trait, jusqu'à en faire le fils du diable en personne et celui d'une affreuse sorcière du nom de Barbadura…

Les bases de la puissance ezzelinienne

L'exceptionnel pouvoir d'Ezzelino s'ancre pourtant dans une lignée aristocratique bien connue, celle des da Romano, des seigneurs de la Marche trévisane, solidement implantés à Bassano et à Feltre surtout, ainsi qu'à Vicence et à Vérone. Né le 26 avril 1194, il est le quatrième enfant et le premier garçon d'Ezzelino II, dit « Le Moine », et d'Adelaita, fille du comte de Mangona. À cette époque, son père cherche à consolider sa position. Il tire parti, pour ce faire, du contexte d'affrontement entre factions rivales, guelfe et gibeline – soutenant respectivement le pape et l'empereur –, et de la crise des communes urbaines. L'antagonisme des grandes familles seigneuriales, comme celle des Este, ennemis héréditaires des da Romano, ou encore celles des San Bonifacio, des Carrare et des Pallavicino, contribue à l'affaiblissement des pouvoirs municipaux : jouant de leur influence, ces nobles n'hésitent pas à revêtir la magistrature communale de podestat qu'ils cherchent à détourner de sa fonction première – le rétablissement de la paix civique – pour favoriser leur propre clan au détriment de celui de leurs adversaires. Ezzelino II devient ainsi le podestat de Trévise entre 1191 et 1193, puis celui de Vérone en 1200 et de Vicence en 1211. Peu à peu, la Marche trévisane, à l'instar d'autres régions de l'Italie communale, sombre dans la violence et le cycle sanglant des vengeances. Mais, las du métier des armes et de l'hémoglobine, Ezzelino II décide en 1223 de se retirer dans un monastère : il y gagne son surnom de « Moine » et ses deux fils se partagent son héritage. En tant qu'aîné, Ezzelino reçoit évidemment l'essentiel : les fiefs familiaux de Bassano, de Marostica et tous les châteaux des Colli Euganei ; son cadet Alberico se contente du reste.

Les débuts du « règne » d'Ezzelino n'ont rien d'extraordinaire. Certes, dès son plus jeune âge, l'enfant avait montré une certaine ingéniosité et un goût prononcé pour la guerre : il construisait par exemple des trébuchets et des catapultes miniatures qu'il essayait – sans grand succès – contre les ennemis de famille, lors des sièges conduits par son père. Certes, il avait démontré sa bravoure en combattant le marquis d'Este aux côtés de son géniteur, à l'automne 1213. Mais ses premières années de pouvoir personnel sont très ordinaires au regard du paysage politique italien du temps.

En 1221, Ezzelino et sa sœur Cunizza sont unis par un double mariage à la puissante famille véronaise des San Bonifacio. Leur influence sur la cité de Vérone en sort renforcée. Ces précieux appuis lui permettent d'être nommé podestat de la ville en juin 1226, juste à temps pour mener les hostilités contre l'empereur Frédéric II, au sein de la seconde Ligue lombarde. Ezzelino oublie cependant que cette magistrature ne dure qu'un an… Mal lui en prend car les recteurs de la Ligue le contraignent, en 1227, à remettre sa charge à la faction « populaire » de la commune. À la faveur des troubles civils, notre seigneur parvient ensuite à redevenir podestat de la ville, en juin 1230. L'opposition de la Ligue lombarde, qui soutient une autre faction plus soucieuse des « libertés communales », l'amène alors à se rapprocher de l'empereur, en 1232. Ses principaux adversaires, les Este, choisissent définitivement, quelques années plus tard, le camp du pape. Dans cette décennie, les antagonismes vont s'accentuer, se radicaliser et, surtout, changer d'échelle. Le décor est planté : la geste d'Ezzelino peut s'y déployer.

Au service de l'empereur

L'alliance impériale constitue le véritable tournant de la « carrière » d'Ezzelino. Il ne faut pas y voir une quelconque adhésion « idéologique » à la cause gibeline mais bien plutôt un calcul d'intérêts. Frédéric II procure tout d'abord à son allié un appui militaire, ce qui est loin d'être négligeable : dès 1236, une garnison impériale s'établit à Vérone pour mettre le da Romano à l'abri des séditions et des troubles civiques. La même année, l'empereur saccage Vicence et en donne le gouvernement à son nouvel allié qui lui rend la politesse, un an plus tard, en l'aidant à défaire la Ligue lombarde lors de la bataille de Cortenuova. Les mains libres à Vérone, Ezzelino en profite pour prendre Padoue tandis que son frère Alberico s'empare de Trévise. Parallèlement, il affronte victorieusement le marquis d'Este et le comte de San Bonifacio, ses grands rivaux, auxquels il arrache plusieurs places fortes.

Surtout, l'empereur lui apporte un surcroît de légitimité, avec le renforcement de l'alliance en 1238 : pour prix de sa fidélité, Ezzelino reçoit la main d'une fille naturelle de Frédéric II, répondant au doux nom de Selvaggia. De plus, il devient vicaire impérial de tous les pays situés entre les Alpes de Trente et le fleuve Oglio. En quelques années, une série de succès politiques et militaires le met à la tête d'un vaste ensemble régional.

Avec l'excommunication de Frédéric II, en 1239, l'affrontement entre guelfes et gibelins prend une dimension de plus en plus féroce. La radicalisation du pouvoir personnel d'Ezzelino s'opère alors peu à peu dans les années 1240. La mort de l'empereur, en 1250, le libère de ses derniers freins. Seul, le « tyran » gouverne désormais par la terreur et laisse libre cours à sa démesure.

Cavalier seul

Les monstruosités commises par Ezzelino, tout comme ses ambitions territoriales, vont provoquer son isolement croissant face à une coalition générale constituée autour de la papauté. En 1254, le pape Innocent IV ordonne une croisade contre le tyran et son allié lombard Oberto Pallavicini, après les avoir déclarés hérétiques et excommuniés. La coalition réunit alors Bologne, Mantoue et de nombreux seigneurs, dont le comte de San Bonifacio et le marquis d'Este, ainsi que beaucoup de *fuoriusciti*, bannis des cités soumises à Ezzelino. L'appui vénitien permet aux croisés de s'emparer de Padoue le 19 juin 1256, alors que le *condottiere* engageait la conquête de la Lombardie en assiégeant Brescia. Divisés, les croisés n'exploitent pas leur victoire et leur ennemi parvient à s'emparer de Brescia deux ans plus tard. Il menace alors directement Milan. Mais ses atrocités et ses ambitions sont telles que le démon perd ses derniers soutiens : les gibelins en arrivent même à se rallier aux guelfes en juin 1259, pour en finir avec lui ! Pris en tenaille alors qu'il marchait sur Milan et Monza, Ezzelino livre une ultime bataille à Cassano d'Adda le 16 septembre. Son dernier allié, Oberto Pallavicini, a, lui, opportunément changé de camp.

Blessé, Ezzelino est contraint de faire retraite tandis que ses troupes se débandent. La fuite vers Bergame semble être la meilleure option. Mais, pris en chasse, il est capturé par un soldat désireux de venger son frère qui avait subi de terribles mutilations deux ans plus tôt sur ordre du da Romano. Épargné par les seigneurs qui commandent l'armée croisée, traité comme un pair, il va néanmoins se comporter en véritable enragé, refusant toute nourriture ou soin médical. Il cherche même furieusement à aggraver ses blessures avec les ongles et les mains, puis se laisse mourir en une longue et douloureuse agonie. Son frère n'a pas cette chance : assiégé au château de San Zenone par les milices de Trévise et de Padoue le 6 août 1260, il est horriblement massacré avec toute sa famille, femmes et enfants compris...

Un modèle du tyran solitaire et sanguinaire ?

Si les chroniqueurs rivalisent d'imagination dans leur diabolisation d'Ezzelino III da Romano, ils conviennent toutefois que le « monstre » n'en a pas toujours été un. Ils racontent ainsi qu'avant de parvenir au pouvoir, quand il menait encore la vie d'un simple chevalier, il était certes déjà terrible avec ses ennemis, mais restait plaisant et drôle avec ses amis, fidèle à ses promesses, ferme dans ses résolutions, prudent et modéré, tant dans ses réflexions que dans ses discours. Bref, il incarnait le parfait chevalier, aussi bien dans l'apparence que dans le comportement. C'est avec la prise de Padoue, en 1237, et l'irrésistible ascension de son pouvoir qu'il change du tout au tout.

Dès lors, sa brutalité ne cesse de croître. Car l'extrême violence est intrinsèque à sa conception de l'exercice personnel du pouvoir. Ezzelino reste un chef de faction qui n'a cure d'incarner le rôle d'un seigneur au-dessus des partis (*super partes*). Peu attiré par les titres, il ne cherche pas à occuper des offices dans les communes qu'il contrôle. Sa manière à lui de restaurer la paix civile, c'est l'extermination totale de ses adversaires et de leur famille. Ainsi, comme ses victimes n'auront plus aucun parent pour les venger, il espère mettre fin au cycle des guerres privées. Il ne tente pas du tout de créer du consensus, du compromis, ni de réconcilier les clans adverses. Au contraire, il règne par la force brutale et élimine ses adversaires réels ou potentiels, préventivement. Bien accueilli par le peuple dans certaines cités, Ezzelino s'appuie initialement sur des « hommes nouveaux », qui n'appartiennent pas aux anciennes élites. La paix relative des belles années victorieuses de Frédéric II et la prospérité industrielle et commerciale ont soutenu à ses débuts la popularité du da Romano. Mais il ne tarde pas à s'en prendre également aux populaires (membres du *popolo*, c'est-à-dire de la population urbaine non noble) et, surtout, aux chefs de leur organisation. Partout, Ezzelino mène une politique méthodique et impitoyable de destruction des partis urbains, y compris le sien !

On comprend dès lors que la politique monumentale et les grands travaux d'embellissement de la cité – si recherchés à l'époque comme expression du pouvoir et moyen de légitimation – ne l'intéressent guère. Le seul édifice qu'il fait construire en série, ce sont des prisons... et elles ne restent pas longtemps vides !

L'extrême concentration du pouvoir personnel d'Ezzelino est à la mesure de sa fragilité. Elle va d'ailleurs croissante : dès avant la mort de Frédéric II, il nomme tous les podestats sans en référer à l'autorité impériale. Privés de toute autonomie, ces recteurs deviennent de simples exécutants d'une politique de terreur et d'un matraquage fiscal qui, peu à peu, aliènent à leur chef tout soutien.

L'isolement croissant et la solitude, caractéristiques du tyran, alimentent sa méfiance jusqu'à la paranoïa et appellent, en réponse, sa cruauté. Nombre de chroniqueurs attribuent d'ailleurs l'extrême malfaisance d'Ezzelino à son éloignement du beau sexe et à son refus de la procréation. Cette haine de la chair et des fins de la nature le rapproche d'ailleurs des cathares auxquels il manifeste une indéniable complaisance. Après un bref amour juvénile, il a pourtant eu non moins de quatre épouses, au sort assurément peu enviable : toutes disparaissent mystérieusement ou, pour les plus chanceuses, sont répudiées. Même

Selvaggia, la fille naturelle de l'empereur, aurait été assassinée par son mari au cours d'une scène de jalousie féroce. De tous les vices dont il est taxé par ses détracteurs, Ezzelino semble toutefois n'avoir été que peu enclin à la luxure.

Éloigné des femmes comme des hommes, Ezzelino va chercher compagnie et conseils dans les astres : sa suite compte plusieurs des astrologues les plus réputés de son temps et il ne livre jamais bataille sans les avoir consultés au préalable. Mais c'est souvent en cherchant à échapper à son destin qu'on s'y précipite : plusieurs sources – dont le chroniqueur florentin Giovanni Villani – affirment qu'un jour, Ezzelino a appelé un astrologue pour lui demander dans quel lieu il mourrait. Celui-ci lui répondit : « *In Assano.* » Ezzelino comprit « Bassano » et, à partir de ce jour, il ne voulut plus mettre les pieds dans cette ville qu'il affectionnait pourtant tout particulièrement. Quand, plus tard, en 1259, il entend dire que le château auprès duquel il livre son ultime bataille s'appelle Cassano-sur-Adda, il est pris d'une terreur soudaine. Se voyant déjà mort, il balbutie : « Ah ! Assano, Bassano, Cassano ! »

Le théâtre de la cruauté

Comme il ne règne pas par le droit, le tyran ne peut se maintenir au pouvoir que par la force et par la peur qu'il inspire. La terreur est la conséquence perverse de sa solitude, puisqu'il finit par se méfier de tout le monde. Comme Ezzelino n'a su développer aucune légitimité ni créer aucune fidélité durable, il va faire du déchaînement de la violence et du spectacle de la cruauté un mode de gouvernement, dont la fureur va aller croissante. L'escalade ne fait pas de doute : si, au lendemain de la prise de Padoue en 1237, le sort des adversaires, avec son cortège de bannissements, d'emprisonnements et de destructions, s'apparente encore au traitement habituel subi par les factions vaincues, la répression change ensuite d'ampleur mais, surtout, de nature...

Vingt ans plus tard, lorsqu'il conquiert Brescia, Ezzelino inflige à la population dans son ensemble une terreur tout aussi féroce qu'aveugle : les prisonniers de guerre sont massacrés après de longues tortures, des femmes enceintes sont assassinées, d'autres sont défigurées ou mutilées en particulier à la poitrine. Le tyran s'en prend tout spécialement aux prêtres qu'il fait brûler vifs ou énucléer puis émasculer. Ivre de sang et de fureur, il prête serment de remplir un puits profond de testicules d'ecclésiastiques… La violence, de mesurée et ciblée qu'elle était auparavant, devient sauvage, atroce et générale. Le tournant se situerait dans les années qui précèdent l'excommunication d'Ezzelino en 1254 : « On a vu, déplore un chroniqueur patavin, mourir en masse les gens de Padoue, de Vérone et de Vicence, où il exerçait son pouvoir par le fer, par le feu, par le cachot, par la torture, et ceux qui ne sont pas morts ont été complètement ruinés et quasiment réduits à la mendicité. »

Mais, même dans cette extrémité, la violence conserve, un temps du moins, une certaine « rationalité » : le spectacle de la cruauté doit frapper les consciences et intimer la terreur, paralysant toute velléité d'opposition. D'où le rôle exemplaire attribué aux tortures. Si sa victime a le mauvais goût de mourir trop tôt du fait des « traitements » qui lui sont appliqués, Ezzelino, dépité, n'hésite pas à faire mutiler son cadavre. Quant aux prisonniers qui chercheraient à échapper à ces séances, ils voient leurs jambes coupées, moyen imparable de s'assurer qu'ils ne récidivent pas… Ces affreuses mutilations – nez, langue, lèvres, oreilles, seins, mains ou pieds coupés, yeux, parties génitales… –, abondamment rapportées par les chroniqueurs, marquent à vie le corps des victimes : leur enveloppe charnelle, frappée de ces signes monstrueux, devient le support d'un langage terrible. Le corps est réifié, déshumanisé. Une fois le prisonnier relâché, son aspect physique doit parler pour lui et répandre l'épouvante.

Certains, au demeurant, auraient cherché à en profiter : nombre d'estropiés et d'aveugles, auxquels Ezzelino n'a encore rien fait, parcourent la Lombardie en demandant l'aumône et, montrant leurs défauts corporels, ils s'exclament : « Ça, c'est Ezzelino da Romano qui nous l'a fait ! » Quand Ezzelino l'apprend, il ordonne, fort amusé, que tous les aveugles, boiteux, culs-de-jatte et autres estropiés inaptes au travail se présentent à Vérone, où il leur donnera une aumône substantielle. Si l'on en croit les chroniques, trois mille au moins se seraient présentés, de quoi remplir un grand édifice. Ezzelino demande qui, parmi eux, se sent capable de travailler. Comme aucun ne se manifeste, le tyran fait alors remplir l'édifice de bois et de paille, y fait mettre le feu et les trois mille mendiants meurent brûlés vifs.

L'autre grand but de ce théâtre de la cruauté est l'extermination totale de l'adversaire, l'éradication complète de sa race. Les sévices s'en prenant aux organes sexuels masculins et féminins doivent être interprétés dans ce sens : il faut empêcher toute possible reproduction. C'est bien là le propre de l'« ennemi du genre humain » que d'empêcher sa perpétuation. Les innombrables massacres et mutilations d'enfants reprochés à Ezzelino cherchent à atteindre les familles dans leur chair, à empêcher leur descendance, tout en les terrifiant. « Durant cette période, s'indigne un chroniqueur patavin, on perpétra un autre crime non moins horrible et abominable contre les enfants, non seulement de quelques populaires mais aussi de personnages nobles et de patriciens. Ces enfants, on leur crevait d'abord les yeux puis, alors qu'ils étaient encore en prison, quand leurs yeux morts s'étaient cicatrisés, on leur coupait les parties génitales pour en faire de petits eunuques. Je pense qu'il vaut mieux taire leurs noms (...), je ne pourrais les citer sans verser de larmes. »

Vers une folie sans limite

Peu à peu, la dérive s'accentue dans une folie meurtrière. On s'éloigne alors de toute rationalité. Lorsque Padoue tombe aux mains des croisés en 1256, Ezzelino aurait exterminé les milliers de Padouans qui combattaient dans sa propre armée, après les avoir rassemblés dans l'amphithéâtre de Vérone. Un autre chroniqueur de Padoue rapporte qu'Ezzelino en venait à se trouver mal, comme affamé et assoiffé si, pendant quelques jours, il ne voyait pas le sang couler et des corps être démembrés. De là à en faire un buveur de sang humain, il n'y a qu'un pas... que les chroniqueurs plus tardifs s'empressent de franchir. La tradition populaire, elle, lui attribue une voracité d'ogre : il aurait volontiers dévoré les enfants mais sa gourmandise préférée était en fait la chair des prêtres.

À ce personnage fantastique, ses biographes attribuent des ennemis non moins fantastiques, aux confins de l'absurde. Ainsi, le chroniqueur Rolandino de Padoue raconte qu'un personnage suspect fut arrêté tandis qu'il cherchait à s'approcher d'Ezzelino avec une arme dissimulée. Mis à la torture, « cet homme ne voulait ou peut-être ne pouvait pas faire d'aveux, car il ne paraissait pas parler notre langue. En fin de compte, comme on ne pouvait rien en tirer, on le fit brûler vif et il sembla subir la mort avec joie. Ce qui fit dire à certains que c'était sûrement un *assassin*, envoyé par un prince d'outre-mer qui s'appelle le Vieux de la Montagne, dont les émissaires parcourent le monde pour tuer les tyrans, s'ils le peuvent, et croient qu'ils accèdent aussitôt à la gloire éternelle lorsqu'ils peuvent jouir de la mort au service de leur maître ». Il s'agirait donc ici ni plus ni moins que d'un membre de la secte islamique des Assassins, qui s'était rendue tristement célèbre en perpétrant de nombreux assassinats politiques en Terre sainte, le plus réussi étant celui de Conrad de Montferrat, au moment de son élection comme roi de Jérusalem en 1192. Leur légende était telle qu'on leur attribuait en Europe – et surtout en Italie – toute mort suspecte d'un personnage hors du commun...

Ennemi de Dieu et des hommes, Ezzelino incarne donc le contre-modèle absolu. Même le diable n'aurait pas voulu de son âme : il l'aurait contraint à errer, la nuit, autour des ruines de ses châteaux, là précisément où il avait versé tant de sang innocent. Un puissant imaginaire, très vite, prend le relais de la mémoire du personnage et il en reste, aujourd'hui encore, des traces vivaces dans les légendes locales. Difficile de démêler le vrai du faux, la réalité des exagérations, lorsqu'on a affaire à un tel individu. Relevons toutefois que le basculement décisif vers une violence sans limite et aveugle se serait opéré dans les années précédant l'excommunication et la croisade : mais est-ce là la cause réelle ou un prétexte forgé pour justifier l'élimination d'un dangereux adversaire ? La « vérité » se situe probablement entre les deux. Ce qui est certain, c'est qu'Ezzelino introduit des pratiques politiques et guerrières beaucoup plus sanglantes et implacables qu'auparavant. Surtout, il érige la violence extrême en véritable système de gouvernement. La parenthèse ne se referme d'ailleurs pas vraiment avec sa disparition, comme le montre l'atroce massacre de la famille de son frère. En fait, Ezzelino III da Romano appartient sans doute bien davantage à l'âge communal qu'il ne préfigure l'âge seigneurial : chef de faction, il porte à son extrême la sauvagerie de ces luttes destructrices sans rien construire qui pourrait permettre de les dépasser durablement.

Fabien Faugeron

Gilles de Rais
Le « saigneur » d'enfants
(vers 1405-1440)

Gilles de Rais, compagnon de Jeanne d'Arc et héros de la lutte contre les Anglais dans les années 1430, nourrissait de noirs penchants. Alchimiste à ses heures, il s'essaya à la magie noire et profita de ses prérogatives de grand féodal pour enlever, violer et torturer des dizaines d'enfants. Pédophile et sataniste, il fut l'un des premiers grands tueurs en série connus de l'Histoire…

Quand Gilles voit le jour vers 1405, le royaume de France s'apprête à vivre les heures les plus noires de son histoire. Le roi Charles VI a définitivement sombré dans la folie, et les princes s'entre-déchirent pour le pouvoir, n'hésitant pas à appeler les Anglais à la rescousse… En 1415, le nouveau souverain du royaume d'Angleterre, Henri V, profite de la situation pour traverser la Manche, assiéger Harfleur et infliger, près d'Azincourt, l'une de ses plus effroyables défaites à l'armée française.

C'est à cette époque que le petit Gilles perd ses parents. Élevé par son grand-père, il jouit d'une très grande liberté et profite de l'anarchie ambiante pour n'en faire qu'à sa tête. À peine âgé de 15 ans, il enlève Catherine de Thouars, sa cousine, qu'il épouse ensuite en cachette. Énorme scandale ! Il n'a pas demandé d'autorisation à sa famille ni de dispense à l'Église, alors que les mariages consanguins sont prohibés. Après bien des tractations, cette union d'amour finit cependant par être officialisée en 1422. Par le hasard des héritages et grâce à ce riche mariage, Gilles se voit désormais à la tête d'un remarquable ensemble territorial, avec, entre autres, la baronnie de Rais (aujourd'hui Retz, en Vendée) dépendant du duché de Bretagne, et de nombreux fiefs en Anjou, dans le Maine et le Poitou. Au sommet de sa gloire, ses possessions lui rapportent environ 30000 livres par an, ce qui ne fait pas de lui un prince, mais un seigneur de premier plan, et un homme avec qui il faut compter.

Un fidèle serviteur

C'est d'ailleurs l'heure des choix politiques, car les Anglais, désormais maîtres de la Normandie depuis 1419, sont en passe de mettre la main sur la France. En 1420, le traité de Troyes prévoit qu'à la mort de Charles VI, le royaume passera à son beau-fils, Henri V d'Angleterre, et non au dauphin Charles – le futur Charles VII – qu'on a déshérité. Beaucoup de grands féodaux et de princes, comme le duc de Bretagne, hésitent entre les deux allégeances, mais Gilles de Rais, dont les terres ligériennes sont menacées par l'invasion anglaise, choisit très tôt le parti du dauphin, et ne le trahit jamais. Dans les années 1420, c'est en combattant sans relâche les Anglais en Anjou qu'il se fait un nom. Il semble aussi avoir entretenu sur ses propres deniers une compagnie de deux cents cavaliers, ce qui représente une charge financière largement supérieure aux moyens habituels d'un baron, même bien possessionné. Lorsqu'en 1427, Jean V de Bretagne signe un traité de neutralité avec les Anglais et qu'il ordonne à ses vassaux de ne plus les attaquer, Gilles de Rais refuse tout net de suivre ses ordres, et redouble même d'efforts contre les envahisseurs. Quand il s'empare d'un château, il met les Anglais à rançon selon les lois de la guerre, mais envoie au gibet les hommes d'armes français, considérés comme traîtres à leur pays !

Fidèle parmi les fidèles, Gilles obtient sa première pension du dauphin en 1425, et il se trouve à la cour de Chinon en février 1429 lorsqu'une jeune Lorraine vient exposer sa mission divine… Bien qu'on ignore tout de ce qu'il a pu penser ou dire à ce moment-là, c'est lui qui, en avril, reçoit la charge de l'armée de secours pour Orléans. Aux côtés de Jeanne d'Arc, il conduit les attaques contre les bastilles anglaises et s'y couvre de gloire. Dans les mois qui suivent, il participe à la reconquête des villes de la Loire, ainsi qu'à la chevauchée du sacre. Gilles est l'un des quatre barons qui apportent la Sainte Ampoule de l'abbaye Saint-Rémi à la cathédrale de Reims. C'est à cette occasion que Charles VII, pour le récompenser de son courage et de ses loyaux services, érige ses baronnies de Laval et de Sully en comtés, le nomme maréchal de France et lui accorde aussi – honneur suprême – d'ajouter à son écu des fleurs de lys royales.

Lors de la captivité de Jeanne, les plus hardis capitaines français, que sont le bâtard d'Orléans, Étienne de Vignolles dit La Hire, et le sire de Rais, méditent d'opérer un coup de main sur Rouen, mais l'affaire fait long feu, et la jeune fille est abandonnée à son sort. Le maréchal n'en continue pas moins la lutte, tout en chérissant le souvenir de la Pucelle. Il est probablement l'un des principaux commanditaires du *Mystère du siège d'Orléans*, une immense pièce de théâtre commémorant son action (plus de vingt mille vers !). Et en 1439, il accueillera encore avec enthousiasme une femme qui se fait passer pour elle.

La disgrâce d'un maréchal

Gilles de Rais commence cependant à se lasser de cette guerre sans fin, qui ruine ses finances – car c'est sur sa cassette qu'il stipendie ses troupes, et le roi, toujours chiche, ne juge pas nécessaire de le rembourser. Cette situation ne fait qu'empirer à partir de 1433, lorsque le connétable Arthur de Richemont, l'un de ses ennemis personnels, rentre en grâce auprès de Charles VII. Gilles perd alors tout espoir d'engranger de nouvelles pensions, et s'il conduit toujours des bandes armées au combat, il ne participe plus à aucune entreprise d'importance dans les années suivantes.

Vivant dans une sorte de semi-disgrâce, le maréchal de France n'en continue pas moins à mener un train de vie princier, très au-dessus de ses moyens. Sa maison pléthorique compte des centaines de serviteurs et de parasites qui profitent sans vergogne de ses prodigalités. Grand amateur de musique, Gilles entretient en particulier une splendide chapelle avec une trentaine de clercs et de chanteurs – alors que les chapelles princières dépassaient rarement douze membres à cette époque –, et il n'hésite pas à s'attacher à prix d'or les enfants dotés d'une belle voix. Il affiche d'ailleurs le plus profond mépris pour l'argent et les contingences matérielles, ce qui explique qu'il doit se résoudre, en quelques années à peine, à vendre quarante et un châteaux et seigneuries, des meubles, des tapisseries, des objets d'art… Comme cela ne suffit pas, il se met à emprunter des sommes considérables à des taux usuraires. Sa famille prend conscience avec horreur qu'il ne restera bientôt plus rien de son magnifique patrimoine, sinon des dettes. Et elle obtient, en juillet 1435, que Charles VII mette sous interdit son maréchal. Déclaré « prodigue notoire », celui-ci n'a plus le droit de vendre ou d'aliéner ses châteaux et ses terres, et toutes les ventes précédentes sont cassées.

Magie noire et encre rouge

C'est au début des années 1430, semble-t-il, que Gilles cherche à renflouer ses caisses en recourant à des procédés peu catholiques. Il place beaucoup d'espoir dans l'alchimie, que l'on considérait alors plus ou moins comme une science, et que l'Église ne condamnait pas formellement. Lors de son procès, il reconnaîtra sans peine avoir essayé de congeler du « vif-argent » – autrement dit, du mercure, le seul métal liquide à l'état naturel, et dont les alchimistes pensaient qu'il jouait un rôle essentiel dans la constitution des autres métaux. Figer le mercure était un premier pas dans la transmutation de vils métaux en or. Sans compétences particulières, il essaie bien sûr de recruter des spécialistes ès sciences occultes, ce qui lui vaut quelques déceptions. Un certain Jean de La Rivière, médecin de son état, lui promet monts et merveilles. Gilles lui donne vingt écus d'or – une somme énorme – pour acquérir le matériel nécessaire à ses travaux... Il ne le reverra jamais. Une autre fois, dans une auberge d'Angers, il donne un marc d'argent à un orfèvre alchimiste... qu'on retrouve, au petit matin, ivre mort dans sa chambre. Et le maréchal d'enrager !

Ces tentatives ne prêteraient guère à conséquence si, comme tous ses contemporains, Gilles n'avait mêlé aux expérimentations alchimiques (une forme somme toute primitive de la chimie) de la « magie cérémonielle » : il s'agit, à l'aide de rites et de formules occultes, d'invoquer des démons pour obtenir leur aide. C'est une magie fort savante puisque les formules, consignées en grec ou en latin dans des grimoires, ne peuvent être lues que par des gens qui maîtrisent ces langues – en général, donc, des hommes d'Église ! Et Gilles en a quelques-uns à son service. Il a ainsi recruté un clerc italien âgé d'une vingtaine d'années, Francesco Prelati, qui se présente comme un expert dans les arts alchimiques et magiques. Au château de Tiffauges, ce dernier se fait fort d'invoquer tous les démons de l'enfer, afin de fabriquer de l'or ou de trouver les trésors cachés.

Incapable d'attirer des démons de premier plan, comme Satan, Belzébuth, Bélial ou Oriens, Prelati aurait quand même fait apparaître un esprit mineur, du nom de Barron. Sous les traits d'un jeune homme vêtu d'une cape violette, ce dernier aurait promis bien des choses au mage italien – Gilles, pour sa part, ne le verra jamais ! –, mais sans rien tenir. Pour complaire au petit diable, le sire de Rais accepte de sacrifier un coq, une poule ou une colombe, et même de signer un pacte de son sang. Bon chrétien, il refuse catégoriquement de vendre son âme, mais il est prêt, en revanche, à immoler des innocents. Une nuit, il offre ainsi les yeux, les mains et le sang d'un enfant dans un verre... sans obtenir pour autant de résultat probant.

Une rumeur populaire affirme que Gilles écrivait un livre secret avec du sang d'enfant pour toute encre, et qu'une fois ce livre achevé, il aurait été invincible au combat... En fait, l'alchimie, tout comme la guerre, coûte fort cher au sire de Rais, sans rien lui rapporter.

L'ogre de Machecoul

Le sacrifice d'un enfant pourrait n'être que l'acte fou d'un alchimiste à bout de patience et de ressources, mais il inaugure en réalité une longue et sinistre série de meurtres. Certes, les chroniqueurs n'ont pas remarqué que Gilles de Rais fût plus sanguinaire ou plus cruel que ses compagnons d'armes lorsqu'il guerroyait – tout reste relatif, bien sûr ! En fait, ce n'est qu'après avoir quitté la carrière militaire qu'il développe ses penchants pour la pédophilie et le sadisme. Et si la magie noire lui a mis le pied à l'étrier, il a vite fait de ne plus s'embarrasser de tout ce folklore pour perpétrer ses crimes...

Dès 1432, Gilles ordonne à ses serviteurs de lui ramener des enfants. Gibier facile à prendre en vérité, puisque, dans ces temps troublés où la guerre a ruiné et jeté sur les routes des familles par milliers, d'innombrables enfants viennent aux portes de ses châteaux – à Champtocé, Tiffauges ou Machecoul – pour mendier un peu de nourriture. Il y en a tant que l'on peut même se permettre de sélectionner les plus beaux. Gilles dispose, pour ce faire, de serviteurs dévoués comme Henriet Griart et Étienne Corrillaut, dit Poitou, et même de « pourvoyeuses », comme Tiphaine Branchu et Perrine Martin, dite la Meffraye. Comme les enfants enlevés sont pauvres, voire orphelins, on ne remarque pas toujours leur disparition, et les parents, s'ils sont encore vivants, sont de toute façon de trop petites gens pour s'en prendre à un si haut personnage.

Après leur rapt, les enfants sont amenés dans la chambre de Gilles de Rais et livrés à son bon plaisir. Si l'on en croit la confession d'Étienne Corrillaut, Gilles s'échauffe en frottant son sexe en érection contre le ventre ou les cuisses des enfants, garçons ou filles, qu'il peut dans un second temps violer et sodomiser. Mais c'est en terrorisant et en torturant ses victimes qu'il jouit le mieux. Les enfants sont en effet attachés et pendus par le cou, et il s'amuse à les cajoler, leur « assurant qu'il ne [veut] ni leur faire de mal ni les blesser, qu'au contraire, [c'est] pour se divertir avec eux, et de la sorte, il les empêch[e] de crier ». Il prend ensuite plaisir à lentement les mettre à mort, en leur tranchant la gorge, en les décapitant, en leur brisant les membres à coups de bâton, voire en leur ouvrant le ventre avec son braquemart (une épée courte). Ce qu'il préfère, c'est jouir sur leur corps agonisant, voire déjà mort. La plupart du temps, il incise donc une veine du cou de sa victime avant de commencer ses attouchements lubriques. Parfois même, il « s'ass[oit] sur le ventre de l'enfant, se délectant à le voir languir et mourir, en le regardant de biais ». Les cadavres sont enfin décapités, et le maréchal garde un temps les têtes, dont il se plaît à comparer la beauté, et qu'il embrasse même volontiers.

En véritable *serial killer*, Gilles de Rais paraît bien avoir mis au point une sorte de rituel d'épouvante, seul capable de lui donner la jouissance sexuelle recherchée. Quand la chair fraîche lui manque, il se livre à la débauche avec les enfants de chœur de sa chapelle, sans toutefois les torturer ni les tuer – le forfait aurait été sans doute beaucoup plus difficile à masquer...

Une fois rassasié, Gilles s'empresse de faire disparaître les petits cadavres, qu'il brûle avec leurs vêtements dans la grande cheminée de sa chambre. Les cendres sont ensuite jetées dans les égouts et les douves. À Champtocé, il semblerait qu'il se soit d'abord contenté d'enterrer les corps de ses nombreuses victimes, mais comme il dut, à un moment, remettre la forteresse au duc de Bretagne, il s'arrangea pour que les ossements soient discrètement rapportés à Machecoul, où ils furent incinérés.

À la quarantaine d'enfants de Champtocé, il faudrait ajouter, selon le témoignage de ses hommes de main, une trentaine de victimes à Machecoul, quelques-unes à Tiffauges, et une quinzaine à Nantes, où Gilles possède un hôtel particulier. Lors du procès, on évoquera cent quarante meurtres environ, mais uniquement sur la base de vagues rumeurs. Dans ses aveux, Gilles reconnaîtra qu'il n'a jamais tenu le compte de ses victimes : il y en avait trop...

Dans les griffes de la justice

Les petits jeux du sire de Rais ne vont pas durer bien longtemps. Le dimanche de la Pentecôte 1440, il décide de reprendre par la force la seigneurie de Saint-Étienne-de-Mer-Morte, qu'il vient pourtant de vendre : avec une bande armée, il pénètre dans l'église où officie un prêtre qu'il traite de ribaud et menace de tuer avec sa guisarme (sorte de hallebarde). Cet acte insensé va précipiter sa perte, d'autant que le prêtre est un proche du duc de Bretagne et que celui-ci ne peut laisser impuni un tel affront. Ce sacrilège public donne de fait une occasion idéale à la justice ducale et à la justice ecclésiastique de se mettre officiellement en branle, car la rumeur populaire accuse le personnage, depuis longtemps déjà, de crimes et de sorcellerie.

Les enquêteurs, qui se mettent au travail durant l'été 1440, recueillent plusieurs dizaines de témoignages concordants. Beaucoup de gens ont vu des enfants disparaître dans le voisinage d'un des châteaux du sire de Rais. Il y a aussi des parents qui ont confié un fils à des serviteurs du maréchal parce qu'on leur a promis que ce dernier en ferait un page – belle perspective d'ascension sociale, mais évidemment illusoire...

Les disparitions suspectes ne se comptent plus, et la rumeur publique accuse Gilles sans ambages. Fort de son enquête préliminaire, l'évêque de Nantes, Jean de Malestroit, se sent obligé d'envoyer à son clergé une lettre circulaire pour l'informer de l'affaire. D'après lui, l'accusé « avait tué, égorgé et massacré plusieurs enfants innocents d'inhumaine façon, et commis avec eux, contre nature, l'abominable et exécrable péché de sodomie, de diverses manières et avec des perversités inouïes, qui ne peuvent être actuellement expliquées en raison de leur horreur, mais qui seront déclarées en latin en temps et en lieu opportuns » – le latin permet donc d'épargner les chastes oreilles ! L'évêque note aussi que le maréchal avait invoqué les démons et conclu des pactes avec eux.

Le rapport est si accablant que, le 15 septembre 1440, Jean V fait arrêter Gilles de Rais, quatre de ses serviteurs et deux de ses pourvoyeuses d'enfants. Plusieurs complices, bien inspirés, arrivent cependant à fuir. Un double procès est alors intenté à Nantes, l'un devant la cour ducale pour félonie et meurtre d'enfants, l'autre devant la cour épiscopale pour hérésie et sorcellerie.

Le 13 octobre, après quelques séances d'audition des témoins, on lit devant Gilles un acte d'accusation long de quarante-neuf articles, portant aussi bien sur ses meurtres sexuels que sur ses pratiques magiques. Il y a de quoi faire dresser les cheveux sur la tête de tous ceux qui assistent à ce procès public ! Quant à Gilles, il répond à ses juges avec toute la morgue d'un grand féodal et finit par les insulter et les traiter de simoniaques (au sens de « corrompus ») et de ribauds. Il affirme même « qu'il aimerait mieux être pendu par le cou que de répondre et comparaître devant de tels ecclésiastiques et de tels juges ». Ulcérés par ces injures, ces derniers l'excommunient aussitôt. Gilles, qui reste – malgré tout ! – un fervent catholique, est profondément touché.

Le procès reprend deux jours plus tard, et Gilles, qui a perdu de sa superbe, fait amende honorable. Il accepte enfin l'autorité de ses juges et implore à genoux qu'on le relève de son excommunication – ce qui lui est accordé ! En revanche, parmi tous les crimes qu'on lui reproche, il ne reconnaît que son goût pour l'alchimie, tout en niant l'invocation des démons. Rien de répréhensible, donc ! Il ne peut toutefois s'en tirer à si bon compte. Car, dans le même temps, on a fait parler, vraisemblablement sous la torture, quatre de ses séides – Henriet Griart, Étienne Corrillaut, Francesco Prelati, Eustache Blanchet – et ses pourvoyeuses d'enfants.

Comme Gilles refuse toujours d'avouer quoi que ce soit, on le menace à son tour de torture. C'en est trop : le 21 octobre, il préfère tout avouer – meurtres d'enfants, sexualité déviante, magie noire, etc. Le moindre de ses aveux le rend passible du bûcher. Mais Gilles se repent avec beaucoup d'ostentation, au milieu des larmes et des gémissements. Reconnu coupable d'hérésie, de sodomie et de meurtre, il est condamné à être pendu et brûlé en place publique, avec deux de ses complices, Henriet Griart et Étienne Corrillaut. Sa repentance lui vaut cependant de se réconcilier avec l'Église avant son exécution et de pouvoir être inhumé en terre consacrée.

Le 26 octobre 1440, Gilles, qui a – on l'a vu ! – le sens de la mise en scène, réussit à faire de sa propre mort un beau spectacle. Devant le gibet, il se met à genoux, prie Dieu à haute voix « de lui impartir sa miséricorde » et exhorte la foule des badauds de bien prier pour lui en disant qu'il « était leur frère chrétien »... ce qui ne manque pas de panache !

L'ombre de Barbe-Bleue

L'accumulation des horreurs dont on chargea Gilles de Rais est telle qu'on ne peut s'empêcher de nourrir quelques doutes. Car des comparaisons sont possibles avec quelques procès politiques fameux, comme celui des Templiers au début du XIVe siècle et celui nettement plus récent de Jeanne d'Arc, en 1431, ou avec toutes les affaires de sorcellerie qui émaillent la chronique judiciaire du XVe siècle. On se rend compte que, sous la torture, ou à sa seule menace, on obtient tous les aveux qu'on veut... De fait, dans le cas de Gilles, bien des accusations semblent relever du grand-guignol, que ce soit les apparitions du démon Barron ou l'extrême perversité des actes commis sur les enfants. Quant aux preuves matérielles de sa culpabilité, elles manquent singulièrement : les enquêteurs ont bien retrouvé une chemise d'enfant ensanglantée, mais aucun corps (tout ayant été, dit-on, brûlé).

Faut-il pour autant remettre en cause l'ensemble du procès ? En fait, non. Gilles et ses complices se souviennent du nom de plusieurs de leurs victimes, et les parents éplorés, dont les juges recueillent le témoignage, n'ont pas inventé la disparition de leurs enfants. Et puis, à qui profiterait le procès ? Ruiné et en pleine disgrâce, Gilles ne représente d'enjeu ni pour le duc de Bretagne, ni pour le roi de France. Bien au contraire, les accusations portées contre lui éclaboussent tous ceux qu'il a servis. Tout au plus pourrait-on en faire une victime de l'Inquisition, mais l'inquisiteur qui assistait l'évêque ne se montra guère virulent et ne profita pas de la situation pour se lancer dans une quelconque chasse aux sorciers. Francesco Prelati, le principal invocateur de démons dans l'affaire, échappe même au bûcher !

La sexualité, à la fois pédophilique et macabre, du maréchal ne fait pas de lui un criminel quelconque ni même un sorcier, mais un monstre absolu qui échappe à toutes les catégorisations médiévales. C'est ce qui explique sans doute que son ombre continua longtemps de hanter les pays de l'Ouest, notamment la Bretagne et la Vendée, sous l'étrange appellation de Barbe-Bleue.

LAURENT VISSIÈRE

Vlad III Tepes
L'Empaleur

(vers 1430-1476)

Vlad III Dracula fut prince de Valachie au milieu du XVe siècle. Pour se maintenir sur le trône, il mène des guerres continuelles, notamment contre les envahisseurs turcs. Cruel, violent et sans merci, il inspire à ses contemporains un effroi sans nom. Et il laisse, après sa mort, un souvenir si noir que l'écrivain Bram Stoker le choisit comme modèle pour son vampire.

Vlad appartient à l'ancienne famille des Basarab, qui règne sur la petite principauté roumaine de Valachie, au nord du Danube. Au XVe siècle, il s'agit d'un pays plutôt prospère et nullement sinistre, mais très instable. Pas plus que leurs voisins de Moldavie et de Transylvanie, les souverains (ou *voïvodes*) orthodoxes de Valachie n'ont pas les moyens de mener une politique indépendante : ils doivent composer avec les rois catholiques de Hongrie, dont ils sont les vassaux, et avec les sultans ottomans, à qui ils paient tribut. Les Turcs, qui rêvent d'envahir l'Europe, se heurtent à la résistance acharnée des Hongrois, et les princes valaques se retrouvent pris en étau entre les deux puissances, qu'ils trahissent à tour de rôle. Exaspérés par leur politique louvoyante, les Hongrois, les Turcs et même l'empereur germanique ne se privent pas d'intervenir dans les affaires de la principauté et cherchent à promouvoir des souverains fantoches qui répondraient plus docilement à leurs ordres. Les voïvodes, dont la marge de manœuvre est déjà bien réduite, doivent encore composer avec les aristocrates locaux – les boyards – et les bourgeois des villes, jaloux de leur autonomie et de leurs privilèges. Bref, le gouvernement du pays relève de la haute voltige…

Lorsque le futur Empaleur vient au monde, vers 1430, son père, Vlad II, vit en exil dans la Transylvanie voisine, et c'est un cousin du nom de Dan qui occupe le trône valaque. Le voïvode déchu, après avoir intrigué tous azimuts, parvient cependant à s'entendre avec Sigismond de Luxembourg, alors roi de Germanie et de Bohême, bientôt empereur. Ce dernier le fait couronner prince de Valachie, et lui confère en outre deux ordres de chevalerie : celui de Saint-Ladislas et celui du Dragon. Un honneur immense, qui semble avoir valu à Vlad son surnom de *Dracul* – « dragon, diable » –, et celui de *Dracula* à ses enfants – « fils du dragon ». Ce surnom, chevaleresque et positif à l'origine, va prendre au fil des années une coloration nettement plus diabolique… En tout cas, grâce à l'appui de Sigismond, Vlad II part à la reconquête de son trône et finit par l'emporter au terme d'une longue guerre confuse (1436). Mais il éprouve bien du mal à maintenir son autonomie dans l'affrontement impitoyable des Ottomans et des Hongrois. Traîtreusement capturé par les Turcs, il ne recouvre sa liberté qu'en leur laissant en otage ses deux fils cadets : Vlad et Radu (1444). Il ne les reverra jamais, car, trois ans plus tard, les Hongrois s'emparent de lui et le mettent à mort avec son fils aîné. Sur le trône valaque, ils installent un autre membre de la famille Basarab – Vladislas II –, qu'ils espèrent plus fiable.

Devenus orphelins, Vlad et Radu passent donc leur adolescence à la cour du sultan. La position des petits princes valaques n'a rien de bien confortable, et leur vie ne tient qu'à un fil. Mais ils ont tout le loisir de se familiariser avec la langue, les pratiques et les coutumes turques. Et ils s'adaptent plutôt bien. Radu, qui est fort beau, plaît tellement à Mehmet II qu'il devient son mignon… De son côté, Vlad Dracula découvre avec fascination un empire aussi puissant que sanguinaire : le sultan exerce un pouvoir absolu sur ses sujets et fait subir à ses opposants les supplices les plus barbares – le pal en particulier, qui consiste à enfoncer un pieu dans le fondement du condamné, en évitant de le tuer sur le coup. Vlad saura s'en souvenir ! Or, voici que son heure semble être arrivée. En 1448, les armées turques infligent une cuisante défaite aux Hongrois et à leurs alliés valaques. Le sultan profite du chaos ambiant pour renvoyer le jeune homme dans ses foyers. Durant près de deux mois, Dracula va essayer de rassembler sous son drapeau tous les mécontents du pays, mais il est perçu – à juste titre d'ailleurs – comme une créature du sultan, et Vladislas II finit par gagner la partie et le chasser.

Vaincu, Dracula ne retourne cependant pas chez le sultan, car il déteste les Turcs et ce, d'autant plus qu'il les connaît bien. Depuis les principautés voisines de Moldavie et Transylvanie, il mène une intense activité diplomatique durant plusieurs années, comme l'avait d'ailleurs fait son père avant lui, vingt ans plus tôt. La période est sombre : en 1453, Mehmet II, après s'être emparé de Constantinople, s'apprête à lancer ses hordes innombrables sur l'Europe. Dracula, désormais proche de la couronne hongroise, se sent assez fort pour tenter sa chance en Valachie et en chasser son rival, Vladislav II. Les boyards l'accueillent, cette fois-ci, à bras ouverts et, pour faciliter la transition politique, ils assassinent le voïvode déchu. Il se trouve qu'en juin de cette même année, la comète de Halley opère un passage remarqué dans le ciel européen, et Dracula y voit un présage si favorable qu'il la fait représenter au revers des premières monnaies de son règne.

L'Empaleur

Le nouveau voïvode, qui règne sous le nom de Vlad III, n'est alors âgé que de 26 ou 27 ans. Un contemporain le décrit comme relativement petit, « mais très vigoureux et fort, avec un air cruel et féroce, le nez grand et aquilin, les narines gonflées, la peau du visage fine et légèrement rougeâtre, dans lequel les cils très longs entourent des yeux verts et largement ouverts, et les sourcils noirs et fournis les rendent menaçants ; le visage et le menton rasés, à l'exception de la moustache... Un cou de taureau relie la nuque épaisse aux larges épaules, sur lesquelles tombent des cheveux noirs et bouclés ». Une description saisissante, qui correspond assez bien à son portrait peint, aujourd'hui conservé au château d'Ambras (Tyrol).

Une fois qu'il a été oint par le métropolite – c'est-à-dire l'archevêque –, orthodoxe et acclamé par les boyards, le jeune homme peut officiellement commencer son règne, mais il va trancher – dans tous les sens du terme – avec les pratiques antérieures. Car il entend régner sans partage et sans pitié. Il a été à l'école du Grand Turc, et dans le domaine de l'horreur, l'élève ne va pas tarder à dépasser le maître.

Dracula sait très bien que son pouvoir demeure des plus fragiles, et qu'il existe d'autres prétendants au trône, comme Dan III (un frère cadet de Vladislas II). Et, parmi les versatiles boyards, nombreux sont ceux qui regardent déjà d'un œil favorable ce rival. Le nouveau voïvode va régler le problème de la manière la plus expéditive. Pour la Pâque 1459, il organise dans son palais de Târgoviste un grand banquet, auquel il convie les principaux aristocrates de son pays et, après leur avoir offert à boire et à manger, il leur reproche d'empoisonner la vie publique avec leurs discordes incessantes. Il les condamne donc tous au pal – la légende veut qu'il en ait ainsi exécuté cinq cents d'un coup. Mais il ne s'arrête pas en si bon chemin : il tue non seulement des chefs de famille un peu ombrageux, mais aussi toute leur parentèle, y compris les femmes et les enfants, et même les bébés. Une manière de briser dans l'œuf toute velléité de vengeance future. L'année suivante, en 1460, il écrase la petite armée que Dan III avait menée contre lui : il ordonne d'empaler tous les prisonniers, même les femmes avec, le cas échéant, leur enfant attaché au sein. Quant à Dan, on lui lit l'office des morts devant sa tombe. Et Vlad le décapite de sa propre main. Comme les villes allemandes de Transylvanie avaient soutenu Dan III, le voïvode conduit contre elles une expédition punitive d'une rare férocité. Il ne cherche pas à assiéger Sibiu et Brasov trop bien fortifiées, mais il brûle tous les villages alentour et plante partout des pals pour les paysans capturés. C'est au cours de cette campagne qu'il aurait fait dresser sa table à l'ombre des pals, se délectant, un verre à la main, du spectacle des agonisants et des morts.

Le voïvode se heurte aussi à l'Église catholique, tolérée dans un pays majoritairement orthodoxe, mais toujours suspecte d'accointances avec le grand voisin hongrois. Et cette méfiance explique sans doute les persécutions que Dracula fait subir à des prêtres catholiques ou des moines mendiants. C'est ainsi qu'il aurait interrogé deux moines cisterciens, qui finissent par l'énerver. « Aimeriez-vous être au Royaume éternel au plus vite ? leur demande-t-il. – Oui, Sire, nous brûlons d'y être, si tel était le plan de Notre Seigneur… » Alors, il les fait empaler, tout en se félicitant de la « bonne action » qu'il accomplit pour eux. Indisposé par l'âne des deux moines, qui fait un raffut de tous les diables, il aurait ordonné de l'empaler à son tour, pour qu'il aille au Ciel rejoindre ses maîtres. À un autre moine, qui lui reproche ses crimes monstrueux, Dracula répond avec son inimitable humour noir : « Parle autant que tu voudras, je ne te presse pas, quand il s'agit de ton pal. » Le moine aura droit au supplice, mais dans une version acrobatique, la tête en bas. Le pal fiché devant la porte du monastère va, en tout cas, inciter le reste de la communauté à plus de modération.

Entouré d'une garde personnelle totalement dévouée, Dracula règne ainsi par la terreur, et c'est en empalant à tour de bras qu'il gagne son sinistre surnom de *Teps* – « l'Empaleur ».

Pire que les Turcs

Au plan international, et notamment vis-à-vis des Turcs, le voïvode éprouve beaucoup plus de mal à se faire reconnaître.

En 1456, alors qu'il vient de monter sur le trône, il se voit obligé de payer l'exorbitant tribut qu'ils lui réclament – soit 10000 ducats d'or. Il doit même l'apporter en personne au sultan, à Constantinople. Mais, lorsqu'en 1458, Mehmet reprend sa politique agressive en direction de la Serbie et qu'un conflit général éclate dans les Balkans, Dracula est bien obligé de choisir son camp. D'autant que les Ottomans pillent, en cours de route, une cité roumaine. Un crime qui ne peut rester impuni. À la tête de 5000 hommes, le voïvode attend patiemment que les Turcs reviennent sur le Danube, chargés de butin et de prisonniers, et il leur tombe alors dessus par surprise : il massacre les envahisseurs et libère leurs captifs. Dès lors, bien sûr, il va cesser de payer tribut à l'Empire. Heureusement pour lui, Mehmet II, qui a d'autres priorités, ne réagit pas tout de suite, mais Dracula n'en a pas moins un besoin urgent d'alliés fiables. Et il se tourne naturellement vers la Hongrie.

En 1461, Mathias Corvin, le nouveau roi de ce pays, propose de sceller leur alliance par un mariage. Le sultan, qui entretient des espions partout, apprend ce projet et s'en inquiète. En 1461, il envoie à Vlad III une ambassade pour normaliser leurs relations : il exige du voïvode les trois années de tribut non payées, ainsi que 500 jeunes garçons. Les Ottomans ont en effet l'habitude de prélever chez les populations soumises des enfants qui sont ensuite convertis de force à l'islam et fanatisés, pour constituer le corps « d'élite » des janissaires. C'est une demande exorbitante pour la Valachie, qui n'appartient pas à l'Empire turc. Le sultan lui intime également de se rendre en personne à Constantinople, ce que Dracula accepte. Mais c'est un piège qu'il ne tarde pas à éventer. Avec ses hommes, le voïvode retourne la situation, et c'est lui qui s'empare des deux diplomates turcs, ainsi d'ailleurs que d'une quarantaine de leurs serviteurs. Après leur avoir fait couper les mains et les pieds, il les met tous au pal. Mais cela ne suffit pas à calmer sa fureur.

En plein hiver, Dracula franchit le Danube gelé à la tête de son armée et s'enfonce profondément en territoire turc. Sur près de 800 kilomètres, il mène un raid dévastateur, brûlant tout sur son passage; et s'il extermine tous les Turcs qu'il rencontre, il n'épargne pas non plus les chrétiens, sans distinction d'âge ou de sexe. Dans une lettre qu'il envoie au roi de Hongrie, il se vante d'avoir ainsi tué 23 883 personnes, « sans compter ceux qui ont été brûlés vifs dans leurs maisons » – le décompte se base sur les têtes coupées qui sont apportées à son camp. Les Turcs, qui, au nom d'Allah, mettent les Balkans à feu et à sang depuis un siècle, se montrent sincèrement choqués qu'on puisse leur rendre la pareille. Mehmet II manque de s'étouffer de rage. Comment se fait-il qu'un prince aussi minuscule défie l'empire le plus puissant de l'époque ? En fait, Dracula compte sur l'aide de Mathias Corvin, et espère sans doute que son expédition va précipiter la croisade dont on parle tant depuis plusieurs années. Mais le roi de Hongrie est engagé ailleurs et, quand revient le printemps, le voïvode comprend qu'il va devoir affronter seul les représailles des Turcs.

Début juin, emmenant avec lui 60 à 80 000 hommes, Mehmet II franchit le Danube, bien décidé à « détruire la Valachie ». De son côté, Dracula a décrété une sorte de mobilisation générale : tous les hommes, à partir de 12 ans, doivent rejoindre l'armée, tandis que les vieux, les femmes et les enfants vont se cacher dans les montagnes et les immenses forêts du pays. Le voïvode dispose de beaucoup moins d'hommes que les envahisseurs, mais il connaît bien leur manière de combattre. Refusant la bataille rangée, il préfère harceler leurs troupes. Dans la nuit du 17 au 18 juin 1462, alors que les Turcs s'endorment sans méfiance, Dracula s'élance sur leur camp à la tête de toute sa cavalerie. Cette charge à la lueur des torches jette l'effroi chez l'ennemi. Et il s'en faut de peu que Dracula ne tue le sultan. Tant bien que mal, les Turcs se regroupent et les Valaques s'enfuient dans les ténèbres, mais l'alerte a été chaude, et désormais, l'armée n'avance plus qu'avec la plus extrême prudence, établissant à chaque halte un camp fortifié. Enfin, Mehmet II arrive en vue de Târgoviste, la capitale du pays, mais ce n'est pas la ville avec ses murailles qui retient son attention. Le chemin passe en effet à travers la forêt de pals qu'a dressée Dracula : sur une étendue de trois kilomètres de long et un de large se dressent des milliers de cadavres suppliciés. « C'était, explique un chroniqueur ottoman, de grands pals où étaient fichés des hommes, des femmes, des enfants, environ 20000, disait-on. Quel spectacle pour les Turcs et pour le sultan en personne ! Et même celui-ci, saisi de stupeur, ne faisait que dire qu'il ne pouvait prendre son pays à un homme qui accomplissait de si grandes choses et qui, de façon surnaturelle, savait se servir de la sorte de son pouvoir et de ses sujets... Et les autres Turcs, voyant la multitude de gens empalés, furent extrêmement effrayés. Il y avait aussi des petits enfants attachés à leurs mères, fichés aux pals et les oiseaux avaient niché dans leurs cages thoraciques. » Ce n'est pas un mince exploit que d'avoir su horrifier les guerriers ottomans, considérés alors comme des champions de l'épouvante. Mais ces hommes ont vraiment peur désormais, d'autant que, dans les sombres forêts valaques, les traînards et les soldats isolés continuent à disparaître sous les coups d'un ennemi invisible. Le sultan préfère ne pas insister, le butin est trop maigre et les pertes, trop lourdes. Début juillet, au bout d'un mois seulement de campagne, il fait repasser le Danube à ses hommes, et cette retraite sans gloire assombrit encore son humeur.

Avant de s'en retourner, Mehmet II joue quand même son joker : il laisse en Valachie Radu le Bel, son mignon, qui est aussi le demi-frère de Vlad III. Radu n'éprouve guère de mal à rassembler autour de lui tous les mécontents d'un régime aussi tyrannique. Il promet notamment de rétablir la paix avec les Ottomans, ce qui n'est pas à négliger pour un pays exsangue. Une nouvelle guerre civile est en passe d'embraser le pays, lorsque Mathias Corvin se propose comme médiateur. En novembre 1462, il marie Vlad III à l'une de ses parentes. Un grand honneur sans doute, mais également un piège. Car le roi de Hongrie en profite pour mettre la main sur son vassal, qui goûtera les douceurs de la vie conjugale en résidence surveillée.

Le prince de l'abomination

Pourquoi Mathias Corvin, qui se pose en champion de la croisade, arrête-t-il l'homme qui vient de repousser à lui seul une invasion turque ? Aujourd'hui encore, les raisons n'en sont pas claires. Mais le roi doit au plus vite justifier ce traquenard aux yeux du pape, de l'empereur et de l'opinion publique européenne qui – déjà à cette époque ! – ne comprend rien à ce qui se passe dans les Balkans. C'est donc probablement à l'instigation de la cour hongroise qu'est diffusée, à partir de 1463, *L'Histoire du voïvode Dracula*. Il s'agit d'un véritable pamphlet qui égrène la liste de ses effroyables méfaits, sans aucun souci de cohérence ou de chronologie. Vlad III y est présenté comme un fou furieux, animé d'une haine meurtrière à l'encontre du monde entier, car il empale indistinctement (et sans raison) musulmans et chrétiens, laïcs et religieux, hommes, femmes et enfants. Et surtout, il en éprouve une insatiable jouissance sadique. Le libelle allemand est l'un des premiers textes de ce type à avoir été imprimé, et même enrichi de bois gravés ; il a, semble-t-il, connu un véritable succès de librairie. On en connaît de multiples copies et réimpressions jusqu'à la fin du siècle, et même une version russe (vers 1486).

Un ménestrel allemand du nom de Michel Beheim s'empare également du thème et compose sur Dracula un poème en tout point horrifique : « De tous les forcenés et de tous / les tyrans dont j'ai eu connaissance / sur cette terre, / et sous l'ample firmament, / depuis le commencement du monde, / il n'y en a pas eu de pire… / Il avait pour nom Dracula voïvode. » D'après Beheim, Dracula n'aurait pas seulement fait usage du pal : il ordonne aussi d'arracher les dents ou les membres de ses victimes, de les faire brûler vifs ou bouillir dans des chaudrons, de les écorcher, de les noyer dans les latrines, de leur enfoncer des clous dans le crâne... Il fait trancher les seins de femmes et mettre à leur place la tête coupée de leurs nourrissons. On ne prête évidemment qu'aux riches, et dans leur outrance démentielle, de tels textes reflètent sans doute plus les fantasmes de leurs auteurs que les pratiques réelles du Dracula historique. Mais ces écrits, largement diffusés, ont transformé un prince sanguinaire en un véritable génie du mal, dont la légende noire court encore.

Curieusement toutefois, la carrière politique de Dracula ne s'est pas arrêtée en 1462. Pendant quinze ans, le voïvode déchu vit en Hongrie avec sa femme et ses fils. Désœuvré, il meuble ses loisirs en torturant des animaux. D'après l'évêque Gabriele Ranconi qui l'a rencontré, « il attrapait des souris et, les mettant en pièces, il les fichait dans des bouts de bois comme il avait fait avec les hommes qu'il empalait ». En 1476, Mathias Corvin lui offre de reprendre du service contre les Ottomans. Dracula mène campagne en Bosnie, où il se couvre de gloire et de sang, car il s'est remis à empaler des Turcs (pour faire peur aux autres). Fort de ses succès, il récupère même son trône de Valachie sur le voïvode du moment, Basarab III, mais ce dernier contre-attaque avec l'aide du sultan, et Dracula meurt au combat dans des circonstances peu claires, fin décembre 1476. Selon la délicate coutume ottomane, on envoie ensuite sa tête – plus exactement la peau écorchée de son crâne, remplie de coton – à Mehmet II, qui l'exposera sur le mur du palais impérial.

Ici prend définitivement fin la carrière mouvementée de Vlad III Tepes. D'après ses ennemis, Dracula aimait tremper la main dans le sang humain au cours de ses repas, mais sans aller jusqu'à le boire. Sa décapitation *post mortem* peut rassurer ceux qui auraient un doute sur sa véritable nature, car, en séparant la tête du corps, on est tout à fait sûr d'empêcher qu'un tel monstre ne revienne d'outre-tombe pour hanter les vivants...

LAURENT VISSIÈRE

ALESSANDRO VI PONT MAX

Alexandre VI Borgia
Le pape de tous les excès

(1431-1503)

Brillants et prodigues, les papes renaissants, Pie II Piccolomini, Jules II della Rovere, plus tard Urbain VIII Barberini, se comportèrent dans leur palais du Vatican comme les princes de leur temps, respectant les prescriptions de l'Église dans la seule mesure où elles ne gênaient pas leurs ambitions. Et pourtant, le seul que l'Histoire ait voué aux gémonies est un Catalan, Rodrigo Borgia, qui, de son élection en 1492 à sa mort en 1503, réussit à rassembler, sous le nom d'Alexandre VI, tous les traits du pape scélérat.

Le 5 août 1503, le tout nouveau cardinal Adriano Castellesi da Corneto apprend en fin d'après-midi, avec quelque appréhension, qu'il aura le soir même l'honneur de la visite d'Alexandre VI Borgia, voisin aussi dangereux que prestigieux, en son délicieux palazzo non loin du Vatican, sur la colline du Janicule. Corneto est un homme riche, et comme il a acheté fort cher son poste de cardinal, l'état de sa fortune est parfaitement connu de la dynastie pontificale. Or, le banquet sera également honoré par la présence du « bras droit » d'Alexandre, l'exécuteur de ses basses œuvres, son fils Cesare, qui, a-t-il fait savoir, fournira le vin...

Les précieuses bouteilles sont bientôt là. Survient le pape, puis Cesare suivi des autres convives de marque : le cardinal Francesco Remolines, le camérier secret (et futur pape) Pietro Carafa, le dataire (haut fonctionnaire au service direct du souverain pontife) Juan Ortega Gomiel et le chef des gardes du Vatican. Tous sont des hauts dignitaires de la cour. On leur sert largement le vin pontifical, avec, pour le pape et son hôte, ces onctueuses bouchées fourrées qui ont fait la réputation du cuisinier de Corneto !

Mais en un instant, le banquet dégénère : les convives se tordent de douleur, saisis de crampes et de violentes bouffées de chaleur. Il faut emporter le pape, livide et à moitié inconscient. Tous sont frappés, Corneto compris, mais à des degrés divers. Les plus mal en point sont, à l'évidence, le dataire et le commandant de la garde, et on les évacue eux aussi, en hâte, vers le Vatican. Cesare, Corneto et Carafa, bien secoués mais visiblement moins atteints, sont soignés sur place. Malades aussi le maître-tranchant, le cuisinier et quelques autres serviteurs qui ont eu la malencontreuse idée de goûter, sans y être invités, à la cuisine de l'étrange banquet. Seul, Remolines s'en tire sans grands dommages apparents…

Au Vatican, les médecins, dans l'urgence, saignent abondamment le pape. Aucun résultat, bien sûr, mais ils s'acharnent et multiplient jour après jour leurs absurdes saignées tandis qu'Alexandre VI s'affaiblit inexorablement et s'enfonce dans l'agonie. Le chef des gardes succombe brutalement dans la nuit du 26 au 27 août, ce sera le tour du dataire Ortega, tandis que les autres se remettent tant bien que mal de leur « fièvre », en essayant, comme Corneto, des bains glacés : ils desquament à qui mieux mieux mais, globalement, leur état s'améliore.

Pour le « Saint-Père » en revanche, c'est la fin. Au soir du 18, dans sa chambre des appartements du Vatican, il assiste à sa dernière messe. Ne demeurent autour de son lit de douleur que cinq cardinaux. Harassé par la fièvre, il réclame l'extrême-onction dès la fin de l'office. Les prélats se retirent, on l'assoit sur son lit et le fidèle des fidèles, l'évêque Gamboa, lui administre les saintes huiles. Alexandre VI suffoque et râle. Affolé, tout le petit personnel disparaît. Ne le veillent plus qu'un dataire, Gamboa et… le palefrenier pontifical. Finalement, c'est devant eux que le pape rend l'âme vers 19 heures…

Officiellement, une crise d'apoplexie l'a emporté mais c'est la malaria, endémique à Rome, qui serait responsable du reste de l'hécatombe ! Personne n'y croit : le pontife n'a évidemment pas succombé à un accident vasculaire, et quant à la malaria, les Romains en connaissent trop bien les symptômes et le « rythme » des fièvres ! Reste l'empoisonnement... D'autant que la fameuse poudre blanche des Borgia, leur *cantarella* (de l'acétate de plomb ?) mêlée à du vin coupé les a trop souvent débarrassés, dit-on, de leurs adversaires ! Mais dans ce cas, comment comprendre qu'aient été également atteints tous les convives ?

L'enquête n'est toujours pas terminée ; les limiers lancés sur l'affaire restent circonspects. Le dernier en date, l'historien allemand Joseph Schnitzer avance une explication « logique » : il n'y aurait pas eu un mais deux assassinats, pour ainsi dire « croisés » ! Le pape aurait été la victime des bouchées de Corneto, empoisonnées pour seulement une partie d'entre elles, et habilement réparties par le cuisinier complice entre le pape et son hôte ! Quant aux autres convives, ils auraient été bel et bien intoxiqués par le vin du pape (ou par l'eau destinée à le mouiller) mêlé de l'inévitable cantarella ! Les mobiles ? Pour le pape, l'attrait de la fortune du cardinal (et de son palazzo...) et pour Corneto, inquiet – à juste titre – de cette visite impromptue, un souci de légitime défense « préventive ». Sa carrière ne pâtira pas réellement de cet épisode mais il prendra un peu de champ et retournera exercer ses talents dans l'Angleterre de ses débuts ecclésiastiques. En 1517, il sera déchu du cardinalat... pour avoir tenté de tuer le pape Léon X ! Il sera pardonné, moyennant 25 000 ducats, mais mourra fin 1521, sur la route de Rome, assassiné par un domestique.

En cette soirée du 18 août 1503, on n'en est pas là. À peine Cesare, « malade » lui aussi, apprend-il la mort de son père qu'il fait clore toutes les portes des appartements pontificaux. Son sbire, Corella, se précipite dans la pièce qui jouxte la chambre mortuaire et rafle toute l'argenterie visible ainsi que deux caisses de pièces de monnaie. Le trésor personnel d'Alexandre, habilement caché par un tapis, échappe toutefois à la sagacité de l'homme de main, mais il emporte tout ce qui, dans la pièce, peut avoir de la valeur. Bientôt il ne reste plus que les tentures murales et, quand même, les deux trônes pontificaux. Une fois assuré que tout butin digne d'intérêt a disparu, Cesare donne enfin l'ordre d'ouvrir les portes de la chambre à d'éventuelles visites mortuaires.

Restent les inévitables funérailles, qui doivent avoir lieu, selon l'usage, dans les vingt-quatre heures. On lave le corps, on l'habille avec ce qui reste de ses vêtements d'apparat et on le transporte, sur un catafalque, jusque dans la salle du Perroquet. Il n'y aura pas de veillée funèbre : aucun des cardinaux pressentis ne se présente et Alexandre VI passe la nuit seul, à la lumière de deux torches... Le lendemain, le cadavre est transporté, en une maigre procession dépourvue de tout cardinal, jusqu'à Saint-Pierre, où il est placé sur une civière, derrière la balustrade de l'Autel Majeur. Le corps gonfle, noircit et se délite à une vitesse phénoménale, une langue énorme sort de la bouche béante... Au Vatican, c'est la terreur : le diable, assurent certains, a pris la forme d'un singe pour venir chercher l'âme du pape ! D'autres croient avoir entendu Alexandre implorer le démon : « J'arrive, c'est d'accord, mais attends encore un peu... » Le 19, c'est à coups de poing qu'on fera entrer le corps enflé dans son cercueil, qui sera enseveli, sans honneurs particuliers, contre un mur, dans la chapelle de Notre-Dame-des-Fièvres.

Les Borgia à Rome : une intégration réussie ?

Comment en est-on arrivé là, avec ce pape de haute volée élu en un moment crucial pour l'histoire de l'Occident, le 11 août 1492, une semaine après le départ de Christophe Colomb pour son si long voyage, ce pape à qui doit incomber, le 6 juin 1494, rien moins que la responsabilité de partager le Nouveau Monde, lors du fameux traité de Tordesillas, en concédant le Brésil au Portugal et en octroyant le reste de l'Amérique latine à son Espagne natale ?

Alexandre VI est en effet un vrai Catalan, un de ces Borja installés à Xativa, près de Valence, à la fin du XIIIe siècle, sur les terres libérées par les débuts de la reconquête catholique, la Reconquista. Il n'a pas fallu plus de quelques générations à cette famille aux dents longues pour se hisser jusque dans l'entourage immédiat du roi d'Aragon et placer sur le trône de saint Pierre un premier pape, Calixte III. Ce diplomate de premier ordre sut réconcilier les Aragon de Naples et le Vatican, et inaugura ce qu'on appellera la Rome espagnole, en y appelant nombre de ses compatriotes, d'ailleurs mal vus des Romains habitués à recueillir – et eux seuls – la manne pontificale. Tout ne fut donc pas tranquille sous le règne de ce pape plus préoccupé par la menace turque que par les états d'âme des Romains : à sa mort, ceux-ci renvoyèrent chez eux, et sans ménagement, les Catalans que leur avait imposés le proche et puissant royaume de Naples.

Reste pourtant alors à Rome, presque le seul d'entre eux, un homme jeune, déjà membre éminent du personnel pontifical : Rodrigo Borja (Borgia depuis un édit du pape Martin V, en 1429), neveu de Calixte, que son oncle a envoyé étudier le droit à Bologne, avant de le nommer notaire du Saint-Siège, puis, à 25 ans, cardinal et vice-chancelier de la Curie, le plus haut poste au Vatican après celui du pape. Curieusement, donc, non seulement il ne partage pas le sort de ses compatriotes à la mort de Calixte, en 1458, mais les successeurs de son oncle, Pie II, Paul II et Sixte IV l'accablent de bénéfices, évêchés et abbayes, espagnols comme italiens, jusqu'à lui conférer le poste fort envié de doyen du Sacré Collège. Sa réputation est excellente à Rome où l'on apprécie ses qualités de diplomate, de juriste et d'administrateur. D'autant que son statut de vice-chancelier lui permet de répartir les bénéfices et distribuer les revenus des abbayes les plus lucratives. Une tâche délicate dont il s'acquitte apparemment avec une louable prudence… Et c'est avec cette même prudence qu'il a su gérer les relations du Saint-Siège avec les principales cours d'Europe, tout en ménageant ses ombrageux voisins, milanais, vénitiens ou florentins.

Seul bémol, au milieu de ces honneurs – mérités, de l'avis général – : une vie privée un peu compliquée et, surtout, beaucoup trop voyante, dont nous avons une idée grâce à une lettre d'admonestation qu'il reçoit en juin 1460 de Pie II Piccolomini. Difficile, effectivement, de se repérer avec précision parmi ses différentes maîtresses… La postérité n'en a vraiment retenu que deux : Vannozza Cattanei, épouse, successivement, de trois membres de la Curie, et la belle Giulia Farnese, qu'il a connue quand elle n'avait que 15 ans. Quant à ses enfants, le compte n'en est pas sûr : il en aurait eu au moins sept. Vannozza Cattanei lui en donna au moins quatre, les plus célèbres : Cesare, Giovanni, Lucrezia et Joffré. D'autres sont nés « de mère inconnue ». Cela, pourtant, ne lui valut à l'époque aucun opprobre : Pie II Piccolomini, de notoriété publique, avait deux filles, Jules II della Rovere, un peu plus tard, en a eu trois… Mais en affichant pareille vie « familiale » au Vatican ou à sa marge, Alexandre brise un tabou et se comporte ni plus ni moins que comme un prince laïc.

Les Borgia étaient une famille nouvelle, de noblesse récente, c'est-à-dire sans passé prestigieux, et donc sans ces mariages qui assurent la pérennité des grandes dynasties. Faut-il voir alors derrière cette prolifération d'enfants plus que le fruit d'une libido mal contrôlée ? Y aurait-il là une véritable stratégie à long terme, Rodrigo rêvant de sanctionner par des mariages « dynastiques » de fructueuses alliances politiques, jusqu'à se composer un indispensable réseau ? À moins que ce pape n'ait été, finalement, qu'un grand amoureux… Que penser de la fameuse lettre qu'il adresse à son dernier amour, la si belle – et si jeune – Giulia Farnese quand elle commet le crime, au moment de l'arrivée des troupes françaises, de vouloir rejoindre son mari ? Elle n'est plus alors que l'*ingrata e perfida* Giulia. Et si elle ne reconnaît pas sa faute, Alexandre n'hésite pas à la menacer de l'arme absolue dont il est seul à disposer : l'excommunication… Entraînant ainsi dans sa rhétorique de vieillard dépité le plus terrible des châtiments prévus par le dogme catholique.

Ces débordements familiaux, en tout cas, ne gênent en aucune façon sa triomphale élection d'août 1492, qui lui vaut, à l'âge de 61 ans, une réputation de vendeur sans scrupule de charges ecclésiastiques, c'est-à-dire de véritable simoniaque – la simonie étant un des péchés les plus graves dans la morale catholique. Pour se fabriquer une majorité, sa position clé de vice-chancelier, qu'il a exercée quarante années durant, lui permet de promettre à bon escient les postes les plus lucratifs de la sainte Église. Première étape : acheter les huit voix (sur les quinze nécessaires) du cardinal milanais Ascanio Sforza. Rodrigo y met le prix : si l'élection réussit, c'est lui, Ascanio, qui héritera du poste de vice-chancelier, avec, en prime, pour ses amis, un fatras d'évêchés, abbayes, etc. Avec les voix des cardinaux catalans et celle du vénérable (95 ans) cardinal vénitien Gherardo, on arrive effectivement à quinze. Cela suffit mais les huit cardinaux restants viennent au secours de la victoire, et Rodrigo bénéficie finalement d'une impeccable unanimité de façade.

La corruption est certes de mise pour ce genre d'élection, puisque Charles VIII, par exemple, a débloqué des fonds considérables pour l'achat de cardinaux en faveur de son champion malheureux, grand ami de la France, Giuliano della Rovere. Mais les manœuvres de Rodrigo Borgia sont plus perverses. Pour gagner, il a ouvertement promis… des biens de l'Église ! Peu lui chaut que cela ne se fasse pas. Les affaires sont les affaires. Ses pratiques, combines et autres manigances, sont vite connues des ambassades, qui en répercutent la nouvelle, conférant ainsi, aux yeux de l'Europe entière, une étrange image à ce pontificat espagnol.

Le réquisitoire

Le malheureux pontife subit, de son vivant, les pires avanies : avec, dès 1492, des pamphlets le traitant gratuitement de « marrane » – juif faussement converti – insulte romaine récurrente à l'encontre de la communauté espagnole à Rome. Mais les choses sont d'emblée bien compliquées pour les observateurs directs de son règne et le regard qu'ils portent sur lui est, dès son pontificat, totalement schizophrénique. Ainsi, le témoignage de son contemporain, l'historien florentin Guichardin pour qui il est à coup sûr « un homme d'une subtilité et d'une sagacité singulières, d'excellent conseil, d'une force de persuasion étonnante, d'une diligence et d'une sagacité incroyables dans toutes les affaires graves. Mais ces vertus sont dépassées, et de loin, par les vices : mœurs très obscènes, nulle sincérité, nulle vergogne, nulle vérité, nulle foi, nulle religion, avarice insatiable, ambition immodérée, cruauté plus que barbare ». Impossible, pourtant, de nier sa foi, que ses pires adversaires ne contestent pas, ni son souci de réorganisation de l'Église – de ses finances notamment. Impossible de nier non plus son inquiétude devant le péril turc ni sa volonté jamais lassée de lancer une croisade, mais impossible également d'oublier ses méthodes de gouvernement qui lui valent même, en 1494, d'être – virtuellement – « déposé » par une coalition de ses pires adversaires, dont l'inévitable Giuliano della Rovere, son futur successeur, pour simonie, hérésie, débauche, assassinat, inceste... accusations classiques dont avaient été victimes, entre autres, et sans guère se porter plus mal, plusieurs « papes d'Avignon » quelques dizaines d'années auparavant.

Pour la simonie, difficile de nier que son élection se fonda sur la promesse d'une nouvelle répartition des charges et prébendes au sein de l'Église, et par la suite, il sut toujours récompenser le dévouement en distribuant à son gré honneurs et bénéfices... Il ne lui fallut d'ailleurs pas plus d'un an pour caser tous ses enfants : Joffré, à 13 ans, épouse Sancia, fille naturelle d'Alphonse duc de Calabre et petite-fille illégitime de Ferrante de Naples. Giovanni, duc de Gandie, part immédiatement pour l'Espagne épouser la noble Doña Maria Enriquez. Cesare devient cardinal le 20 septembre, à 18 ans. Alexandre Farnese, frère de sa maîtresse Giulia, devient cardinal-diacre de Saint-Cosme et Saint-Damien à 25 ans, le 20 septembre 1493 : les Romains ne sont pas dupes et le surnomment, pour rappeler l'origine de sa robe cardinalice, *il cardinale della Gonnella* (« le cardinal de la jupe »). Une épigramme célèbre résume d'ailleurs leur pensée :

Alexandre vend les clés, les autels, le Christ.
Il les avait achetés : il a bien le droit de les vendre.

L'hérésie, alors ? Alexandre VI est le premier à la combattre, au contraire ! En Bohême, en Moravie, en Lombardie ! Et nul n'est plus attaché que lui au culte d'Anne et de la Vierge ! Jusqu'à confirmer en 1502 la bulle de Sixte IV sur l'Immaculée Conception ! Et à accorder des indulgences aux visiteurs des sanctuaires mariaux ! Il y a bien, certes, ces fresques païennes de Pinturrichio, au cœur du Vatican, dans les appartements Borgia : quatre grands panneaux y représentent l'assassinat d'Osiris et son démembrement, puis le tombeau que lui consacre sa pieuse épouse Isis, sa résurrection, et enfin son triomphe… Ce thème de décoration s'appuie évidemment sur une – fausse – étymologie du mot « Borgia » censé venir du latin *bos*, le bœuf, ici représenté en Apis, le taureau sous la forme duquel renaît Osiris. Mais certains trouvèrent alors à ce magnifique taureau doré d'étranges connotations… Même si cette christianisation de la mythologie antique, appuyée depuis longtemps sur les Ovide moralisés médiévaux qui faisaient du poète latin une sorte de chrétien crypté, était dans l'air du temps et ne choquait – presque – personne…

La débauche ? Toute l'Europe, il faut bien le dire, fit des gorges chaudes de l'orgie du 31 octobre 1501. La nouvelle du scandale avait été colportée, comme souvent, par Johannes Burckard, le propre maître des cérémonies d'Alexandre, dont le journal, son *Liber notarum*, ne nous épargne aucun des ragots du Vatican. Celui-ci évoque donc un banquet un peu pimenté offert par Cesare, dans ses appartements du Vatican, à son père et à sa sœur. On y aurait d'abord vu, parmi les convives – premier scandale – des femmes, ordinairement exclues de l'« espace liturgique » ! Des « dames galantes » y auraient également dansé, avant de se dénuder totalement, puis de rechercher, à terre, en rampant, les châtaignes qu'on leur lançait. Avec, point d'orgue de la soirée, un concours public de frénésie sexuelle récompensé par des prix en barrettes et manteaux de soie...

Difficile, bien sûr, d'établir la part, dans le récit, de la vérité et des fantasmes du maître des cérémonies, mais cette histoire, dont on trouve quelques échos dans les correspondances diplomatiques, est éminemment symptomatique de l'idée que l'on se fait, dans les cours princières, du pape Borgia... L'accusation, d'ailleurs, n'est pas nouvelle : dès 1493, la fête qu'il a donnée en l'honneur du premier mariage de Lucrezia a été fort critiquée pour ses relents laïcs, voire carrément païens. Le chroniqueur « humaniste » Stefano Infessura, stipendié par les Colonna, puissants ennemis des Borgia, assure que « chaque cardinal », au souper, « avait près de lui une jeune femme », et qu'on y joua « des comédies et des tragédies lascives » !

L'assassinat ? La maison Borgia passe pour experte en la matière, père et fils ne divergeant que sur la méthode : au fils le fer, au père le poison. Pour Cesare, et même si on fait la part de la légende, pas d'hésitation : il a sans doute tué son beau-frère Alphonse d'Aragon, ainsi que Perotto, l'amant de sa sœur, et peut-être même son propre frère, le duc de Gandie. Pour Alexandre, les choses sont moins claires : la rumeur, relayée par Giustiniani, l'ambassadeur vénitien, lui prêtait certes la coutume d'engraisser les cardinaux avant de les tuer pour leur confisquer leurs biens. Et d'user d'une mystérieuse poudre blanche, cette *cantarella* qui serait venue à bout d'au moins deux cardinaux, un Vénitien, Giovanni Michiel, en avril 1503, et un Romain de grande famille, Gianbattista Orsini, en février de la même année. Et peut-être est-il pour quelque chose dans la disparition, à Naples, en février 1495, du malheureux Djem, frère du sultan Bajazet… Les preuves manquent évidemment mais force est de reconnaître qu'à chaque fois, c'est bien à Alexandre que profite le crime…

L'inceste enfin ? L'accusation pèse sur le clan Borgia depuis le divorce de Lucrezia et les ragots répandus alors par l'époux congédié, Giovanni Sforza, seigneur de Pesaro. Il faut dire qu'il avait eu un peu de mal à admettre la raison mise en avant pour ce divorce, la non-consommation du mariage, et à se reconnaître « impuissant et frigide de nature » : si le pape l'avait contraint à se ridiculiser ainsi, c'était, fit-il aigrement savoir, pour profiter lui-même de sa fille… Sans oublier la maladresse du clan, en 1501, soit trois ans après la naissance de l'*infans romanus*, Giovanni, le fils de Lucrezia et de son camérier espagnol Perotto, lorsque, pour lui assurer des revenus, le pape émet deux bulles successives. La première légitime l'enfant en en faisant le fils de Cesare et d'une femme anonyme non mariée. Dans la seconde, vouée en principe au secret, le pape en personne reconnaît le jeune Giovanni comme son propre fils, ce qui assure à l'enfant la possession légitime du duché de Nepi. Maladresse ? Luxe inutile de précautions, dans ce tout petit monde ? Les deux bulles furent bientôt connues, et le bruit de l'inceste ainsi affirmé se répandit dans le Borgo, puis dans le monde chrétien, à la vitesse de l'éclair…

Le jugement de l'Histoire

Excès, outrances, meurtres aussi sans doute, les crimes des Borgia bénéficièrent, il faut bien le dire, d'une caisse de résonance qui fit très tôt de leurs auteurs des monstres archétypiques : pour s'imposer dans un monde qui n'était pas le leur, ils avaient dû abattre les puissances en place, les clans Orsini et Colonna, qui, depuis longtemps, avaient fait de la papauté leur chasse gardée. Rien d'étonnant, alors, à ce que le terrible pamphlet qui présentait Alexandre comme un nouveau Mahomet, plus criminel encore que le premier, fût parti de chez les Colonna, à qui le pape avait arraché en 1501 leurs forteresses du Latium ! Et que dire de la virtuosité épigrammatique que les humanistes de la cour napolitaine – Sannazaro, conseiller de l'ex-roi Frederic, et Pontano, chancelier du royaume – mirent au service de leur délire anti-Borgia ? Délire relayé par les pamphlets épinglés sur le corps de marbre de Pasquino, près de la place Navone ? Puis par les ambassades vénitienne, florentine...

Alors ? Alexandre VI, un criminel hors du commun ? En ces temps de « renaissance », il n'est pas encore exigé du pape d'exercer un magistère moral. Son rôle est avant tout de veiller au dogme et d'assurer la grandeur de l'Église face à des puissances politiques toujours prêtes à la remettre en cause. Quant au vœu de pauvreté, il n'affecte pas une institution dont la vocation est au contraire d'afficher jusqu'à l'ostentation l'image d'un rayonnement que l'on souhaite mondial. Le pape est le prince de l'Église, ce qui demande une solide assise temporelle en ces temps décidément fort troublés : pendant la semaine de vacance qui précéda son élection, Alexandre sut ainsi qu'on avait répertorié deux cents assassinats « officiels » dans sa bonne ville... Rodrigo Borgia, très haut dignitaire pontifical élu pape sur le tard, connaissait mieux que personne les enjeux dans une Rome hostile à son clan, et il entra dans le moule princier sans laisser le moindre scrupule embarrasser ou gêner son action. Sa fin – asseoir l'autorité de l'Église sur des bases temporelles solides – était honorable. On ne lui pardonna pas ses moyens...

Jean-Yves Boriaud

Ivan le Terrible
Le tsar de fer

(1530-1584)

Ivan IV est un homme au cœur divisé : il a conscience de faire le mal, s'en repent volontiers mais aime encore plus à le pratiquer. Si le souverain est torturé, instable même, il n'en est pas moins un grand chef d'État. Son surnom de « Terrible » est d'ailleurs trompeur : en russe, il désigne sa capacité à imposer le respect et la crainte. L'orphelin colérique s'est montré capable de vaincre ennemis intérieurs et extérieurs. Il a consolidé la légitimité des princes de Moscou à la tête de la Russie et défini la vocation impériale de cette dernière.

Moscou, palais du grand-prince. Âgé de 7 ans à peine, un enfant au visage ingrat observe l'agonie du chien qu'il vient de précipiter du haut d'une terrasse. Démembré, râlant, l'animal se meurt dans d'atroces douleurs. Nul n'intervient. À deux pas des joyeuses coupoles de la cathédrale de l'Annonciation, les habitués du Kremlin poursuivent leur chemin sans prêter attention à la scène. Militaires, religieux, secrétaires, tous ont fort à faire et Ivan est le grand-prince en titre : mieux vaut ne pas se mêler de ses distractions favorites. Dans le contexte d'une régence chaotique, les adultes sont trop occupés à se battre entre eux. Les tourments qu'ils infligent à leurs adversaires ne sont-ils pas autrement plus radicaux ?

Quelques années plus tard, fin 1543, à peine pubère, Ivan endosse la responsabilité d'un premier meurtre. Cette fois-ci, les chiens ont le beau rôle : excités par les cris des piqueux, une meute de chasse dévore vivant Andreï Chouïski, en pleine rue, à l'issue d'un banquet. Cris de la victime, neige souillée de sang, claquement des mâchoires des barzoïs, gloussements de quelques témoins, probablement soûls. Cet assassinat est le premier d'une longue série. Variant méthodes et accessoires, faisant preuve d'un indéniable talent de mise en scène, Ivan commettra des crimes dignes d'un manuel de perversité. Écartelées, rôties, décapitées à la hache, livrées aux ours, enchaînées, affamées, tenaillées, poignardées, écrasées sous une meule, battues en pleine noyade, les victimes d'Ivan le Terrible bénéficient rarement d'une mort rapide.

À l'école du mal

De toute évidence, la violence sert d'école au jeune prince. Sa naissance, le 25 août 1530, est pourtant l'heureux fruit du mariage entre Vassili, souverain d'un vaste domaine de soixante-six villes – dont Moscou, la capitale – et Hélène Glinka, Lituanienne, belle, cultivée, au caractère bien trempé. Le bonheur familial est de courte durée : après le décès précoce du grand-prince, l'héritier n'ayant que 3 ans, le royaume moscovite entre dans une période d'instabilité. Favorisant son amant, le prince Obolenski, guerroyant contre sa propre famille et celle de son défunt mari, Hélène use de méthodes expéditives : elle fait enfermer un oncle dans un cachot où la faim et les lourdes chaînes hâtent sa mort, tandis qu'une trentaine de ses partisans garnissent des gibets sur la route de Moscou à Novgorod. La régente se débat encore quelques années contre les adversaires du dehors – Polonais et Tatars s'unissant – avant de mourir en 1538, sans doute empoisonnée.

Devenu orphelin, Ivan est le témoin impuissant de nombreux désordres. Aux mains des boyards, l'oligarchie devient anarchie. Moscou, terrain d'affrontement de familles rivales, sert de décor à de nombreux carnages. À chaque coup d'État faisant triompher l'une ou l'autre famille, le siège du pouvoir change de titulaire. L'acharnement des familles aristocratiques à se détruire mutuellement protège paradoxalement Ivan et l'intégrité de son héritage. Mais l'enfant subit de cruelles épreuves. Ses proches sont éliminés : d'abord son tuteur, puis sa nourrice. On lui enlève aussi son ami, Fédor Vorontsov, poursuivi jusque dans sa chambre du Kremlin, souffleté et menacé de mort. L'intervention du métropolite lui sauve la vie mais ne peut empêcher son exil à Kostroma. La violence pénètre l'esprit et l'imagination de l'adolescent. C'est un garçon nerveux et irritable. Comme on tourmente les hommes sous ses yeux, il tourmente les bêtes, crevant les yeux des oiseaux, brisant les os des chiens.

Ivan IV n'en apprend pas moins son métier de souverain. Il est un observateur lucide de la fragilité du pouvoir et de la duplicité des hommes. Parce qu'il est jeune et sans défense, il subit en privé les humiliations de ceux qui se prosternent devant lui au cours des réceptions officielles. C'est le cas notamment des Chouïski, devenus maîtres du Kremlin, beaucoup trop désinvoltes à son goût. L'un des frères l'exaspère particulièrement : « En ma présence, il étendait ses pieds bottés sur le lit de mon père », écrit le Terrible. Surtout, il prend ses repas dans l'or d'Ivan. « Tout le monde le sait, du vivant de notre mère le prince Chouïski avait une pelisse en tissu de papier vert, et en peau de martre, bien vieille. Si c'était là leur héritage, avec quel argent pouvaient-ils faire fondre des vases ? » Ivan ajoute : « Et cependant j'étais réduit aux privations, manquant de tout, jusque dans mon habillement et ma nourriture. » Les voleurs de vaisselle seront châtiés : après la mort d'Andreï sous les crocs des lévriers, toute la cour comprend que la Russie vient de changer de maître.

Encore trop jeune, Ivan ne se mêle pas de gouverner, mais les boyards font désormais attention de ne pas le contrarier. Le grand-prince profite de sa jeunesse : il court les rues, bat les hommes, violente les femmes. Ses piqueux, dociles et cruels, sont ses compagnons les plus fidèles. Ivan est plus spectateur qu'acteur, volontiers trouillard. En mai 1546, au cours d'une chasse dans les environs de Kolomna, la turbulente troupe se heurte à des soldats de Novgorod. Le grand-prince se sauve, puis entre dans une colère noire, imagine un complot et ordonne une enquête. Un favori met en cause Vorontsov, l'ancien ami, revenu d'exil, et ses parents déjà en demi-disgrâce. Le Terrible entre en scène : il charge son bourreau de décapiter Vorontsov, qui laisse donc sa tête sur l'échafaud.

Coupable devant Dieu

« Surtout, je suis un homme. Or, il n'y a pas d'homme sans péché. Seul Dieu l'est. » Le souverain a conscience d'enfreindre la loi divine. Pieux et bon connaisseur des saintes Écritures, il assiste chaque jour à la messe et s'entretient volontiers avec son confesseur. Il fait aussi de fréquents séjours dans les monastères. Qui peut juger de sa sincérité lorsqu'il pratique la confession publique ? Il se traite de « chien puant », reconnaît vivre dans « l'ivrognerie, l'adultère, l'assassinat, le brigandage ». En 1551, pour inaugurer les grandes réformes du début de son règne, il convoque le synode des Cent chapitres, le *stoglav*. À la foule réunie sur la grande place du Kremlin, il lance son *mea culpa* : « Combien je me suis fait esclave de l'argent ou des voluptés de la chair, vous le savez mieux que moi. » À ceux qui ont été victimes d'une « mort cruelle » par sa faute, il leur demande de « pardonner [sa] jeunesse et [son] inexpérience », évoque son état d'orphelin, abandonné à lui-même, et rappelle sa conversion de juin 1547, au moment des incendies qui ravagent Moscou, détruisant maisons et palais : « Le Seigneur nous envoya de terribles incendies. Les richesses funestes acquises par nous furent anéanties, le patrimoine de nos ancêtres périt dans les flammes. Pour comble de malheur, le feu détruisit les saintes églises de Dieu, mille objets sacrés, dont la sainteté défie les efforts de la parole humaine, des reliques vénérables; un peuple innombrable fut anéanti. Alors l'effroi entra dans mon âme et la crainte envahit mes os. Mon cœur s'humilia, se pacifia et je reconnus mes péchés. » Il annonce vouloir gouverner dans l'esprit de la loi divine, en partenariat avec l'Église, rappelant au passage aux dignitaires ecclésiastiques qu'ils doivent être prêts « à souffrir jusqu'au sang et jusqu'à la mort pour la foi du Christ ». Entouré de conseillers avertis, Ivan semble alors un jeune prince animé du désir de bien faire.

Un souverain terrible et sage

Entre-temps, de grand-prince, Ivan est devenu tsar : il a lui-même fixé les modalités et la date de son couronnement, le 16 janvier 1547. Presque cent ans après la chute de Constantinople, il ceint la couronne impériale des empereurs d'Orient. Sa capitale, Moscou, sera la Troisième Rome décrite dans les prophéties du moine Philothée vingt ans auparavant. Dans le trésor familial, Ivan retrouve une croix reliquaire contenant des fragments de la vraie Croix, une couronne dite « chapka du Monomaque » et un collier d'épaules. La légende veut que ces objets soient les insignes impériaux envoyés par Constantin IX à Vladimir Monomaque, grand-prince de Kiev. Peu importe si la chapka s'avère en réalité une pièce d'orfèvrerie mongole montée sur un bonnet de fourrure. Le métropolite Macaire bénit Ivan IV : « Par la miséricorde divine, réjouis-toi et portetoi bien, tsar orthodoxe Ivan, autocrate de toute la Rus', pour moult années. » Au carillon assourdissant des cloches, une foule immense salue le tsar sur le parvis de la cathédrale de l'Assomption, tandis que ses proches déversent sur sa tête une pluie d'or. Dans la foulée, Ivan choisit sa femme : sur cinq cents jeunes filles expédiées à Moscou à sa demande, l'élue sera Anastasia Yourieva-Zakharina. La première tsarine de Russie a l'avantage d'être orpheline. Son père Roman était le frère de Mikhaïl

Youriévitch que Vassili III avait désigné comme l'un des tuteurs d'Ivan. Aussi étonnant que cela puisse paraître, Ivan aime tendrement sa jeune épouse. Couronnement, mariage et épreuve de l'incendie semblent l'avoir assagi.

Le tsar maîtrise l'art de la communication, d'où son surnom de « Terrible » : est *groznyï* celui qui inspire la crainte et le respect. Dans le *Domostroï*, manuel domestique, le père de famille est décrit comme *groznyï*. Loin de ses turpitudes cruelles et perverses de jeune homme, Ivan choisit d'incarner un pouvoir fort et juste. Dans sa quête de puissance et de gloire, il soigne son image : grand et large d'épaules, il impressionne naturellement; il reçoit dans une vaste salle voutée et basse de plafond; son trône abondamment sculpté est supporté par quatre créatures fantastiques inspirées de l'Apocalypse; au-dessus, une icône de la Vierge; à sa droite : le Christ. Ivan porte une robe longue, une tiare et tient une crosse; dans son visage au nez long et busqué, ses yeux gris fixent désagréablement son interlocuteur. Il ressemble plus à un pontife qu'à un roi. Sa garde est étrange : vêtus de longues robes de velours blanc, coiffés de hauts bonnets de fourrure blanche, avec des chaînes d'or croisées sur la poitrine, les jeunes hommes brandissent des haches aussi étincelantes que menaçantes. Le peuple de courtisans, ruisselant de pierreries, est figé. Un silence pesant règne. Alors qu'un visiteur étranger s'étonne de la présence des porteurs de haches, le tsar explique : « Ainsi le veulent mon rang et le respect – *groza* – que je dois inspirer. » Un certain Peresvetov, improvisé conseiller, lui écrit d'ailleurs qu'il est un souverain « terrible et sage », dont le pouvoir repose sur deux piliers, la justice et la force militaire. Ivan IV sera d'abord législateur : il entreprend une mise en ordre de l'Église et introduit une règlementation des mœurs, notamment du mariage, limité à deux actes légaux. Puis le tsar s'impose comme chef de guerre. N'est-il pas *Imperator* ? L'objectif est évident : le khanat de Kazan, aux confins de la Moscovie, reliquat de l'époque où les Mongols de la Horde d'Or régnaient sur les terres slaves. Cette principauté musulmane à quelques journées de chevauchée fournit le prétexte d'une croisade.

La campagne est programmée pour l'été 1552. Le tsar fait des adieux touchants à Anastasia. Il lui recommande de prier pour lui, de faire largement l'aumône, de secourir les pauvres et même les courtisans en disgrâce. Ivan prend la tête d'une armée de 150000 hommes. Le nouveau corps des Streltsy, des arquebusiers, a fière allure. Le 23 août, les Moscovites sont devant les murs de la cité tatare dont ils aperçoivent les nombreux minarets. Le siège est une opération militaire d'envergure, la plus importante de l'histoire moscovite : il faut prévoir un encerclement complet, bombarder, creuser des sapes, organiser des explosions. Le sanglant assaut final sera le haut fait d'une génération. Dans cet exploit collectif, le tsar, âgé de 22 ans, ne brille pas particulièrement : s'attardant en prières, il rejoint son régiment alors que les étendards chrétiens ornent déjà les murs de la ville. Mais le 4 octobre, il y fait son entrée solennelle, plante une croix orthodoxe au centre de la cité, là où s'élèvera bientôt une basilique; puis du haut des murailles, il asperge d'eau bénite sa nouvelle possession. Triomphe du christianisme, la prise de Kazan apporte à Ivan la gloire : « Réjouis-toi, tsar orthodoxe, toi qui as vaincu tes ennemis par la grâce divine : Sire, prospère pour de longues années dans le royaume de Kazan qui t'a été donné par Dieu ! »

C'est ce moment d'apothéose que choisit Chancellor, un téméraire sujet du roi d'Angleterre, pour découvrir Moscou : de la Tamise, il a rejoint la mer Blanche et abordé un rivage inconnu dont il apprend qu'il a pour nom Russie ou Moscovie. Présenté au tsar, il est frappé par sa « contenance majestueuse », mais aussi par les festins qu'Ivan suscite : vins fins du Rhin, muscat, vin blanc de France, vin des Canaries, d'Alicante, de Malvoisie, hydromel; cygnes rôtis, grues aux épices, coq au gingembre ou au safran, gélinottes à la crème, canard aux concombres, gâteaux à la viande, au fromage, au sucre, crêpes, beignets, gelées, crèmes, noix confites. La table du Terrible est raffinée. Pour les Anglais, c'est une révélation : un compagnon de Chancellor trace la première carte occidentale du « Royaume de la Moscovie et de la Tartarie ». La Russie d'Ivan vient d'entrer dans la géographie universelle.

Ivan est un homme comblé : Anastasia accouche d'un fils, Dimitri, en septembre 1552 – après toutefois avoir perdu deux filles mortes en bas âge. Mais le destin n'en fait qu'à sa tête : le tsar tombe gravement malade et les intrigues de cour s'emballent. Inquiet pour l'avenir, Ivan entreprend un pèlerinage insensé au monastère Saint-Cyrille à Biélooziéro. Son enfant tombe de la passerelle menant au bateau royal et se noie. Cependant, le 28 mars 1554 naît le tsarévitch Ivan Ivanovitch. Une fille vient ensuite, Evdokia, qui meurt en 1558. Puis un troisième fils, Fedor, le 31 mai 1557, aux capacités mentales et physiques limitées. À l'extérieur, les succès manquent à l'appel. Les débuts de la campagne de Livonie sont un désastre : l'alliance de la Suède, de la Pologne, de la Lituanie et du Danemark fragilise la force moscovite. Le tsar, furieux, devient méfiant et suspicieux. Le vide se fait autour de lui. Anastasia meurt le 7 août 1560 d'une mystérieuse maladie. Aux funérailles, Ivan, bouleversé, est soutenu par deux serviteurs. Le vent a tourné.

La fin des jours heureux

Le tsar déclenche une vague de purges : des amis sont arrêtés, au mieux exilés, souvent tués. Il s'entoure d'un « régiment satanique, puissant et redoutable » et entreprend d'éliminer physiquement tous ses anciens conseillers : Ivan Chérémétiev subit chaînes et clous. Le Terrible le libère mais fait étrangler son frère. Le fidèle Andreï Kourbski, témoin de la descente aux enfers du tsar, choisit la fuite : passé au service du roi de Pologne, il écrit sa déception à Ivan et dénonce sa tyrannie.

3 décembre 1564 : le tsar quitte le Kremlin. Il a fait emballer ses objets précieux et a dressé la liste de ceux qui sont autorisés à le suivre. Nul ne sait dans quel but ni pour quelle destination. Panique et stupeur gagnent Moscou. Le royaume bruisse de rumeurs. Les sujets d'Ivan le Terrible sont inquiets. La nouvelle cour s'installe dans le village d'Alexandrovskaïa Sloboda, qui devient le centre politique d'un nouveau régime : l'*opritchnina* ou « domaine réservé ». Tel le royaume de l'ogre, c'est un pays où ne règne qu'une loi, celle du tyran. Ses sujets deviennent les acteurs d'une pièce dont ils ignorent tout. Les boyards sont éliminés du gouvernement. La première scène marque les esprits : le regard fiévreux, Ivan jure de vivre la vie sainte d'un moine, pour mieux défendre son royaume.

La nouvelle demeure du maître abrite d'énormes sous-sols et de profonds souterrains. Ivan y contemple le spectacle des tourments qu'il ordonne d'infliger à ses sujets. Sombre et morose habituellement, il s'égaye aux cris des victimes. Tous ceux qui entravent le nouvel ordre sont condamnés. Son médecin Bomelius subit le chevalet, puis le fouet de fer, avant d'être rôti à la broche. Les bêtes féroces remplacent quelquefois les bourreaux : des moines accusés de rébellion sont dévorés par six gros ours au terme d'un combat sanglant.

L'opritchnina est un vaste territoire, aux frontières définies, sous contrôle exclusif d'Ivan. L'administration est confiée à un ordre militaire dont il est le commandeur. C'est une œuvre révolutionnaire qui débouche sur un régime de terreur. Il choisit pour le servir des hommes tirés des bas-fonds, 300 compagnons assujettis à une règle sévère. Le souverain sonne lui-même les offices : à minuit, les premières dévotions ; puis de 4 à 7 heures, les matines ; à 8 heures, la messe. Ivan multiplie les prosternations au point de se donner des bosses sur le front. À midi, le tsar fait une lecture. On se réunit ensuite pour boire, jouer, écouter fous, conteurs et musiciens, et forniquer. Car aux excès de dévotion répondent les excès de débauche. Ivan multiplie les orgies.

Sa vie privée est régie par le plus grand désordre : il est l'époux de trois ou quatre femmes répudiées. En plus de nombreuses compagnes, ses guerriers sont également requis pour satisfaire ses besoins dont ni l'âge ni la maladie n'ont diminué l'ardeur. Des spectacles sadiques animent la cour : tantôt les ours sont lâchés sur la foule, tantôt de jeunes paysannes dévêtues sont contraintes à courir après des poules tandis que les soldats les criblent de flèches. Après l'office du soir, le tsar s'endort bercé par les récits contés par trois vieillards aveugles. Ces derniers ont pour mission de combattre l'effroi de la solitude et de la nuit. Pendant ce temps les *opritchniki*, inquiétants cavaliers de noir vêtus, identifiables aux têtes de chien portées en sautoir à l'encolure de leur cheval, battent la campagne.

Tuer son propre fils

Ivan, l'aîné des fils, ressemble à son père, dont il partage l'instinct sanguinaire et, quelquefois, les maîtresses. Il a déjà répudié deux femmes puis épousé Hélène Chérémétiev, parente de l'ancien conseiller, par qui le scandale arrive. Croisant sa belle-fille dans un couloir du palais, le tsar s'indigne de sa tenue qu'il juge indécente. Enceinte, Hélène a peut-être négligé de mettre une ceinture sur sa robe. Ivan la bouscule violemment au point de provoquer une fausse couche. Quoi de plus naturel pour le tsarévitch que d'aller trouver son père et de lui reprocher sa brutalité ? Mais la rencontre tourne au drame : ivre de rage, le tsar frappe son fils à la tempe, qui décède après quatre jours d'agonie le 19 novembre 1581. L'assassinat de son propre fils hante le Terrible jusqu'à la fin de ses jours. Des années auparavant, Ivan avait déjà tué de sa main, dans un accès de violence, un de ses fous. Au médecin, convoqué dans l'urgence, il avait dit : « Guéris mon bon serviteur, j'ai joué imprudemment avec lui. – Si imprudemment, répliqua le médecin, que ni Dieu ni Votre Majesté ne pourriez faire qu'il jouât encore en ce bas monde. »

Ivan ne cessera ses jeux cruels qu'à sa mort, qui survient le 18 mars 1584 après de longs mois d'éprouvantes maladies. L'examen récent de sa dépouille a révélé la présence d'une forte dose de mercure, remède souvent prescrit, peut-être pour la syphilis dans le cas d'Ivan, mais qui accentua sans doute le dérèglement de son système nerveux déjà fragilisé par une enfance instable. Au-delà de ces aspects physiologiques et psychologiques, la question de savoir si Ivan était un tyran par perversité ou par choix politique, pour mieux régner, reste difficile à trancher ; l'exercice du pouvoir renforce ici un vice de caractère.

LORRAINE DE MEAUX

COMITISSA ELISABETHA BATHORI
COMITIS FRANCISCI DE NADASD FILII
COMITIS THOMAE DE NADASD PALATINI
CONIVX ANNO

Élisabeth Báthory
L'esthéticienne des Carpates
(vers 1560-1614)

Dans la longue histoire des meurtriers en série, aucun homme, aucune femme n'a égalé la comtesse hongroise Élisabeth Báthory, née au milieu du XVI*e siècle. Sa personnalité sombre et énigmatique, le nombre de ses victimes, l'effarante inventivité de ses crimes, les temps féroces et les lieux sinistres où ils ont été perpétrés : tout glace le sang ! Une barbarie insondable, qui a fait d'elle l'archétype de la femme vampire et de la tueuse sadique, jusqu'à la déshumanisation, jusqu'au néant…*

La Hongrie du XVIe siècle n'est pas la nation romantique qui fera battre le cœur, trois siècles plus tard, de l'impératrice Sissi ! Depuis le désastre de Mohács en 1526 face à Soliman le Magnifique, elle est scindée en trois parties : l'Est sous la férule des Habsbourg, le centre sous la domination des Ottomans qui occupent Buda, et l'orientale Transylvanie, dont le cœur et surtout les intérêts balancent entre les deux puissances. Elle ne ressemble pas non plus aux royaumes occidentaux illuminés par la Renaissance, s'ouvrant à l'humanisme et où le servage a quasiment disparu. Au contraire, ce dernier croît en Hongrie, au cours de cette période de régression dite du « second féodalisme ». Les grands lignages nobles ont échappé au contrôle des faibles princes de Transylvanie et des lointains empereurs Habsbourg, et ils règnent de façon absolue sur la majorité des terres.

Ainsi, la comtesse Báthory, appartenant à l'une des plus puissantes familles hongroises, juge que ses gens sont des biens meubles, sur lesquels elle a droit de vie et de mort. Quant à son mari, Ferencz Nádasdy, dit « le Seigneur Noir », il semble tout aussi implacable... Lorsqu'il découvre, exposée dans le jardin du château de Sárvár, une jeune fille enduite de miel et recouverte de fourmis et de guêpes, afin, lui précise sa douce épouse, d'être punie pour un vol de fruits, il ne s'en émeut pas. Maîtresse en ses domaines lors de ses nombreuses absences, son épouse se doit d'être impitoyable. Et qu'est-ce que ce châtiment champêtre au regard de ceux infligés par son grand adversaire, le sultan Amurad III, qui a fait étrangler et jeter ses dix-neuf frères dans le Bosphore avec les dix femmes enceintes de son père, et fait empaler des garnisons entières et brûler leurs chefs à petit feu ? Et que dire des Hongrois eux-mêmes ? Leur cruauté est inouïe, écrit Jean Le Laboureur qui, accompagnant en 1645 Marie de Gonzague vers son royaume de Pologne, traverse la Hongrie : « Lorsqu'un paysan avait vendu aux Turcs des enfants chrétiens, ils le cousaient tout nu dans un cheval mort dont on avait sorti les entrailles, avec seulement la tête dépassant sous la queue du cheval ; et la bête et le vivant pourrissaient de concert. » Alors, quelques servantes molestées à la mode du pays ? Pas de quoi fouetter un chat ! Et surtout, pas l'un de ces félins noirs comme le démon qui pullulent autour de la comtesse...

Une famille de loups

À considérer la famille Báthory, les crimes d'Élisabeth apparaissent l'expression d'une fatalité génétique dont elle serait le dernier avatar ! Ses ancêtres souabes, installés en Hongrie au XIe siècle, ont gagné le surnom de *báthor* (« courageux »). Et, quoique convertis au protestantisme, ils soutiennent – la plupart du temps – les souverains Habsbourg. Le lignage se scinde en deux branches, unies par des alliances consanguines répétées : les Báthory-Somlyó en Hongrie occidentale, et les Báthory-Ecsed en Transylvanie. Le père d'Élisabeth, György, de la branche Ecsed, a épousé sa cousine, Anna, de la branche Somlyó. Tous deux sont des merveilles d'équilibre au regard des fous furieux, obsédés sexuels, sadiques maniaques, traîtres, escrocs et possédés mystiques de la galerie Báthory.

Quelques exemples pour donner le ton ? L'oncle maternel d'Élisabeth, Étienne Báthory, roi de Pologne, est sain d'esprit, mais quand la divine musique de Palestrina ne suffit pas à calmer ses crises d'épilepsie, il se livre désespérément aux sorciers et aux alchimistes qui prolifèrent à Prague et à Vienne autour de l'empereur Rodolphe II. Un autre de ses oncles, István, palatin de Transylvanie, allié des Turcs et faux-monnayeur, est d'un tout autre calibre. Il confond les saisons et circule en traîneau en plein été ! Un cousin Somlyó, Gabór, se distingue par sa passion incestueuse pour sa sœur dont il a deux enfants. Un autre Gabór est habité par le diable, se roule par terre et mord tout ce qui passe à sa portée. Le cousin d'Élisabeth, Sigismond, prince de Transylvanie en 1595, donne et reprend cinq fois son trône à son cousin András Báthory. Il a épousé une sœur de l'empereur Rodolphe II, et hurle à la mort lorsqu'il doit la rejoindre dans le lit conjugal entouré de spectres, invisibles pour la malheureuse Marie-Christine d'Autriche. Le frère d'Élisabeth, István, est vicieux, exhibitionniste et lubrique. Quant à sa tante paternelle, Klára, dont elle sera très proche, elle défraie la chronique familiale qui en a pourtant vu d'autres ! Elle a sans doute assassiné ses deux premiers maris et tout lui est bon, hommes ou femmes, nobles ou serfs, à fourrer dans son lit. Sa mort sera horrible : elle sera capturée par un pacha turc ainsi que son jeune amant. Celui-ci est mis en broche et rôti sous ses yeux, tandis que toute la garnison lui passe sur le corps...

Lourde hérédité, laquelle, selon R. A. von Elsberg, l'un de ses premiers biographes en 1894, serait la cause des dérèglements de la comtesse. Certes, mais l'environnement politique et social et les mœurs du temps autorisent aussi les pires dérives. « Sa folie était son droit », écrit Valentine Penrose, auteure en 1962 de *La comtesse sanglante*, un ouvrage qui, entre histoire, affabulation et fascination surréaliste pour la transgression au féminin, la présente pour la première fois au public français. Le seul portrait, semble-t-il authentique, de la comtesse Báthory est conservé au musée de Budapest. Réalisé dans les années 1590, selon les codes de représentation de la noblesse en vigueur à cette époque, il a donné lieu aux plus extravagantes interprétations à partir de la fin du XIXe siècle. Untel a décelé la folie dans son regard un peu exorbité, tel autre a perçu sa cruauté glaciale dans la rigidité de son maintien, un troisième a noté ses ongles effilés comme des griffes et ses lèvres sinueuses comme un serpent ! Le tout parachevé par la composition de son blason : trois dents de loup argentées sur fond de gueule, formant opportunément le « E » d'Élisabeth, entourées d'un dragon et surmontées d'un aigle. Tout dit la bête, la louve, le fauve, le monstre…

Une petite poule noire

Dès l'âge de 11 ans, Élisabeth est élevée par Orsolya Nádasdy, sa future belle-mère – c'était alors la coutume dans la noblesse hongroise. Sous la férule de cette sainte femme cultivée et austère, elle devient, en 1575, l'épouse idéale de Ferencz Nádasdy, unique héritier d'une famille comparable en puissance et en fortune à celle des Báthory. Belle, intelligente, parlant six langues dont le latin, elle est affectueuse avec son époux et lui donne d'utiles recettes pour éviter d'être blessé au combat : « Battez à mort une petite poule noire avec une canne blanche, lui écrit-elle. Mettez un peu de son sang sur votre ennemi. Si vous ne pouvez l'atteindre, mettez-en sur un des habits qui lui appartiennent. Il ne pourra alors vous faire de mal. » Ferencz, dont les ennemis sont innombrables, a dû massacrer des centaines de petites poules noires, car il meurt dans son lit en 1604 ! Les filtres, incantations, amulettes et autres pentacles auxquels Élisabeth a recours pour lui donner des héritiers, sont par contre inefficaces pendant près de dix ans. Quatre enfants naissent enfin après 1585. Confiés d'abord à la nourrice Jó Ilona, ils sont ensuite, selon la tradition, éloignés de leur mère. Les filles vivent dans leur future belle-famille, et le seul fils, Pál, est élevé sous la garde d'un tuteur à Sárvár, l'un des principaux fiefs des Nádasdy. La comtesse gère avec compétence leurs immenses domaines, soit plus de dix-sept châteaux et villages, tandis que son héros de mari combat les Turcs. Ces derniers, pendant la terrible guerre de Quinze Ans (1593-1606), ont d'ailleurs ravagé la région de Csejte (aujourd'hui Čachtice en Slovaquie), et menacé Sárvár.

Rien d'original jusque-là dans le parcours de château en château de cette aristocrate, confrontée aux incursions ottomanes, aux épidémies et aux violences quotidiennes. Et, pendant les trêves qui lui ramènent son mari, des séjours à la cour de Vienne où sa beauté spectrale, ruisselante de perles, fait sensation ! Le ton de ses lettres, toujours très brèves, est hautain et impérieux envers ses inférieurs, mais attentionné envers ses proches, auxquels elle confie parfois ses maux de tête persistants… Là encore, pas de quoi battre une petite poule noire !

Pour une goutte de sang

Au XVIIIe siècle, le jésuite Lazló Turószi retrouve et analyse les pièces du procès oubliées dans le château de Bicse où Élisabeth a été jugée. Il les publie en 1729, dans son ouvrage *Ungaria*, fondant le mythe de la comtesse en quête d'un élixir de jouvence. Selon lui, tout a commencé par une goutte de sang ! Celle d'une fille d'honneur qui ne l'aurait pas coiffée à son goût. De sa petite main endiamantée, Élisabeth, furieuse, lui lacère la joue, et le sang de la jeune vierge tombe sur l'un de ses bras, régénérant comme par miracle la souplesse et la luminosité de sa peau.

Vaniteuse, oisive et uniquement soucieuse de conserver sa beauté, écrit le bon jésuite – pour lequel elle incarne aussi et surtout la renégate ayant abjuré le catholicisme –, la comtesse croit avoir trouvé le secret de l'éternelle jeunesse… Reste à organiser l'approvisionnement ! Elle y pourvoit avec l'aide de ses complices, la nourrice, Jó Ilona et Dorottya Szentes, dite Dorkó, qui l'aident à torturer et assassiner les filles ; Darvulia, la sorcière spécialisée dans les incantations, les philtres et la magie noire ; l'ignoble nain, Ujvari Janos, dit Ficzkó, chargé d'épier les fautes des servantes, de les inventer au besoin et de trouver des supplices originaux ; et, pour finir, Katia Beniezki, la lavandière, pièce maîtresse du système, car saigner des jeunes filles à blanc est un travail très salissant ! Le réseau de recrutement de ce bétail humain s'étend très vite au-delà des principaux châteaux de Csejte et Bezcó, sur la frontière austro-hongroise, au flanc des Petites Carpates. La chasse est aisée au sein d'une population asservie, misérable, arriérée, épouvantée par les raids réguliers des Turcs et prête à vendre ses filles pour une jupe neuve, un caraco brodé, une verroterie. La plupart d'entre elles n'ont aucune formation, peu de religion, entre protestantisme et superstitions ancestrales, beaucoup de naïveté et une fraîche santé de campagnardes, grandes et solides, au sang vermeil. Tout ce qu'aime la comtesse !

Au cœur de sa toile sanglante, le château en étoile fortifiée de Csejte, juché sur un sinistre éperon rocheux, est doté d'un labyrinthe de souterrains. De sa chambre aux salles de torture des sous-sols et aux cachots où sont enfermées les « réserves », tout est prévu pour satisfaire sa folie sanguinaire. Comme à Vienne, où elle organisera ses deux demeures successives, la première dans la Blutgasse – la rue sanglante où furent torturés les Templiers – et la seconde, proche du palais impérial et face au couvent des Augustins. Ces derniers, racontent ses complices lors du procès, jettent « des tessons de pot aux fenêtres quand ils entendent des cris de douleur ». Faire disparaître les nombreux corps n'est pas une mince affaire : Ficzkó avoue avoir tué trente-sept filles, Jó

Ilona cinquante et Dorkó trente, sans compter celles assassinées par la comtesse elle-même. Un carnet, dans lequel elle aurait noté la totalité de ses victimes, soit près de six cent cinquante, est évoqué au cours de l'instruction, mais n'est pas retrouvé…

Les premières victimes ont droit à un enterrement classique dans le cimetière du village, au pied du château de Csejte où la comtesse réside le plus fréquemment. Mais après la mort du vieux pasteur, András Berthoni, son successeur János Ponikenus, s'étonne d'être requis pour des enterrements nocturnes de plus en plus fréquents. Toutefois, il n'ose croire aux rumeurs d'assassinats provenant notamment de Vienne. D'autant que la comtesse est généreuse pour son église… à condition qu'il ne se mêle pas des affaires du château. Après avoir découvert dans la crypte de l'église plusieurs cercueils contenant des corps de jeunes filles atrocement mutilés, sa conviction est faite, mais il se tait jusqu'au procès pour survivre. Le trafic macabre continue. Une vieille femme se charge d'enterrer la plupart des cadavres dans les jardins, les caves, les celliers, les fossés ou sous les planchers des châteaux de Csejte, de Sárvár, de Podolié, de Beckó, de Lesticzé, de Keresztür, ou encore de Pistyán, où Élisabeth se rend régulièrement pour prendre les eaux et les boues chaudes de cette célèbre station thermale au bord de la Vág. C'est là que, dans le potager du château, le lévrier de son gendre, Miklos Zrinyi, aurait rapporté à son maître un lambeau de chair humaine. Mais comment croire à l'innommable ?

Une imagination délirante

La sauvagerie de l'Europe centrale – celle des Daces, des Huns, des Avars et des Turcs – hante encore l'imaginaire occidental. Sans oublier la fascination pour les vampires, née au XIXe siècle, en même temps que les théories sur l'hystérie féminine et sur les criminels nés. S'impose alors l'image terrifiante d'une meurtrière, héritière de siècles obscurs et portant leur barbarie à son plus haut degré de perfection. Et il est vrai qu'à la lecture des aveux de ses complices, on hésite entre stupéfaction, effroi, hilarité et doute salutaire. Car la belle Élisabeth, des gifles et pinçons de la petite fille cruelle et perverse qu'elle était, au meurtre de centaines de femmes saignées à mort pour ses bains de jouissance et de jouvence, surpasse largement les empereurs de la Rome décadente. Au lecteur d'en juger, au gré de l'énumération effroyable que nous lui proposons. Nous l'avons dit, Élisabeth Báthory est sujette à de violentes crises de migraine et, par ailleurs – son mari s'en plaint dans ses lettres – elle a développé une maniaquerie domestique, qui s'irrite jusqu'à la fureur du moindre pli mal repassé, du moindre point d'ourlet mal aligné, du moindre faux geste, du moindre irrespect à son égard. Les coups volent bas et bientôt les morsures, les coups d'épingle ou de tisonnier. À quel moment ce qui n'était alors que violence sanctionnant une faute avérée, se transforme en système organisé dans lequel la faute n'est plus nécessaire pour justifier le crime ? Peut-être lorsque la comtesse découvre le pouvoir régénérateur du sang et les délices de la cruauté gratuite. Quoi qu'il en soit, le rôle de son entourage devient essentiel, tant pour inspirer que pour exécuter des tortures de plus en plus sophistiquées.

Voici quelques réponses de ses complices lors du procès.

Le nain Ficzkó à la question « De quelles tortures usait-on ? » : « Elles [Dorkó et Jó Ilona] attachaient leurs mains et leurs bras très serrés avec du fil de Vienne et les battaient à mort, jusqu'à ce que tout leur corps fût noir comme du charbon et que leur peau se déchirât. L'une supporta plus de cent coups avant de mourir. Dorkó leur coupait les doigts un à un avec les cisailles et ensuite leur piquait les veines avec des ciseaux. [...] Jó Ilona apportait le feu, faisait rougir les tisonniers, les appliquait sur la figure, le nez, ouvrait la bouche et mettait le fer rouge dedans [...] Un jour la Maîtresse elle-même a mis ses doigts dans la bouche de l'une et a tiré jusqu'à ce que les coins se fendent. [...] La Maîtresse les piquait d'épingles un peu partout. [...] Elle-même arrachait la chair avec des pinces et coupait entre les doigts. Elle les a fait mener sur la neige, nues, et arroser d'eau glacée ; elle les a arrosées elle-même et elles en moururent. [...] Quelquefois, on laissait des filles sans manger ni boire pendant une semaine [...] quelquefois, jusqu'à cinq jeunes filles nues devaient travailler ainsi sous les yeux des garçons à leur couture ou à faire des fagots dans la cour. »

Réponse de Jó Ilona à la même question : « Elle battait les filles cruellement et Darvulia [la sorcière] mettait les jeunes servantes dans l'eau froide et les laissait toute la nuit. La comtesse elle-même déposait dans leur main une clef ou une pièce d'argent rougie au feu. [...] J'étais chargée de mettre entre les jambes des jeunes filles du papier huilé et de l'allumer. Dorkó coupait avec des ciseaux les veines des bras ; il y avait tant de sang qu'il fallait jeter de la cendre autour du lit de la comtesse et celle-ci devait changer de robe et de manches. Dorkó incisait aussi les plaies boursouflées et Élisabeth arrachait avec des pinces la chair du corps des filles. C'est de Darvulia qu'Élisabeth apprit les plus graves cruautés ; elles étaient très intimes. J'ai même vu qu'Élisabeth a brûlé le sexe de certaines filles avec la flamme d'un cierge. »

Finissons la boutique des horreurs avec Dorkó : « (...) la comtesse torturait les filles avec des cuillères rougies au feu et leur repassait la plante des pieds avec un fer rouge. Leur arrachait la chair aux endroits les plus sensibles des seins et d'ailleurs avec des petites pinces d'argent. Les mordait en les faisant amener au bord de son lit quand elle était malade. »

Et pendant toutes ces tortures, ajoute Katia Beniezki, Élisabeth criait toujours « Encore plus, encore plus fort ! ».

Il n'est pas question dans ces récits des bains de sang qui ont fait la réputation de la comtesse, ni de la cage armée de lames d'acier sous laquelle elle se plaçait pour ses aspersions de sang. Et encore moins de la fameuse Vierge de fer qu'elle aurait fait installer dans une cave de son palais de Vienne, et dont on peut voir un exemplaire à Nuremberg et un autre, en réduction, au musée de la Préfecture de Paris. Inventé à la fin du XVIIIe siècle, ce sarcophage articulé, à visage de femme au féroce rictus, dans lequel les victimes étaient lardées de coups de poignard lorsque le couvercle se refermait sur elles, n'est sans doute que l'invention cauchemardesque d'un plaisantin de la mécanique. C'est le célèbre écrivain autrichien, Léopold von Sacher-Masoch, qui, dans la nouvelle *Eau de Jouvence*, introduit cette machine à hémoglobine dans la légende Báthory.

La traque

En s'attaquant à des filles de petite noblesse, notamment à Vienne, la comtesse sanglante signe sa perte. Le pasteur luthérien István Magyari dénonce publiquement ses crimes. En 1610, l'empereur Mathias Ier s'en émeut et charge le comte palatin de Hongrie, György Thurzó, d'ouvrir une enquête. Charge délicate pour un homme qui a été le compagnon d'armes de Ferencz Nádasdy – celui-ci lui avait recommandé sa femme et ses enfants au moment de mourir –, et dont la première épouse était très proche d'Élisabeth. Délicate aussi parce que les familles Báthory et Nádasdy sont très puissantes et que les filles d'Élisabeth veulent épargner leur mère, leur réputation et leur héritage, car en cas d'exécution de la comtesse, ses biens reviendraient à la Couronne.

Mais l'empereur Mathias, très éloigné des goûts de son prédécesseur, Rodolphe II, pour l'occultisme et l'ésotérisme, n'apprécie pas les relents sulfureux qui entourent cette affaire. Il demande toujours plus de preuves, d'autant qu'il reçoit des lettres terribles faisant état de crimes encore plus inouïs tels que faire manger aux victimes des morceaux de leur propre corps... certes, ils étaient préalablement grillés !

À la fin de l'année 1610, plus aucun doute n'est permis. Plus d'une cinquantaine de rapports confirment les meurtres, Thurzó ne peut plus tergiverser. Il se rend inopinément à Csejte et surprend, dit-il, la comtesse en flagrant délit en découvrant deux jeunes filles mutilées dont l'une est déjà décédée. Le procès est inévitable.

La Bête

« Élisabeth, tu es comme une bête. Tu vis tes derniers mois. Tu ne mérites pas de respirer l'air de cette terre, ni de voir la lumière de Dieu ; tu n'es plus digne non plus d'appartenir à la société humaine. Tu vas disparaître de ce monde et tu n'y rentreras jamais. Les ténèbres t'entoureront et tu pourras te repentir de ta vie bestiale. Puisse Dieu te pardonner tes crimes. Maîtresse de Csejte, je te condamne à la prison perpétuelle dans ton propre château. »

Ce verdict, prononcé le 6 janvier 1611 dans la salle du Conseil du château de Bicse par György Thurzó, assisté d'un représentant de l'empereur et de vingt-cinq autres juges, dit tout et ne dit rien de ses crimes, sauf à évoquer leur bestialité. Le tribunal la déclare coupable de « crimes affreux contre le sang féminin », formulation qui condamne, autant que les meurtres, la profanation du corps sacré de la femme reproductrice et l'érotisation honteuse de celui de jeunes vierges. Quant aux relents diaboliques de lesbianisme émanant de cette affaire, aucun juge n'ose s'y appesantir. Cependant, par quelle étrange bienveillance dispensent-ils la comtesse de se présenter devant eux et épargnent-ils sa vie ?

Nombre d'historiens ont mis en doute la véracité des aveux de ses complices, car extorqués sous la torture. Celle-ci étant systématique dans toute affaire criminelle, toute justice est donc suspecte si d'autres éléments ne permettent pas de confirmer ces aveux. Notons simplement qu'ils ont été recueillis séparément, et que leur concordance, sur le rôle des uns et des autres et sur les différents modes de supplices utilisés, incline à en retenir l'essentiel. Les historiens s'interrogent aussi sur de possibles complots d'Élisabeth et son cousin György Báthory, prince de Transylvanie, contre les Habsbourg, ce qui expliquerait l'acharnement de l'empereur à la poursuivre. Or, c'est celui-ci qui décide en dernier ressort de la gracier... Restent les accusations de sorcellerie, de magie noire et d'empoisonnement qui sont avérées. Si Élisabeth Báthory avait été jugée par un tribunal ecclésiastique, elle n'aurait pu échapper au bûcher. À l'évidence, sa réclusion à vie arrange tout le monde. Ses complices, en revanche, subissent des châtiments à la hauteur de ceux qu'ils ont infligés. Jó Ilona et Dorkó ont les doigts arrachés par des pinces et sont jetées vives dans le feu, et Ficzkó est décapité. Quatre ans plus tard, la comtesse, recluse dans son château, décède à 54 ans, après avoir rédigé un testament en faveur de son fils unique, Pál.

Invraisemblances, enquêtes bâclées, contradictions, preuves inventées, falsifiées ou détruites : les historiens s'en tiennent toujours à une prudente réserve. On ne fait pas parler les sources sous la torture ! Certes. Mais l'absence de preuve n'est pas preuve de l'absence. L'affaire Báthory n'est pas née du cerveau malade d'un jésuite enragé contre une gent féminine réputée oisive, vicieuse, et donc assassine. Les minutes du procès ont été conservées ainsi que la correspondance de nombre de ceux qui l'ont initié et instruit, notamment l'empereur Mathias II et György Thurzó. De surcroît, toutes les conditions sociales, mentales, culturelles et matérielles, étaient réunies pour que la comtesse puisse donner libre cours, en toute impunité, à sa fureur sanglante. Quelques pintes de sang contre des flots d'hémoglobine, quelques dizaines de victimes contre quelques centaines : là est le débat, mathématique, science ô combien sujette aux équations insolubles et aux insondables mystères du zéro et de l'infini...

Joëlle Chevé

LE PORTRAIT DE LA VOISIN.
Source de tant de maux maudite creature
Qui par mille poisons destrusoit la Nature,
Si la parque en fillant tes detestables jours
A fait regner la Mort, en prolongeant leur cours,
Vn suplice effroyable et plein d'Ignominie
A sçeu trancher le fil de ton énorme vie.
Chasteau, ex. C.P.R.

Madame Voisin
La dévote empoisonneuse

(vers 1637-1680)

Comme le costume, le crime a ses modes : le règne de Louis XIV a vu l'essor des grandes perruques, des fontanges, de l'habit à la française... et celui du poison. C'est ainsi que le Roi-Soleil a eu pour exacte contemporaine l'empoisonneuse la plus célèbre de l'histoire de France : Catherine Deshayes, dite « la Voisin ».

Dans le courant de l'année 1680, on met en vente à Paris le portrait gravé d'une grosse femme à la mine résignée, que sa coiffe et sa robe désignent comme une fille du peuple. Rien de plus banal que cette figure, mais rien de plus extraordinaire que les figures qui l'encadrent : des serpents, un squelette grimaçant armé d'une faux, un dragon, une gorgone, une parque tenant son écheveau. L'auteur de cette estampe intitulée « Portrait de la Voisin » est un jeune homme d'une vingtaine d'années, Antoine Coypel, qui sera, trois décennies plus tard, le peintre favori du régent et l'artiste le plus célèbre de sa génération.

Les honneurs du portrait, dans la société d'Ancien Régime, sont le plus souvent réservés aux membres des classes supérieures. La Voisin s'est introduite dans ce cercle des privilégiés par des circonstances exceptionnelles : elle est tout simplement la plus grande criminelle du XVIIe siècle français.

La vie de Catherine Deshayes, épouse Monvoisin, dite « la Voisin » est l'histoire d'une ascension par le crime. Elle naît à Paris, en 1637 ou 1638, la même année que le futur Louis XIV. Vingt ans plus tard, elle apparaît dans les sources comme l'épouse d'un nommé Monvoisin, habitant au cœur de la capitale, dans une des maisons bâties sur le pont Marie, qui relie la rive droite à l'île Saint-Louis, quartier alors en plein essor. Le mari est bonnetier, la femme accoucheuse.

Mais les affaires vont mal, et Monvoisin perd sa boutique. Le couple s'en va loger au nord de la rive droite, dans une maison basse, rue Beauregard, au milieu d'une friche. Le lieu est nommé la Villeneuve-sur-Gravois : il s'agit d'une butte constituée d'immondices déposées là par les Parisiens depuis le Moyen Âge. Le quartier est réputé malsain, et les voisins se plaignent des odeurs. Le mari, ivrogne, bat sa femme, qui l'entretient tout en dispensant ses charmes ici et là. Elle compte parmi ses amants le bourreau de Paris, André Guillaume, un architecte nommé Fauchet, le cabaretier du voisinage, et les comtes de Cousserans et de Labatie.

Sous le nom d'accoucheuse, Catherine Monvoisin est en fait avorteuse – profession dangereuse mais lucrative dans une ville où les relations hors mariage sont fréquentes. Elle prétendra avoir procédé à plus de 2 500 avortements. Cette activité demeure évidemment clandestine. Les avortons sont enterrés dans le jardin ou brûlés dans un four dissimulé dans un arrière-cabinet.

La Voisin sort de l'anonymat dans les années 1660 en s'attachant, suivant ses propres termes, « à cultiver la science que Dieu lui a donnée ». Elle s'institue devineresse, pratique la chiromancie, la divination « sur physionomie » et tire des horoscopes. Elle se prétend dévote, et fait dire des « neuvaines », ces séries de messes célébrées pendant neuf journées consécutives. Sa réputation s'étend bientôt hors de la Villeneuve-sur-Gravois. Alors que commence le règne personnel de Louis XIV, l'accoucheuse, tout en attirant une clientèle de plus en plus huppée, se lie avec des personnages suspects : servantes renvoyées, prêtres en rupture de ban, gentilshommes ruinés. En 1664, elle est compromise dans une affaire de vol, et déjà connue comme diseuse de bonne aventure.

Peu à peu, la Voisin constitue un réseau dont elle est la figure charismatique, une officine qui se fait fort de satisfaire, par tous moyens idoines, les souhaits des clients argentés. On façonne des figures de cire à l'effigie de la personne aimée et on chauffe ces figures pour inspirer du sentiment à l'original. On jette des sorts. On compose des potions à base de crapaud. Pendant ses consultations, l'accoucheuse revêt une « robe d'empereur » en velours cramoisi semé d'aigles à deux têtes d'or, qui aurait coûté 15 000 livres.

Suivant un processus dont les étapes nous échappent, une machine infernale se met en place : des philtres d'amour on passe à des potions plus expéditives, et des conjurations qui ne sont que des « singeries pour des amourettes » on passe à des messes noires accompagnées de sacrifices humains. L'abbé Guibourg, prêtre complice de l'empoisonneuse, célèbre un rituel qui s'adresse non à Dieu, mais à Satan. Le déroulement du rite suit les séquences de la messe catholique et comporte la consécration d'une hostie, mais le diable prend la place du Christ, et les biens demandés à l'« empereur du monde » sont matériels et non spirituels. Car la Voisin est une bonne catholique qui croit au diable. Elle a une double personnalité : d'un côté, dévote paroissienne, et de l'autre, sans véritable contradiction, sorcière dont les rites sont le décalque inversé de ceux de la religion officielle.

Lors de son procès, la Voisin évoquera cet engrenage dans sa langue pittoresque : « L'on entend dans ces sortes d'exercices d'étranges choses, comme la demande de la mort d'un père, d'un mari, d'une femme ; et lorsque les galanteries n'allaient pas bien, il venait d'étranges choses dans l'esprit, et pour entrer dans l'esprit de ceux qui viennent chercher des gens qui regardent à la main, on fait toutes sortes de choses encore que l'on n'en eût point le dessein, et pour gagner de l'argent. » Veut-on se débarrasser d'un ou d'une rivale, en affaires ou en amour, hériter plus vite d'un parent à la santé trop solide ? La Voisin et ses complices offrent toutes sortes de services : invocations, cérémonies propitiatoires, mais aussi poisons indétectables à verser dans la soupe de la victime pressentie, « poudre blanche », lavements empoisonnés, gants empoisonnés, « chemises accommodées » enduites de substances mortelles.

La « spécialité » de l'officine est l'élimination des maris qui déplaisent à leur femme. En 1669, Jérôme Leféron, président au Parlement de Paris, boit une eau empoisonnée préparée par la Voisin, laissant sa veuve « toute gaie de ce que son mari était mort ». Après une querelle un peu vive, la Voisin entreprend même de faire boire un bouillon empoisonné à son propre mari... mais une servante, qui se méfie de sa patronne, fait manquer le coup.

Trafic, invocations, messes noires...

Le commerce de « Madame Voisin », comme l'appellent ses riches clientes, serait peut-être resté dans l'obscurité si l'empoisonneuse et son groupe n'avaient réussi à étendre leur influence jusqu'à la cour et jusqu'à l'entourage immédiat de Louis XIV. En 1667, la marquise de Montespan, alors dame du palais de la reine, fait appel aux services de la devineresse et de ses amis. Il s'agit d'obtenir, par magie, que le roi quitte sa première favorite, Mademoiselle de La Vallière, pour la marquise. La Voisin présente à la Montespan l'abbé Mariette et un marchand de laine nommé Lesage. Les deux hommes prononcent des invocations et célèbrent des messes noires à Paris et à Saint-Germain-en-Laye, où réside la cour. L'année suivante, Mariette est arrêté, mais la Voisin a déjà suffisamment de relations pour obtenir sa libération. Lesage, lui, est condamné aux galères ; sa libération intervient six ans plus tard, sans doute là encore grâce à une intervention haut placée. Entre-temps, Madame de Montespan, « triomphante beauté à montrer à tous les ambassadeurs » selon Madame de Sévigné, est devenue favorite en titre, sans doute davantage grâce à ses attraits physiques et à son esprit mordant que par l'effet des sortilèges de la magicienne. Elle va donner à Louis XIV plusieurs enfants, que ce dernier légitimera et comblera de titres et de fonctions honorifiques.

Cependant, les affaires de poison se multiplient à Paris et commencent à attirer l'attention du public comme celle du pouvoir. En 1672, un aventurier nommé Sainte-Croix meurt d'une mort sans doute naturelle. On découvre à son domicile des documents qui établissent qu'il se livrait à un trafic de « poudre de succession ». Les papiers révèlent aussi que le défunt a eu pour maîtresse Marie-Madeleine d'Aubray, marquise de Brinvilliers, fille du lieutenant civil du Châtelet de Paris – nous dirions aujourd'hui le président du tribunal d'instance. Pour rétablir sa fortune, Madame de Brinvilliers a successivement empoisonné son père, par petites doses successives, son frère aîné et son frère cadet. Découverte, la marquise s'enfuit en Angleterre puis aux Pays-Bas espagnols. Extradée en 1676, elle a été condamnée à la décapitation et son corps brûlé en place de Grève. Madame de Sévigné écrivit alors à sa fille : « Enfin c'en est fait, la Brinvilliers est en l'air : son pauvre petit corps a été jeté, après l'exécution, dans un fort grand feu, et ses cendres au vent, de sorte que nous la respirerons, et que par la communication des petits esprits, il nous prendra quelque humeur empoisonnante, dont nous serons tout étonnés. » Au cours de l'instruction de son procès, Madame de Brinvilliers a affirmé « qu'il y avait beaucoup de personnes engagées dans ce misérable commerce de poison, et de personnes de condition »...

Désormais, les autorités sont aux aguets. Durant l'été 1676, la police met la main sur deux aventuriers, une Mademoiselle de La Grange et un abbé Nail, accusés d'empoisonnement et de faux. Au cours de l'enquête, le lieutenant de police de Paris, La Reynie, met peu à peu au jour le réseau tentaculaire dont la Voisin occupe le centre.

Le 12 mars 1679, l'intéressée sort de la messe dominicale célébrée à Notre-Dame-de-Bonne-Nouvelle. Le commissaire de police Camuset et le lieutenant du chevalier du guet de Paris, François Desgrez, sont à la porte de l'église. Ils appréhendent l'empoisonneuse, mettent les scellés à sa maison et la conduisent au château de Vincennes, dont le donjon sert de prison royale. Catherine Monvoisin tombe, victime des bavardages d'une certaine Marie Bosse, arrêtée dans le cadre d'une affaire d'empoisonnement et de fausse monnaie. La Bosse, qui vit dans la misère, jalouse la réussite de la Voisin. Lors de son interrogatoire par La Reynie, elle l'accuse d'avoir fait fortune en fabriquant et vendant du poison.

Un tribunal extraordinaire

Le 7 avril suivant, au regard du grand nombre de personnes impliquées, Louis XIV ordonne la formation d'un tribunal extraordinaire chargé de juger ces crimes : cette Chambre royale est dite « Chambre de l'Arsenal » du nom de son siège, « Chambre ardente » ou encore « Chambre des poisons ». Louis Boucherat, conseiller d'État ordinaire, préside la juridiction ; les deux rapporteurs sont Bezons, conseiller d'État, et La Reynie, lieutenant général de police de Paris ; le procureur général est Robert, procureur du roi au Châtelet de Paris ; les autres juges sont des conseillers d'État ou des maîtres des requêtes. Le Parlement de Paris est tenu à l'écart, à la fois parce qu'il est suspect de complaisance pour certaines personnalités des grandes familles parisiennes dont les magistrats sont eux-mêmes issus, et aussi parce que l'affaire prend une tournure politique.

Durant leurs interrogatoires, la Voisin et ses complices mettent en cause, à tort ou à raison, des dizaines de personnes plus ou moins notables. Catherine Monvoisin prétend ainsi avoir entendu dire que le célèbre Racine avait empoisonné sa maîtresse, la comédienne Du Parc. Elle incrimine la comtesse de Soissons, la duchesse de Bouillon, la marquise d'Alluye, la comtesse du Roure, la comtesse de Polignac. Olympe Mancini, comtesse de Soissons, nièce de Mazarin mariée à un prince de la Maison de Savoie, a été surintendante de la Maison de la Reine. Après avoir été aimée de Louis XIV, elle aurait rendu visite à la devineresse, sans doute vers 1663 ou 1664, pour réclamer des sortilèges de façon à retrouver l'amour du roi. Elle demandait, rapporte Madame de Sévigné, « si elle ne pouvait point faire revenir un amant qui l'avait quittée. Cet amant était un grand prince, et on dit qu'elle dit que s'il ne revenait à elle, il s'en repentirait ; cela s'entend du roi, et tout est considérable sur un tel sujet, mais voyons la suite. Si elle a fait de plus grands crimes, elle n'en a pas parlé à ces gueuses-là ». Selon certaines sources, la comtesse de Soissons aurait exprimé le désir de se défaire du roi et de Mademoiselle de La Vallière, par sortilège ou autrement. Quant à Mesdames de Polignac, d'Alluye et du Roure, elles auraient demandé la mort de Mademoiselle de La Vallière à l'aide du poison... et celle de leurs maris respectifs ! La duchesse de Bouillon, autre nièce de Mazarin, demandait seulement la mort de son mari afin d'épouser le duc de Vendôme.

Ces accusations sont prises très au sérieux. La Reynie rend compte des procédures directement à Louvois, le ministre de la Guerre, qui est alors le conseiller favori de Louis XIV. Ce dernier informe à son tour le roi au jour le jour. Le 16 septembre, le ministre écrit au souverain : « La Voysin commence fort à parler. » Fin septembre, on apprend qu'elle a effectué plusieurs voyages à Saint-Germain-en-Laye, qui est alors la résidence favorite de la cour, et qu'elle a été en rapport avec Mademoiselle des Œillets, une suivante de Madame de Montespan. En octobre, les accusations de recours au sortilège et au poison atteignent le maréchal de Luxembourg, un des généraux alors les plus en vue, et le marquis de Feuquières, autre militaire de haute réputation.

Une partie de la cour impliquée

Louis XIV entend « avec horreur » la lecture des procès-verbaux d'interrogatoire de La Reynie et ordonne de réunir « toutes les preuves possibles contre les gens qui y sont nommés ». Le 27 décembre 1679, il réunit dans sa chambre de Saint-Germain Boucherat, Bezons, La Reynie et Robert. « Sa Majesté, rapporte La Reynie, nous a recommandé la justice et notre devoir en termes extrêmement forts et précis, en nous marquant qu'Elle désirait de nous, pour le bien public, que nous pénétrassions le plus avant qu'il nous serait possible dans le malheureux commerce du poison, afin d'en couper la racine, s'il était possible. Elle nous a recommandé de faire une justice exacte sans aucune distinction de personne, de condition et de sexe, et Sa Majesté nous l'a dit en des termes si clairs et si vifs, et en même temps avec tant de bonté, qu'il est impossible de douter de ses intentions à cet égard et de ne pas entendre avec quel esprit de justice Elle veut que cette recherche soit faite. »

Les audiences de la Chambre royale commencent en janvier 1680. Le 22 janvier, Boucherat fait savoir au roi que la juridiction a décrété l'arrestation des « personnes de considération » : le maréchal de Luxembourg, le marquis de Feuquières, le marquis de Saissac, la comtesse de Soissons et sa sœur la duchesse de Bouillon, la princesse de Tingry, sœur du maréchal de Luxembourg, la marquise d'Alluye et la comtesse du Roure.

Luxembourg se constitue de lui-même prisonnier. La comtesse de Soissons et son amie la marquise d'Alluye, sans doute averties au préalable, s'enfuient. Madame de Soissons, écrit Madame de Sévigné, « partit la nuit et dit qu'elle ne pouvait envisager la prison ni la honte d'être confrontée à des gueuses et à des coquines. La marquise d'Alluye est avec elle ; ils prennent le chemin de Namur ; on n'a pas dessein de les suivre. Il y a quelque chose d'assez naturel et d'assez noble à ce procédé ; pour moi, je l'approuve. On dit cependant que les choses dont elle est accusée ne sont que de pures sottises, qu'elle a redites mille fois, comme on fait toujours quand on revient de chez ces sorcières ou soi-disantes ».

La duchesse de Bouillon, sœur de la comtesse de Soissons, comparaît, elle, devant la Chambre des poisons. La Reynie aurait demandé à la nièce de Mazarin si elle avait vu le diable. Selon Voltaire, elle aurait répondu insolemment qu'elle le voyait à cet instant même, « qu'il était fort laid et fort vilain et qu'il était déguisé en conseiller d'État ». « Si on ne trouve rien de plus, observait Madame de Sévigné, voilà de grands scandales qu'on aurait pu épargner à des personnes de cette qualité. » Quant à la maréchale de La Ferté, qui passe pour avoir accompagné la comtesse de Soissons chez les devineresses, « cette affaire, persifle Madame de Sévigné, lui donne un plaisir qu'elle n'a pas ordinairement ; c'est d'entendre dire qu'elle est innocente ». L'épistolière balance entre deux sentiments : d'un côté, le plaisir de colporter des ragots et des bons mots, et de l'autre, la crainte de voir le scandale éclabousser son milieu, ce monde des hôtels particuliers où la Voisin et ses pareils n'auraient pas dû avoir accès.

Certains suspects se mettent à la disposition de la justice, d'autres prennent le large. Tous ne sont pas arrêtés. Dans une lettre à La Reynie datée du 3 février 1680, Louvois parle d'une haute personnalité dont le sort est encore en suspens : « À l'égard de la personne à laquelle l'usage du poison n'est pas inconnu, et que vous croyez qu'il est dangereux de laisser à la cour, le roi a jugé à propos de vous entretenir sur cette affaire et désire, pour cet effet, que vous vous rendiez ici, le jour de la semaine où nous allons entrer qui vous sera le plus commode ; il faut que ce soit avant 9 heures du matin, et en vous montrant à la porte du cabinet du roi, lorsqu'il y entrera après avoir prié Dieu, Sa Majesté vous fera entrer et vous entretiendra sur cette affaire. » Peut-être s'agit-il de Madame de Montespan.

Louis XIV fait d'abord connaître son intention de ne pas étouffer le scandale. Le 4 février, Louvois prévient Boucherat :

« Le roi vous a chargé d'expliquer à la Chambre que son intention était qu'elle continuât les procédures nécessaires pour la punition des coupables de poison et qu'elle agît en toute liberté contre tous ceux qui se trouveraient convaincus d'un crime si énorme. Depuis, Sa Majesté ayant été informée des discours qui se sont tenus à Paris à l'occasion des décrets donnés depuis quelques jours par la Chambre, Elle m'a commandé de vous faire savoir qu'Elle désire que vous assuriez les juges de sa protection et que vous leur fassiez connaître qu'Elle s'attend qu'ils continueront à rendre la justice avec la même fermeté qu'ils ont commencé, sans s'en laisser détourner par quelque considération que ce puisse être. »

Le 17 février 1680, la Voisin comparaît devant la Chambre de l'Arsenal. Deux jours plus tard, elle est condamnée à être brûlée vive après avoir subi la question et fait amende honorable. Le procureur général requiert également qu'elle ait la langue percée et le poing coupé, mais n'est pas suivi par les autres magistrats. L'interrogatoire consécutif à la « question » a lieu le 19, à une heure de l'après-midi, mais l'empoisonneuse reste muette en ce qui concerne Madame de Montespan. Le 22 février, elle est transférée du donjon de Vincennes à la Bastille. L'exécution a lieu le jour même, sur la place de Grève. Madame de Sévigné la raconte à sa fille le lendemain : « Je ne vous parlerai que de Madame Voisin ; ce ne fut point mercredi, comme je vous l'avais dit, qu'elle fut brûlée, ce ne fut qu'hier. Elle savait son arrêt dès lundi, chose fort extraordinaire. Le soir elle dit à ses gardes : "Quoi ? Nous ne faisons pas médianoche [souper pris après minuit, pour marquer le passage d'un jour maigre à un jour gras] ?" Elle mangea avec eux à minuit, par fantaisie, car ce n'était point jour maigre ; elle but beaucoup de vin, elle chanta vingt chansons à boire. À 5 heures on la lia ; et, avec une torche à la main, elle parut dans le tombereau, habillée de blanc : c'est une sorte d'habit pour être brûlée. Elle était fort rouge, et on voyait qu'elle repoussait le confesseur et le crucifix avec violence. À

Notre-Dame, elle ne voulut jamais prononcer l'amende honorable, et devant l'Hôtel-de-Ville elle se défendit autant qu'elle put pour sortir du tombereau : on l'en tira de force, on la mit sur le bûcher, assise et liée avec du fer. On la couvrit de paille. Elle jura beaucoup. Elle repoussa la paille cinq ou six fois ; mais enfin le feu augmenta, et on l'a perdue de vue, et ses cendres sont en l'air actuellement. Voilà la mort de Madame Voisin, célèbre par ses crimes et son impiété. »

En mai, le maréchal de Luxembourg est relâché sans être absolument mis hors de cause. Un ordre du roi l'envoie se faire oublier dans ses terres pour quelque temps. « On dit, raille Madame de Sévigné, que notre pauvre frère [Luxembourg] n'est pas du tout si blanc qu'un cygne, que ces Messieurs qui sont allés à Marseille [les coupables condamnés aux galères] ont dit beaucoup de choses. Monsieur Boucherat a dit : "Nous ne jugeons que sur des preuves, mais il ne faut au roi que des indices." » Le maréchal ne reparut à la cour qu'un an plus tard et ne reprit du service qu'au début de la guerre de la Ligue d'Augsbourg.

À l'été 1680, la fille de la Voisin, Marie-Marguerite, parle à son tour. Ses révélations atteignent directement Madame de Montespan. La favorite aurait fait absorber des philtres d'amour à son royal amant. Elle aurait fait dire des messes noires pour conserver les « bonnes grâces » de Louis XIV et pour obtenir la mort ou la disgrâce de ses maîtresses, Mademoiselle de La Vallière, bien entendu, mais aussi, plus récemment, Mademoiselle de Fontanges. Il était également question de se débarrasser de cette dernière à l'aide de gants empoisonnés, voire de s'en prendre au monarque lui-même.

La fille Voisin avoue bientôt que les rites pratiqués dans l'officine de sa mère ont inclus des sacrifices de jeunes enfants. Vers la fin de 1676 ou au début de 1677, à trois reprises, l'abbé Guibourg aurait dit une messe noire sur le ventre de Madame de Montespan. À chaque fois, l'officiant invoquait Astaroth et Asmodée, « princes de l'Amitié ou de l'Amour », et leur sacrifiait un nouveau-né, dont le sang était versé dans un calice et le cœur et les entrailles présentés en oblation. L'invocation récitée par l'abbé au nom de la marquise était la suivante : « Astaroth, Asmodée, prince de l'Amitié, je vous conjure d'accepter le sacrifice que je vous présente de cet enfant pour les choses que je vous demande, qui sont l'amitié du roi, de Mgr le dauphin, me soient continuées et être honorée des princes et princesses de la cour, que rien ne me soit dénié de tout ce que je demanderai pour au roi tant pour mes parents que serviteurs. » Les restes humains et ceux de l'hostie étaient ensuite conservés pour servir à préparer les philtres que Louis XIV était censé absorber.

Un détail autoriserait cependant à disculper l'ancienne favorite : la femme sur le ventre de qui les messes noires ont été dites était masquée et les officiants n'ont pas vu son visage. Les derniers historiens à s'être penchés sur le dossier pensent qu'il pourrait s'agir de Mademoiselle des Œillets, qui elle aussi était entrée dans le lit du roi.

Le Roi-Soleil préfère tout arrêter

Le 30 septembre 1680, Louis XIV fait suspendre les travaux de la Chambre royale, le temps de faire disparaître des procès-verbaux d'interrogatoire les « faits particuliers » ou « faits réservés », c'est-à-dire tout ce qui peut mettre en cause la mère de ses enfants naturels. Le tribunal ne recommence à siéger que sept mois plus tard, le 19 mai 1681, et poursuit ses audiences jusqu'à sa dissolution le 21 juillet 1682. Ses membres se disent alors heureux de n'avoir plus à entendre parler tous les jours « de ces matières abominables », comme le dit le marquis de Sourches. Le même mois, un édit « pour la punition des empoisonneurs, devins et autres » vient condamner non seulement « tous ceux qui usent de maléfices et de poisons », mais aussi « ceux qui, sous la vaine profession de devins, magiciens, sorciers et autres noms semblables, condamnés par les lois divines et humaines, infectent et corrompent l'esprit des peuples ». La tentative ou la complicité d'empoisonnement et la fabrication de poisons sont punies de mort. L'édit réglemente également le commerce des substances toxiques, désormais réservé à quelques professions et soumis à inscription dans un registre.

Durant les trois années de son activité, la Chambre des poisons a inculpé 442 personnes, rendu 319 décrets de prise de corps, prononcé 104 jugements dont 36 condamnations à mort, 5 aux galères perpétuelles et 23 au bannissement. Pour éviter le scandale, les accusés mêlés aux « faits particuliers » ne sont pas jugés mais incarcérés à vie dans différentes forteresses sur les frontières du royaume. La fille Voisin est déportée à Belle-Île, l'abbé Guibourg enfermé dans la citadelle de Besançon. La dernière survivante de l'affaire des poisons sera Anne Guesdon, une femme de chambre de Madame de Brinvilliers, qui meurt à Villefranche en 1717, âgée de 76 ans.

Dans la vie personnelle de Louis XIV, l'affaire marque une étape d'une importance fondamentale. À la lumière des documents rassemblés par La Reynie et par la Chambre des poisons, vingt ans de sa vie galante lui apparaissent soudain sous un jour nouveau. La « triomphante beauté » qui lui a donné plusieurs enfants lui a fait avaler de la poudre de crapaud et autres répugnantes mixtures, a participé à des rites sacrilèges, et a peut-être participé à des infanticides. Pour le roi très chrétien, qui doit montrer l'exemple à son peuple, il s'agit d'un désastre. Par l'existence trop libre qu'il a menée, le souverain endosse une part de responsabilité dans les désordres survenus autour de lui.

La faveur de Madame de Montespan, déjà déclinante, ne se relèvera pas de ces révélations. Toujours pour éviter les rumeurs, elle est peu à peu mise à l'écart, insensiblement, tandis que la pieuse et discrète Madame de Maintenon prend sa place auprès d'un monarque désormais adepte d'une vie de famille édifiante.

Après une dizaine d'années de sourdes humiliations, Madame de Montespan se résignera à quitter la cour.

Louis XIV n'eut peut-être jamais le fin mot de l'affaire des poisons. Il fit aussi en sorte que l'enquête ne pût être reprise après lui : le 13 juillet 1709, un mois après la mort de La Reynie, un arrêt du Conseil ordonne la destruction des archives de la Chambre de l'Arsenal. Les détails de la procédure ne nous sont connus que par des copies que le lieutenant de police avait fait exécuter... et dont le roi ignorait l'existence. La même année, la butte de la Villeneuve-sur-Gravois fut arasée, afin de donner du travail aux miséreux. Le quartier lui-même prit au XIXe siècle le nom de Bonne-Nouvelle.

Ainsi il ne reste aucune trace du monde où vécut « Madame Voisin ».

THIERRY SARMANT

Landru
Le « Barbe-Bleue de Gambais »

(1869-1922)

Séducteur, petit escroc, grand criminel : Landru était tout cela à la fois. Un visage reconnaissable entre tous avec sa barbe noire et son chapeau melon qui incarne celui du premier tueur en série français du XXe siècle. Le « Barbe-Bleue de Gambais », surnom le plus connu pour un homme aux identités multiples, a séduit et tué une dizaine de femmes pendant la Première Guerre mondiale. Retour sur un destin criminel et un procès qui a subjugué le Tout-Paris.

C'est la banalité du mâl(e) mis en scène. Un spectacle digne d'un caf'conc' au moment où le rideau final tombe sur la Belle Époque agonisante. Le « Barbe-Bleue de Gambais » ou « l'escamoteur de femmes » : des titres idéaux pour une opérette donnée sur les Grands Boulevards où le bourgeois irait prendre quelques délassements et son épouse trouver des frissons. Une pièce où les accessoires (malles, carnets, cuisinière...) sont les personnages principaux qui dévoilent autant d'éléments qu'ils ne recèlent de mystères. Un vaudeville avec un parfait époux et un père aimant qui assume son devoir et cache 283 rencontres féminines en quatre ans parmi lesquelles une chanteuse dont il tombe amoureux. Une représentation judiciaire avec des ténors du barreau, des boutades à la barre, un public hilare rassemblant le Tout-Paris et s'arrachant les places au marché noir. La presse en fait ses gros titres et donne un compte rendu feuilletonesque des audiences. Il s'agit pourtant de l'histoire de la disparition de dix femmes et d'un jeune homme. Ont-ils pris la fuite ? Sont-ils partis en fumée ? On n'a retrouvé aucun corps mais derrière la villa de la petite commune de Gambais en Seine-et-Oise, où la plupart ont été vus pour la dernière fois, on découvre un tas de cendres. 1 500 grammes de débris d'os et de dents d'origine humaine dont 996 grammes provenant de crânes, 187 os de quatre cadavres ont été identifiés – ceux de trois crânes, six mains et cinq pieds.

Pas une trace de sang dans la sombre maison où les crimes auraient été commis mais d'épaisses volutes de fumée noire crachées été comme hiver par la cheminée avec des relents nauséabonds : « ça pue comme le père Thibaud ! » pestent les voisins qui se souviennent du vieillard mort un soir consumé dans sa cheminée en s'endormant devant elle. La cause de la pestilence n'est cette fois pas due à l'intempérance d'un géronte mais à la débauche d'un homme de près de 50 ans surnommé « l'homme mystère », qui se cache derrière une épaisse barbe et sous un chapeau melon. On ne sait presque rien de ce monsieur Dupont qui loue la villa L'Ermitage de monsieur Tric à l'entrée de Gambais. Il ne l'habite que par intermittence et ferme presque toujours ses volets. Quant à sa porte, après s'être fait livrer une cuisinière et une grande quantité de charbon, il la tiendra close. Les villageois la voient pourtant régulièrement s'ouvrir sur le couple qu'il forme à chaque fois avec une femme différente. Elles ne l'accompagnent plus lorsqu'il refranchit le seuil. On l'aperçoit parfois partir se promener en solitaire dans la forêt voisine.

Un nuage de fumée noire enveloppe ses agissements : celui de la cheminée qui exhale sa fétide haleine et celui du train qui le conduit à Gambais en galante compagnie pour le ramener ensuite seul à Paris. C'est là qu'il commence son existence aux nombreuses zones d'ombre le 12 avril 1869 à Belleville.

Petit bourgeois, petit escroc, petites annonces…

Le héros de cette histoire n'a pourtant rien d'exceptionnel. Henri Désiré Landru naît dans une famille modeste. Un père chauffeur dans une fonderie, une mère couturière et un deuxième prénom qui laisse présager l'amour et l'affection dont il sera entouré. Ses premières années sont heureuses sur l'île Saint-Louis où ses parents ont emménagé. Le garçon, doux et appliqué, est enfant de chœur et deviendra sous-diacre. Il n'entrera pas au séminaire mais dans un cabinet d'architecte en tant que commis. On lui donnerait le bon Dieu sans confession mais il a le diable au corps. Ambitieux, il séduit d'un mensonge sa cousine et voisine la blanchisseuse Marie-Catherine Rémy, la première à succomber à ses avances. Elle ne tarde pas à tomber enceinte, et il l'épouse au retour du service militaire. Henri Désiré est un mari modèle, prévenant. Il ne fume pas, ni ne boit. Le couple, qui aura trois autres enfants, mène une existence petite-bourgeoise.

C'est tout le drame de celui qui met pourtant un point d'honneur à être un chef de famille exemplaire : nourrir de grandes aspirations qui se heurtent aux parois exiguës de sa pauvre vie. Toujours à la recherche d'argent et de reconnaissance, il brûle d'une énergie qui sous-tend des activités brouillonnes et un véritable « délire ambulatoire » : de 1893 à 1900, il exerce une dizaine de métiers (comptable, manufacturier, entrepreneur de travaux, fabricant de cycles avec le dépôt d'un brevet pour une motocyclette qui porte son nom : la Landru, sans succès) et change huit fois de domicile.

L'instabilité professionnelle et géographique se triple-t-elle d'une instabilité mentale ? Il n'en laisse en tous les cas rien paraître, toujours aussi courtois et « bien-mis ». Une constante émerge pourtant : sa virtuosité pour mentir et ses rapports avec la justice. Si les habits du petit-bourgeois lui sont étroits, il est parfaitement à l'aise dans ceux de l'apprenti escroc. En 1900, il se lance dans cette carrière, la seule pour laquelle il démontrera une indéniable ténacité. Jusqu'en 1914, il écope de sept condamnations à des amendes et des peines de prison variées passant la moitié de son temps derrière les barreaux et l'autre à déménager pour échapper aux conséquences de ses activités illicites. Faux certificats de travail, faux en écriture, arnaques au cautionnement, sa technique s'affine et ses fausses identités prolifèrent. Au cours de son existence, il emploiera quatre-vingt-dix pseudonymes accompagnés le plus souvent d'un titre : architecte, industriel, ingénieur ou consul sont accolés aux patronymes de Guillet, Frémyet, Diard ou encore Morel.

C'est sous ce dernier nom qu'il se cache pour mener à bien une escroquerie dans laquelle il deviendra virtuose : celle au mariage. Paul Morel publie ainsi en 1909 une annonce matrimoniale dans *L'Écho du Nord* à laquelle répond Jeanne Izoret. Après s'être fait remettre les économies de sa fiancée en vue de la préparation du contrat devant sceller leur union, il disparaît. Pour l'instant, aucune pulsion criminelle ne vient se mêler à sa démangeaison vénale. Rattrapé par la justice, il fera encore quelques séjours en prison, mais son acharnement à mener à bien sa carrière d'escroc ne rencontre que peu de freins. Le 20 juillet 1914 cependant, la justice prononce une nouvelle condamnation par défaut à quatre ans de prison pour escroquerie au cautionnement. Elle est cette fois assortie à la relégation au bagne de Guyane. Mais le premier conflit mondial éclate deux semaines plus tard, préservant la liberté de Landru qui sera désormais totale dans un pays mobilisé à tout autre chose. « Que ceux qui déjà m'en veulent se représentent ce que fut la guerre pour tant de très jeunes garçons, écrit Raymond Radiguet dans *Le Diable au Corps* : quatre ans de grandes vacances. » C'est aussi le cas pour le quadragénaire Landru. De petit escroc, il peut devenir grand criminel.

... Et grands mensonges

De 1914 à 1919, il arpente la capitale pour pratiquer son nouveau métier : vendeur de meubles. Il disparaît de plus en plus régulièrement du domicile conjugal, 22 rue de Châteaudun, revenant toutefois avec de l'argent, ce qui suffit à étouffer la curiosité de sa femme et de ses enfants sur lesquels il exerce sa toute-puissance de chef de famille. Il travaille beaucoup – trop même ! – pour subvenir à leurs besoins et il n'a ainsi nul besoin de fournir d'explications, le témoignage numéraire de ses activités suffisant à tout justifier. Il a une camionnette pour les déménagements et loue un garage à Clichy pour y entreposer la marchandise. On le voit passer d'immeuble en immeuble pour s'entretenir avec les concierges et débarrasser des logements qui ne sont plus habités. Il ressemble « à un monsieur, nous dit Jules Romains qui l'a croisé alors qu'il tenait un garage à Malakoff avant la guerre, à un pharmacien diplômé, un docteur, un homme de loi ».

Si Landru n'a exercé aucune de ces professions et échoué à assouvir ses rêves de réussite dans la mécanique et l'ingénierie, il excelle dans le commerce... des femmes. Son étude de marché est minutieuse, la sélection des clientes méticuleuse et sa campagne publicitaire parfaitement rodée pour le produit qu'il connaît le mieux : lui-même. La concurrence est en outre bien peu menaçante. Paris à cette époque est vide d'hommes. Seules quelques taches bleu horizon claudiquent parfois sur les trottoirs ou y déambulent d'un air martial, à peine descendues d'un train gare du Nord ou sur le point d'en prendre un autre gare de l'Est.

Leur brusquerie et leur empressement avec la gent féminine tranchent avec la prévenance et la placidité d'un monsieur Frémyet, Guillet ou Dupont, préférant la sobriété imposée par les rubriques matrimoniales pour exprimer avec pudeur ce qui sera ensuite développé avec éloquence dans de plus longues missives : « M. 45 ans, seul, s. famille, situation 4000 ay. inter. désire épous. dame âge situation, rapport. C.T. 45 Jal. »,

« Monsieur sérieux, sans famille, ayant petit capital, désire épouser veuve ou femme incomprise. » C'est exactement ce que cherchent de nombreuses dames esseulées parcourant chaque jour les annonces du *Petit Parisien* : un homme sérieux ayant du capital, même modeste, bien sous tous rapports et désirant épouser une veuve ou une célibataire partageant la même situation. Il sait trouver les mots justes lors des échanges épistolaires « pour mieux se connaître ». Comme lui, ses futures conquêtes aspirent à « un amour véritable, des sentiments qui pourront assurer un bonheur durable ». Elles se reconnaissent dans le portrait qu'il brosse de la bien-aimée tant désirée. Pas une banale épouse, « une femme de cœur, bonne ménagère, femme d'intérieure, véritablement digne de ce nom, apportant une affection sincère, une charmante camaraderie en même temps qu'une jolie tendresse ». Comment ne pas s'émouvoir face à tant de sincérité et de douceur puisées au seul modèle qui vaille la peine d'être suivi, le maternel ? Car il surmonte sa pudeur pour leur confier qu'il a « vécu avec une mère au cœur tendre qui a, [croit-il], façonné le [sien] à sa sensibilité ». Il manie admirablement le verbe sous toutes ses formes et l'épreuve écrite remportée haut la main, il passe avec brio l'épreuve orale lors de la première rencontre, généralement dans le jardin du Luxembourg. Il sait prendre les accents les plus touchants pour rappeler aux femmes avec lesquelles il s'entretient que bien que n'étant pas sur le front, il a éprouvé lui aussi les affres de la guerre en tant qu'entrepreneur des régions occupées. Il a tout perdu, si ce n'est un peu de biens, mais préservé l'essentiel, son honneur. Elles lui cèdent bientôt les deux.

Une mâle assurance

Elles ont toutes un faible pour les hommes à barbe. Et la sienne est sûrement la plus belle qu'elles ont jamais vue. Drue et parfaitement taillée d'un noir de jais. Sans cet attribut, ses traits auraient manqué de cette mâle assurance qui les séduit lors de cette première rencontre. Mais le pâle visage aurait conservé tout son mystère. Grâce à ses sourcils circonflexes tracés haut sur un front dégarni ? Ou à ses pommettes saillantes soutenant des yeux noirs ? « S'il abaisse à demi les paupières, écrira Colette, le regard prendra cette langueur, ce dédain insondable qu'on voit aux fauves encagés. » À moins que ce ne soit ses lèvres charnues dominées par un nez pointant entre les deux masses sombres dialoguant dans cette face étrange, simiesque : le galbe du chapon melon et celui de la barbe.

Si elles n'ont bientôt d'yeux que pour lui, les siens les ont scrutées avec attention. Landru n'a pas que l'aspect du rond-de-cuir, il en a la manie. Ce sont de véritables fichiers qu'il établit, notant détails physiques, particularités, situation personnelle. Ils lui permettront de porter son choix sur celles qui correspondent le plus aux critères qu'il s'est fixés et dont les deux principaux, pour ne pas dire primordiaux, sont : avoir assez de revenus et le moins d'attaches familiales. Il privilégie ainsi les célibataires, les divorcées ou les veuves. Les risques sont sérieusement pesés et l'évaluation des comptes savamment menée pour effectuer une rude sélection. Sur les 283 femmes rencontrées, il ne tissera sa toile qu'autour de dix d'entre elles, les invitant dans son pavillon de campagne à Vernouillet d'abord, puis dans celui de Gambais. Le couple naissant y file le parfait amour, bercé de projets de mariage. Landru fait signer à ses fiancées des procurations, se fait remettre leurs titres, déménage leurs meubles en prévision de leur future installation commune. Elles préviennent leurs proches de leur départ pour une villégiature où elles pourront enfin jouir du bonheur promis. L'amant tendre et passionné leur fait alors une ultime proposition... un séjour à Gambais. Au guichetier de la gare de Garancières qui lui demande combien il veut de billets, il répond à chaque fois : « Deux allers et un retour. »

« La guerre se termine trop tôt pour moi, Fernande ! »

Landru rumine alors que Paris exulte à l'annonce de l'armistice et se remplit à nouveau d'hommes. Il déserte souvent le domicile conjugal, n'y rentrant que pour raffermir son autorité paternelle et faire profiter sa famille de ses nouvelles activités de brocanteur. C'est auprès de Fernande Segret, rencontrée en 1917 dans le tramway, que l'homme aux près de cent identités différentes, mène une double vie. Il l'aime et la couvre autant de cadeaux que d'attention. Mais Landru en a manqué concernant deux anciennes maîtresses et la guerre terminée, il fera l'objet de celle accrue des autorités. À la fin de 1918, le maire de Gambais est sollicité par une certaine madame Pellat. Dans sa lettre, elle lui demande des nouvelles de son amie Anne Collomb dont le fiancé, installé dans sa commune, s'appelle monsieur Frémyet. L'édile ne connaît pas cette femme et n'a aucun administré de ce nom. Mais alors qu'il allait mettre cette requête sur le compte d'une erreur, il repense à une autre missive reçue en octobre 1917 et dont la similitude est frappante. Mademoiselle Lacoste demandait cette fois des nouvelles de sa sœur Célestine Buisson, veuve, qui aurait rejoint à Gambais son futur nouvel époux, un certain monsieur Frémyet. Elle ne donne malheureusement plus signe de vie. L'année de l'offensive du Chemin des Dames, ce sont les disparitions par milliers des poilus qui suscitent l'inquiétude et le maire n'avait pas donné suite. Il décide cette fois de mettre les familles en contact. Elles se rendent vite compte que les deux disparues ont répondu à la même annonce parue dans *Le Petit Journal* et qu'elles cherchent le même homme. Si son nom ne figure pas sur les registres d'État civil de Gambais, sa description, celle d'un homme chauve et barbu, correspond à l'occupant par intermittence de la villa L'Ermitage, désormais fermée. Une plainte est déposée, l'engrenage policier et judiciaire est lancé et ne s'arrêtera plus.

Les voisins sont catégoriques. Dans cette bâtisse isolée à l'entrée du village, il se passe des choses aussi étranges que son locataire. On ne peut en dire bien plus sur les agissements de « l'homme mystère », mais arriver accompagné et repartir seul a de quoi éveiller des soupçons. Et puis, cette odeur écœurante qui s'échappe de la cheminée et empeste les environs… Pourquoi se chauffer au charbon quand tout le monde ici se chauffe au bois ?

Beaucoup de questions et aucune preuve formelle. L'affaire Landru débute comme elle se terminera. Pour dissiper ce nuage de fumée qui l'entoure, la justice la confie à ses plus tenaces limiers, les hommes de la première brigade mobile de police, la fameuse brigade du tigre. Un homme en particulier, l'inspecteur Jules Belin, assisté de son adjoint Braunberger et du brigadier Riboulet. Mais loin d'avancer à petits pas dans leurs recherches, ils piétinent tout simplement. Landru ne se rend plus à la maison de Gambais, passant le plus clair de son temps à Paris, chez sa maîtresse, Fernande Segret. La fin de la guerre le rend nerveux et anxieux. Le retour à la normale ne risque-t-il pas de rendre la police plus attentive ? Pour l'instant, elle bute sur les témoignages des concierges des immeubles où ont vécu pour la dernière fois les disparues. Ils n'apportent aucune information digne d'intérêt.

La trace de l'inconnu aux multiples identités et aux nombreuses fiancées semble perdue lorsqu'un hasard fait sortir l'enquête de l'inspecteur Belin de l'impasse. Début avril 1919, une amie de la veuve Buisson appelle la police après avoir reconnu Frémyet franchissant la porte d'un magasin parisien de faïence au bras d'une jeune femme. Le barbu qui a donné son adresse au vendeur pour se faire livrer un service de table est un certain Lucien Guillet résidant au 76 rue Rochechouart. Le 12 avril à 6 heures du matin – heure légale pour procéder à une perquisition – et après une nuit passée sur le palier pour s'assurer que le suspect ne prendra pas la fuite, Jules Belin frappe à la porte.

Celui qui passera à l'Histoire comme l'un des plus grands tueurs en série français n'échappe pas au destin petit-bourgeois qu'il rêvait pourtant de fuir : son arrestation ressemble à un banal constat d'adultère. Il ouvre en pyjama, ayant à ses côtés sa maîtresse Fernande Segret qui partage avec lui ce domicile.

« Un mur de la vie privée » infranchissable ?

Conduit au siège des brigades du tigre, celui qui n'est pour l'instant suspecté que d'escroquerie et d'abus de confiance ne lâche rien, à commencer par sa véritable identité. La fouille de Lucien Guillet, dit Dupont, dit Frémyet, ne donne rien, si ce n'est deux petits carnets trouvés dans la poche de son pantalon et la doublure de son veston. Belin retourne alors rue de Rochechouart et y trouve une quittance de loyer pour un garage à Clichy au nom de Landru. La police ne vient pas seulement de découvrir le véritable nom de « l'homme mystère », elle met également la main sur une malle beaucoup plus coopérante que son propriétaire. Celle-ci recèle en effet ses « archives » : un amoncellement disparate de vêtements et de dessous féminins, de perruques, et même un dentier et un râtelier. Mais il y a surtout une série de dossiers méticuleusement constitués et classés avec des documents d'identité et des annotations, citant pour certains des noms. Les éléments qui s'accumulent ébrèchent « le mur de la vie privée » derrière lequel Landru se retranche pour justifier son mutisme.

Les objets passeront aux aveux pour lui. La cuisinière de sa villa d'abord, abritant des cendres de débris humains. Ces billets de train ensuite, toujours deux allers et un retour. Ses carnets surtout. Le premier comporte une liste détaillée de sa comptabilité. On y retrouve consignées des ventes de tapis ou de bureaux, mais aussi d'étranges achats comme les quatre-vingt-quatre scies à bûches ou circulaires acquises entre 1916 et 1918. Le deuxième est un agenda qui répertorie ses rencontres qui pouvaient aller jusqu'à près de six par jour à différents endroits de Paris. Mais c'est l'inscription de onze mots sur une des pages qui attire surtout l'attention : « Cuchet, J. idem, Brésil, Crozatier, Havre, Buisson, Collomb, Babelay, Jaume, Pascal, Marchadier. » En recoupant les archives de Landru et les témoignages qui affluent, grâce au formidable écho donné à l'affaire par la presse, une liste de onze victimes est dressée :

– Jeanne-Marie Cuchet, lingère, veuve de 39 ans, disparue à Vernouillet avec son fils André de 17 ans en février 1915 ;

– Thérèse Laborde-Line, 47 ans, divorcée, disparue à Vernouillet en juin 1915 ;

– Marie-Angélique Guillin, 48 ans, ancienne gouvernante, disparue à Vernouillet en août 1915 ;

– Berthe-Anna Héon, femme de ménage de 55 ans, disparue à Gambais en décembre 1915 ;

– Anne Collomb, veuve de 44 ans, disparue à Gambais en décembre 1916 ;

– Andrée-Anne Babelay, domestique de 19 ans, disparue à Gambais en avril 1917 ;

– Célestine Buisson, veuve de 44 ans, femme de ménage, disparue à Gambais en septembre 1917 ;

– Louise-Joséphine Jaume, 38 ans, en instance de divorce, disparue à Gambais en novembre 1917 ;

– Anne-Marie Pascal, 38 ans, divorcée, disparue à Gambais en avril 1918 ;

– Marie-Thérèse Marchadier, 38 ans, ancienne prostituée, disparue à Gambais en janvier 1919.

Landru, incarcéré, est inculpé pour assassinats. L'instruction aura duré deux ans et demi pour constituer un dossier de 5000 pièces. Le procès s'ouvre le 7 novembre 1921 devant la cour d'assises de Seine-et-Oise siégeant à Versailles.

Des feux d'une cuisinière aux feux de la rampe

Le train de 11 h 40. Celui qui part de la gare des Invalides pour Versailles. Celui qu'il ne faut pas manquer pour assister aux audiences, à moins que ce ne soient des représentations. Le Tout-Paris prend d'assaut ses premières classes. On y croise Mistinguett et Maurice Chevalier, Rudyard Kipling et Colette, le prince héritier de Perse et l'ambassadeur de Chine. Les grands de ce monde ou les petites gens anonymes. Tous sont curieux, veulent voir et être vus au procès-spectacle Landru. Ses meilleures places se vendent 50 francs au marché noir. Et inutile de promettre de rembourser les déçus, il n'y en a pas tant les répliques sont interprétées avec brio par des acteurs éloquents : le président de la cour maître Gilbert, l'avocat général maître Godefroy, mais surtout maître Moro-Giafferi, avocat de la défense possédant des « qualités théâtrales », selon le journaliste Henri Béraud qui suit le procès et décrit « un artiste de la parole ». Son client n'a rien à lui envier, qui la manie aussi bien, si ce n'est mieux. Ses saillies sont redoutables : « Moi ? J'ai fait disparaître quelqu'un ? Eh bien, ça alors ! Si vous croyez ce que racontent les journaux ! » ou encore « Si les femmes que j'ai connues ont quelque chose à me reprocher, elles n'ont qu'à déposer plainte ! » Il ne se déstabilise jamais ni devant les témoins, ni devant le bric-à-brac de reliques et d'accessoires féminins déballés devant le jury. C'est même le président qui perd son calme face à l'hilarité du public et menace si cela continue de « demander à chacun de rentrer chez soi ! ». La réponse de Landru fuse : « Pour mon compte, monsieur le Président, ce n'est pas de refus. »

Sa ligne de défense est implacable. Oui, il a escroqué mais il n'a jamais tué, d'ailleurs, comme il le demande à la cour : « Montrez-moi les cadavres ! » Il n'y en a pas mais le procureur est persuadé que l'accusé, après avoir étranglé ses victimes, les découpait à l'aide d'une scie. Les croyances populaires vont bon train en l'absence d'éléments concrets. Le bois et le lac voisins sont un cadre idéal pour y développer de macabres hypothèses : le tronc et les membres des femmes assassinées pourraient très bien y avoir été enterrés ou jetés, tandis que les têtes, les pieds et les mains finissaient dans son fourneau. Les fouilles effectuées ne permettront ni d'infirmer ni de confirmer ces théories. On a beau cuisiner Landru, il continue à nier. Le doute plane. Lorsque maître Moro-Giafferi assure qu'une des victimes a été retrouvée et s'apprête à franchir la porte, tous les regards se tournent : « C'est la démonstration que nul n'est certain de la culpabilité de mon client ! triomphe-t-il. – Seul Landru n'a pas tourné la tête, rétorque immédiatement l'avocat général. »

Et sa tête tombera le 25 février 1922 à la prison Saint-Pierre de Versailles. Le 30 novembre 1921, les jurés à l'unanimité lui avaient donné rendez-vous avec « la Veuve » – lui qui aimait tant en rencontrer ! Le voyage simple sans retour est pour lui cette fois. Il meurt comme il aura vécu. Sobre en refusant le rhum et la cigarette qu'on lui propose car « ce n'est pas bon pour la santé ». Spirituel avec le prêtre lui demandant s'il croit en Dieu : « Monsieur le curé, je vais mourir et vous jouez aux devinettes. » Sibyllin avec l'un de ses avocats qui cherche en l'accompagnant à l'échafaud à obtenir l'aveu de ses crimes : « Cela, maître, c'est mon petit bagage et je pars avec... »

Olivier Tosseri

Rafael Leónidas Trujillo
Le Bouc des tropiques

(1891–1961)

Après un coup d'État exemplaire, Rafael Leónidas Trujillo règne durant trente ans sur la République dominicaine avec cruauté, culot et démesure. Prototype du parfait dictateur, il est finalement poussé vers la sortie par une conjuration digne des tragédies antiques. Et quitte l'Histoire comme il y était entré : par la violence.

30 mai 1961, 22 heures, Saint-Domingue. Deux voitures – des modèles nord-américains puissants et robustes – stationnent à l'abri des regards dans un renfoncement de la route qui mène de la capitale à la petite ville côtière de San Cristobal. Sept hommes sont à bord. Ils attendent patiemment le passage de la Chevrolet « Bel-Air » de l'individu qu'ils ont surnommé depuis plusieurs mois *El Chivo* (« le Bouc »). Celui-ci doit passer d'un instant à l'autre. Le code tant attendu leur a été donné quelques minutes auparavant : « L'ingénieur viendra te voir ce soir pour parler du bois » indique que leur cible a pris la bonne direction, sans escorte. L'interminable règne d'horreur et de pouvoir sans partage de Rafael Leónidas Trujillo, soi-disant *benefactor* (« bienfaiteur ») de l'île, va bientôt prendre fin…

Ces hommes ont, à des degrés divers, souffert dans leur chair, les trente dernières années, de la dictature du maître absolu de la partie est de l'île d'Hispaniola, la République dominicaine. Tous veulent la peau du Bouc. Cet assassinat maintes fois pensé et préparé a encore une fois bien failli tourner court. Tout d'abord, ce sont ces foutus *Yankees* de la CIA, pourtant à l'origine de la conjuration, qui les ont lâchés au tout dernier moment. Puis, c'est le Bouc lui-même qui a été à deux doigts de leur échapper : aux abois depuis plusieurs années, abandonnée par tout le monde, la Bête a modifié toute la journée son parcours. De plus en plus irascible, ce maniaque imbibé de paranoïa a fait tout un détour pour aller sermonner un officier qui, semblait-il, ne lui avait pas rendu les honneurs correctement lors d'une parade… Antonio de la Maza, le chef des conjurés, respire enfin en recevant le code. Le Bouc va chuter. Le cauchemar va enfin prendre fin. Lui et les siens vont abattre l'intouchable tyran de Saint-Domingue.

Le bandit choisi par les États-Unis

Pourtant, lorsque, le 24 mai 1930, Trujillo accède à la présidence de la République dominicaine, il est déjà dans le collimateur du grand voisin américain. Son élection pose problème : les voix décomptées en sa faveur sont plus nombreuses que les votants. Le secrétaire d'État américain Charles B. Curtis écrit à Washington : « Il n'est pas nécessaire de faire d'autres commentaires sur la sincérité des élections. » Seulement voilà, comme souvent, ce sont eux qui ont poussé au mal. Et dans le cas de Trujillo, c'est une faute qu'ils mettront trois décennies à corriger, tergiversant au gré de leurs intérêts. Le général est, au-delà d'une erreur stratégique, un cas d'école qui servira de modèle à tous les dictateurs à venir : le soldat sanglé dans ses uniformes va encaserner son pays à son unique profit. Les dictatures d'essence militaire qui suivront ne seront, hélas, que d'effrayantes copies.

Issu d'une petite famille de commerçants de San Cristobal – cette ville balnéaire couchée sur le flanc est de Saint-Domingue et qui verra sa chute trente ans plus tard –, Trujillo est peu éduqué et commence très tôt à travailler en suivant une formation de télégraphiste. Au bout de quelques mois, il en est renvoyé : le jeune homme a organisé avec son frère un système d'escroquerie et de détournement d'argent...

Sans ressources, le garçon a soif de revanche et fait un premier constat qui lui tiendra lieu de mantra tout au long de sa carrière : si les méfaits et la malhonnêteté permettent d'accéder plus vite aux échelons supérieurs de la société, autant les mettre au service des puissants du moment et de leur légalité toute relative. Cette première intuition du mal, il va la mettre en pratique en deux temps. Tout d'abord, il va se faire recruter au début de l'année 1916 comme gardien d'une sucrerie à Boca Chica, une entreprise importante dont les capitaux sont américains. Marquant le début d'une longue collaboration avec les *gringos*, ce poste nécessite une main de fer : Trujillo, qui faisait encore partie la veille des voyous, va se révéler parfaitement intraitable avec ses ex-congénères, en pratiquant une répression drastique et systématique d'une violence inouïe – un savoir-faire qu'il mettra plus tard à son service exclusif et qu'il professionnalisera. Second temps de son ascension : il devient membre de la toute nouvelle garde nationale que le nouveau pouvoir met en place.

Un employé zélé qui voit loin

Surveiller et tuer, deux mots d'ordre que le jeune ambitieux va intuitivement faire siens et mettre à la disposition du grand voisin nord-américain. En effet, cette même année 1916, les Marines débarquent dans l'île, officiellement pour mettre un terme à la guerre civile qui se propage dans le pays et protéger leurs ressortissants. En réalité, ils veulent mettre Saint-Domingue sous tutelle. Trujillo se fait alors engager dans la nouvelle garde nationale que les Américains mettent en place et qui remplace l'armée officielle. Comme son grand-père – qui fut membre de la police espagnole et passa aussi ses plus belles années à traquer et exécuter les opposants créoles au profit de la puissance colonisatrice dans l'île voisine de Cuba, à la fin du siècle précédent –, Trujillo se révèle un soldat appliqué : expropriation de paysans, déportation de populations, liquidation des dissidents… Le futur despote gravit très rapidement les échelons. Un officier supérieur écrit de lui : « Je considère cet officier comme l'un des meilleurs en service. »

À cette époque, combien de morts Trujillo a-t-il déjà à son actif ? Impossible de le savoir précisément, mais il s'agit en tout cas de ses propres compatriotes qu'il n'hésite pas à abattre. C'est peut-être lors de ces premiers crimes, commis sur ordre d'une puissance étrangère, que Trujillo signe son pacte faustien : l'ascension sera fulgurante, mais la chute d'autant plus terrible.

Devenu général de cette nouvelle armée rapidement mise sur pied, l'apprenti dictateur exulte et voit loin : cet ordre militaire et politique enfin installé dans son pays pourtant souvent instable, ces uniformes impeccables et neufs, cette discipline parfaite, tous ces symboles de l'efficacité seront autant d'outils qui serviront son ambition sans limite, sa soif de pouvoir et son goût du crime.

Installé au cœur de la capitale, ayant créé les premières structures de contrôle et de répression qu'il s'apprête à étendre à tout le territoire, Trujillo est aux premières loges pour surveiller les développements politiques du pays. Le pouvoir légal n'a bientôt d'autre choix que de s'appuyer sur l'ancien kapo des Marines américains pour maintenir l'ordre et contrer les *caudillos*, ces chefs régionaux qui font la pluie et le beau temps. À l'abri des murs de la forteresse d'Ozama, Trujillo, telle une araignée, tisse sa toile et attend son heure. D'autant que l'ancien petit escroc profite financièrement de ses fonctions et amasse ainsi une fortune aussi illégale qu'importante. Riche et incontournable, il ne lui reste plus qu'une dernière marche à gravir pour parvenir à ses fins…

Le modèle des coups d'État

Lorsque les Américains quittent l'île en 1924, ils placent à sa tête un vieux politicien malhabile, Horacio Vasquez. Très vite, les luttes entre les différentes factions politiques reprennent le dessus et, climat local oblige, se muent en tentatives de coup d'État tous azimuts. Vasquez tombe, Trujillo se gardant bien d'intervenir, faisant mine au contraire de soutenir un retour au calme et aux institutions. Washington, qui ne tient pas à ce que cette situation perdure, fait pression pour la tenue de nouvelles élections.

Bien qu'il feigne de rester à l'écart, c'est le moment que le nouvel homme fort attend. Habilement, il organise un climat de terreur afin de manipuler tant l'opinion que les observateurs extérieurs, et se placer ainsi au centre du jeu. Pour orchestrer ce climat, il s'appuie sur une authentique organisation criminelle appelée « la 40 », du numéro de la maison qui leur sert de quartier général. Ses sbires mitraillent en voiture opposants et candidats. Une vague d'attentats sanglants secoue le pays, provoquant plus d'une centaine de morts.

Dès lors, le jeu des institutions s'enraye. Bien sûr, Trujillo, se targuant d'une loyauté sans limite, s'impose comme le seul recours possible et présente sa candidature, chose encore impensable quelques semaines auparavant. Finalement, le 24 mai 1931, le peuple dominicain comme l'administration américaine, résignés et même soulagés, bien que l'élection ait été trafiquée, acceptent le triomphe du nouveau président en uniforme et le retour à une légalité de façade. Amers, les Américains sont conscients d'avoir été dupés et sauront s'en souvenir, mais laissent faire, craignant un chaos plus néfaste encore.

Alors qu'il n'est pas encore intronisé officiellement, Trujillo jette les dernières bases de son pouvoir absolu : l'armée se déploie partout, les perquisitions et répressions s'accélèrent, les journaux sont muselés, les chefs régionaux torturés et humiliés. Disparitions et morts se multiplient. Les principaux dirigeants politiques s'enfuient ou sont assassinés, à l'exemple de Virgilio Martinez Reyna, le chef du parti conservateur, dont le corps est retrouvé le 2 juin 1930 à côté de celui de son épouse, tous deux criblés de balles et de coups de couteau, égorgés, le nez coupé. Cette vague de terreur fait plusieurs milliers de morts.

Une fois président, l'ancien télégraphiste organise l'éradication pure et simple de ses propres alliés. Il vise son rival potentiel, Desiderio Arias, pourtant son secrétaire d'État à l'agriculture, qu'il accule militairement dans les montagnes du Cibao et fait tomber dans une embuscade. Lors d'une soirée mondaine, Trujillo se fait apporter la tête de ce dernier dans un sac. Un cyclone destructeur, miroir de sa propre arrivée au pouvoir, vient à point nommé le 3 septembre suivant, suspendant l'action des institutions et favorisant aux quatre coins du pays l'assassinat des derniers réfractaires à son triomphe. On fera croire à des morts naturelles. Saint-Domingue, devenue champ de ruines, est désormais propice à l'instauration de la première dictature archétypale du XXe siècle.

Dessine-moi une dictature

De petite taille et doté d'un embonpoint de plus en plus caractérisé, Trujillo quitte rarement son uniforme de généralissime des armées. Sanglé et botté, toujours abondamment parfumé, changeant plusieurs fois par jour de chemise et de sous-vêtements, il affiche en permanence un sourire énigmatique et figé qui glace tout son entourage. Talqué de la tête au pied pour effacer ses origines mulâtresses, il porte une petite moustache carrée qui durcit la rondeur de son visage. Cette austère panoplie, devenue célèbre et popularisée ensuite par d'autres, est l'apanage indissociable de « Son Excellence, le Généralissime et Docteur Rafael Leónidas Trujillo y Molina, Honorable Président de la République dominicaine, Bienfaiteur de la Patrie, Reconstructeur de l'Indépendance Financière de la République » : c'est de cette façon que toute personne doit désormais s'adresser au dictateur.

L'ère de Trujillo, commencée le 24 mai 1930, marque un temps suspendu au pouvoir total d'un seul, elle est synonyme de meurtres, de violences et de ruine financière pour le peuple dominicain, livré à l'étranglement des deux mains sanguinolentes du gardien de la sucrerie. Le calendrier compte désormais les années à partir de la date de son arrivée au pouvoir. Dès 1937, sa mégalomanie éclate au grand jour : paradant à cheval au cours d'interminables « revues civiques », lors desquelles les populations des provinces visitées sont convoquées et triées sur le volet, afin de ne montrer à son Excellence que la fine fleur de la nation. Parfois, on le voit juché sur des arcs de triomphe construits à la hâte, contemplant des parades interminables, se repaissant du spectacle de son peuple reconnaissant. Visitant une ferme, il interpelle un de ses aides de camp et lui demande de négocier son prix. Celui-ci revient embarrassé : « Eh bien quoi, il ne veut pas vendre ? – Je ne sais pas au juste, bredouille l'aide de camp. L'intendant dit que le propriétaire, c'est vous, mon général. »

Se comparant régulièrement à Jésus, il parraine des milliers d'enfants que des mères, en longue procession, lui présentent en échange de 100 dollars. L'homme est devenu la première fortune du pays. La République tourne à plein régime, principalement pour son profit et celui de sa famille. Celle-ci devient d'ailleurs omniprésente sur l'île : Trujillo place ses proches aux postes importants et le calendrier est ritualisé autour des dates anniversaires de ces derniers.

L'énumération de l'intégralité des titres que s'est arrogés ce collectionneur de médailles et d'honneurs – 43 de 24 pays différents ! – est aussi interminable que fastidieuse. Avide de reconnaissance et de revanche sociale, Trujillo stupéfie son biographe Lawrence de Besault qui lui demande à quel âge son goût pour le pouvoir s'est manifesté : « Depuis que j'ai commencé à penser, lorsque j'étais enfant ! – Et quand avez-vous définitivement décidé de le conquérir ? – Le jour même où j'ai commencé d'y penser. »

Pour exercer ce pouvoir fantasque et délirant, l'ancien gradé des Marines sait recouvrer toute sa raison afin d'asseoir un État de surveillance et de rétorsion étendu à l'ensemble de l'île. Il tolère l'existence d'un parti unique entièrement voué à la défense du régime et dont tout Dominicain actif doit être membre ; la devise de ce dernier reprend d'ailleurs les initiales de son nom : « Rectitude, Liberté, Travail, Morale » (pour Rafael Leónidas Trujillo Molina). Mais c'est surtout en instaurant une répression intense que le général assoit son régime.

Comme tout paranoïaque dont la légitimité est fondée sur la violence, Trujillo s'appuie essentiellement sur deux figures sinistres qui incarnent avec lui l'innommable et l'absurde de ce régime kafkaïen. Arturo Espaillat, alias Navajita (la « petite lame »), ainsi que Johnny Abbes contrôlent la matrice sanglante du régime : le SIM (Service d'intelligence militaire) mis sur pied en 1957 en appui de l'appareil militaire est un outil efficace et brutal créé pour écraser toute velléité de résistance ou de révolte. Appuyé sur un réseau de 100 000 correspondants dans un pays qui compte alors 2 millions d'habitants seulement, le SIM est une pieuvre qui peut tout savoir et frapper là où elle le souhaite. Son sadisme et sa violence sont légendaires. Chargé des basses œuvres, il est matérialisé par une myriade de Coccinelles Volkswagen noires patrouillant dans tout le pays, remplies d'hommes armés prêts à arrêter ou tuer sur commande. Pendant très longtemps, ces voitures resteront interdites à l'importation dans l'île, incarnant pour tous les Dominicains le mal absolu.

Ceux que le SIM n'élimine pas sont enfermés dans des villas destinées à la torture et à l'humiliation : *la 40* ou *la Victoria*, par exemple, effraient jusqu'au sommet du pouvoir. Le grand romancier et prix Nobel de littérature péruvien Mario Vargas Llosa, dans son livre *La Fête au Bouc* consacré au régime de Rafael Trujillo, évoque une crique en contrebas de la villa *la Victoria* dans laquelle stagnent des dizaines de requins, habitués, semble-t-il, à recevoir les corps désarticulés des moribonds torturés, jetés aux squales encore vivants.

Aux familles éplorées qui l'interpellent, Trujillo promettra toujours, la main sur le cœur, de mettre tout en œuvre pour retrouver les disparus. Car le dictateur proteste toujours de sa bonne foi. C'est un acteur né, un menteur pathologique. Il feindra en permanence d'avoir conservé l'ancienne constitution et de n'être donc que le président d'une République qui l'a régulièrement réélu de manière plébiscitaire. Titulaire du poste dix-huit ans seulement, il sera obligé, lorsque les États-Unis commenceront à gronder, de laisser officiellement sa place de temps à autre, et ce, dès l'année 1937. Pour la bonne forme seulement, car celui qui le remplace n'est qu'un pantin que Trujillo contrôle entièrement. Les journalistes racontent ces passations de pouvoir savamment orchestrées pour la presse, alors que la voiture de son « Excellence » réapparaissait quelques minutes plus tard à l'arrière du palais présidentiel. En réalité, Trujillo a exigé que chaque parlementaire lui remette en main propre, en secret, une lettre de démission dûment signée. Une sorte de garantie pour un pouvoir discrétionnaire et solitaire à l'abri des soubresauts de ces démocraties ingouvernables.

Dans Ciudad Trujillo, nouveau nom de la capitale, le temps s'écoule au rythme des coups de menton, des colères et des injonctions du Président général, qui peut désormais s'admirer dans l'érection des 1 870 statues à son effigie qui recouvrent l'île. Mais la mascarade dure depuis trop longtemps maintenant : le pays est au bord de la ruine. Saint-Domingue, ce n'est pas Cuba, la grande île voisine, plus prospère, plus dynamique et centre des préoccupations de Washington. Les troubles qui naissent à La Havane vont, justement, accélérer la chute de l'escroc en uniforme.

La chute du Bouc

Comme dans la plupart des dictatures d'Amérique latine, c'est lorsque la protection du grand voisin américain commence à faire défaut que le décor d'opérette s'effondre. Trujillo, habile manœuvrier politique, l'a toujours su et a par conséquent affiché un soutien intellectuel et militaire sans faille à la puissance tutélaire. En tant qu'ancien auxiliaire des Marines, Trujillo est un dirigeant zélé et obéissant. C'est d'ailleurs la raison pour laquelle Washington a longtemps fermé les yeux et même appuyé cette encombrante figure sanguinaire.

Toutefois, Trujillo ne comprend pas que la donne est en train de changer : d'une part, de nouveaux régimes s'installent dans les pays voisins, et d'autre part, ce n'est plus le Pentagone qui domine la politique étrangère mais le département d'État. À la fin de la Seconde Guerre mondiale, une certaine forme de morale gagne les élites américaines ; dès lors, les déclarations d'amitié ne suffisent plus. La petite île de Saint-Domingue voit son poids et son rôle singulièrement réduits face à Cuba, mais surtout à d'autres pays comme le Venezuela.

Le brutal kapo cumule une série d'erreurs politiques qui vont le désigner comme l'homme à abattre pour les Américains. Depuis le début de sa carrière, Trujillo ne rate jamais une occasion d'insulter « les nègres » qu'il exècre et d'appeler à expurger le sang noir de l'île. Lui-même est terrifié à l'idée que l'on s'aperçoive que sa mère descend d'un membre de l'élite haïtienne. Cette haine des mulâtres va avoir des conséquences épouvantables : inconscient de ce qu'il est en train de provoquer, il encourage ainsi, les 2, 3 et 5 octobre 1938, les paysans dominicains à massacrer purement et simplement les journaliers haïtiens qui traversent quotidiennement la frontière à la recherche d'un petit travail. La folie meurtrière du Bouc fera plus de 12 000 morts en trois jours, pendant lesquels on assiste à de véritables scènes de lynchage collectif. Cette horreur met en lumière l'atrocité du régime dominicain aux yeux de l'opinion nord-américaine.

La Seconde Guerre mondiale le sauve et Washington gèle pour un temps ses velléités de faire place nette dans les Caraïbes. Mais la fin des années 1950 voit le régime s'enfoncer dans l'isolement et le déni du réel. Incapable d'avoir une politique étrangère digne de ce nom, le Bouc ne trouve aucun soutien en Europe : de ce point de vue, son ambassadeur en France, Porfirio Rubirosa, est un symptôme terrible de cette incapacité à fédérer autour de l'île, lui qui devient rapidement l'un des *play-boys* les plus courus de la jet-set parisienne !

Saint-Domingue devient bientôt le dernier refuge des autocrates déchus : tout ce que la région compte de dictateurs en exil se retrouve à Ciudad Trujillo où le Benefactor, toujours bandit dans l'âme, en profite pour rançonner financièrement ses hôtes de fortune. Saint-Domingue est de ce fait le dernier îlot réactionnaire dans une marée de régimes socialistes qui prennent progressivement pied autour d'elle, à Cuba notamment avec l'arrivée au pouvoir de Fidel Castro en 1959.

Trujillo s'illusionne : les Américains s'appuieront forcément sur lui pour nettoyer la place. Et, comme toujours, chaussé de ses bottes et du culot qui l'ont propulsé dans les hautes sphères, lui, le fils de commerçants modestes, décide de son propre chef de passer à l'action.

Tout d'abord, le 12 mars 1956, il fait enlever puis supprimer par le SIM, en plein New York, Jesus Galindez, un de ses principaux détracteurs, proche des milieux progressistes et critique sévère du régime. Trujillo mesure mal à quel point ces méthodes sont difficilement transposables dans l'une des plus grandes villes du monde, et, qui plus est, dans un autre pays que le sien, tout allié qu'il soit. L'erreur est de taille, car Galindez est appointé par la CIA. Les milieux politiques américains apprécient peu la manière et l'irruption de méthodes de voyous au cœur des rues de Manhattan.

Quelques années plus tard, il tente à nouveau d'assassiner son principal adversaire dans la région : le 24 juin 1960, une voiture piégée manque de tuer Romulo Betancourt, président vénézuélien et adversaire farouche de Trujillo. Betancourt est un social-démocrate qui plaide pour une évolution politique plus démocratique en Amérique centrale et ne déplaît pas à Washington dont les vues s'orientent dans le même sens. Betancourt s'en sort certes gravement brûlé mais fortement renforcé.

Ces attaques brutales qui perturbent le jeu et compliquent les affaires persuadent l'administration américaine que le régime du général doit être rectifié. Et le temps presse pour eux : à Cuba, Fidel Castro est de plus en plus incontrôlable. Ordre est donné par le tout nouveau président Kennedy d'étudier des solutions à ces deux problèmes : l'une, le débarquement de la baie des Cochons le 17 avril 1961, restera célèbre par son retentissant échec. L'autre, moins connue, consistera dans le financement et l'armement d'hommes proches du régime de Trujillo, dont l'objectif est de mettre un terme définitif à l'existence du Bouc, à la manière des conjurés qui poignardèrent Jules César aux ides de mars en 44 avant Jésus-Christ et l'empêchèrent ainsi de se proclamer roi.

Sept conjurés et un César

Dans l'arrière-boutique de Wimpy, le supermarché tenu par Wallace Berry et dernier lieu symbolique de la présence économique américaine sur l'île de Saint-Domingue, le consul américain Henry Dearborn, ultime représentant diplomatique en poste, tente en ces derniers jours de mai 1961 d'expliquer aux conjurés le revirement politique de son pays sur le territoire, suite au revers majeur subi dans la baie des Cochons, qui a vu plus d'un millier d'exilés cubains armés par l'Oncle Sam échouer lamentablement à reprendre le pouvoir au barbu Fidel Castro.

Dearborn est fatigué de jouer les intermédiaires entre les différentes administrations et la conjuration. L'Amérique impériale, explique-t-il, ne se mouillera plus aux côtés des conjurés qui, pendant plus d'un an, ont attendu un feu vert clair du puissant voisin. Or, Trujillo multiplie les exactions : il s'en prend à l'Église, à présent, et enchaîne les assassinats et provocations désespérées, tout en lançant des appels à peine voilés en direction… de Moscou.

Voilà des mois que le consul, dans sa correspondance avec Washington, plaide pour l'élimination physique du dictateur, seule solution selon lui. Ses comparaisons sont d'ailleurs éloquentes : « Rappelez-vous Dracula : il a fallu lui enfoncer un couteau dans le cœur pour faire cesser ses crimes. » Les bourreaux du « vampire » ont été dûment choisis : il s'agit pour la plupart de proches du régime ayant eu à en subir toute la violence.

Malgré le retrait des États-Unis, la conspiration est trop avancée pour reculer. Ce soir du 30 mai 1961 sera le bon. Ainsi, lorsque la voiture du dictateur passe, comme prévu, devant les véhicules des conjurés, elle est rapidement prise en chasse.

Trujillo, qui aimait les grandes et belles jeunes filles, avait pris l'habitude de retrouver celles qu'il avait choisies et que les familles lui offraient volontiers, dans sa belle maison de San Cristobal. Mais ce soir, Zacarias, son chauffeur attitré, a repéré dans son rétroviseur les deux véhicules qui foncent vers eux. L'un d'eux parvient à leur hauteur et ouvre le feu. Zacarias l'évite, s'extrait du véhicule et canarde également. Les tirs sont nourris de part et d'autre mais les conjurés sont plus nombreux. Trujillo, qui tente de fuir, est blessé au cours des échanges. A-t-il fait usage de son arme ? Beaucoup d'historiens en doutent. Grièvement atteint, il est achevé à bout portant. De la Maza serait l'auteur de cet ultime coup de feu libérateur.

Mais Zacarias s'en sort et donne l'alerte. La répression sera encore une fois terrible : le signalement des tueurs est donné. Beaucoup, comme de la Maza, mourront les armes à la main.

Le général Roman, l'âme de la conjuration, arrêté par le SIM, est personnellement tué par le fils de Trujillo, Ramfis, noceur notoire et militaire raté. Le général est battu à mort, énucléé, des fils électriques placés dans l'urètre, puis abattu à bout portant. Son corps est laissé sur un lit de fourmis rouges... C'est Joaquin Balaguer, ancien bras droit de Trujillo, qui succède au dictateur et assure une lente transition vers la démocratie. Ramfis, quant à lui, tentera de fuir en bateau en Europe avec le cercueil de son père rempli des dollars volés au peuple dominicain...

Xavier de Marchis

Mao Zedong
L’ogre communiste
(1893-1976)

Quand le Grand Timonier de la Chine rouge jette le masque, c'est brutal. Toutes les exactions commises au nom de la révolution – qui est obligatoirement violente selon lui – sont un mal nécessaire pour remettre le pays sur la « bonne voie ». Pas de doute pour Mao : la fin justifie toujours les moyens...

Dans sa jeunesse, l'idée de tuer les gens faisait horreur à Mao Zedong. La révolution lui semblait une sorte de joute intellectuelle à l'issue de laquelle les forces réactionnaires, vaincues par la puissance de l'esprit, reconnaîtraient d'elles-mêmes leur inutilité, cédant la place à celles du progrès. Mais la prise du pouvoir est impitoyable, elle est sanglante. Voici ce qu'il en dira dès 1927 : « La révolution n'est ni un dîner de gala, ni une œuvre littéraire, ni un dessin, ni une broderie ; elle ne peut s'accomplir avec autant d'élégance, de tranquillité et de délicatesse, ou autant de douceur, d'amabilité, de courtoisie, de retenue et de générosité d'âme. La révolution, c'est un soulèvement, un acte de violence par lequel une classe en renverse une autre. »

Dans cette logique, une révolution réussie doit s'affirmer dans la violence et le sang. Aurait-il dû s'en rendre compte plus tôt ? Bien sûr, mais encore fallait-il le temps de jeter sa gourme... Avec quelques camarades de son Hunan natal, le voilà qui monte à Pékin en 1918, rêvant de grande destinée. Né le 26 décembre 1893, il a 24 ans au compteur, le bel âge. Un diplôme d'instituteur en poche, les portes de l'avenir paraissent s'ouvrir toutes grandes. Seulement voilà : ces Pékinois pleins d'ardeur doivent s'entasser dans une misérable colocation, et lui ne dégotte qu'à force de supplications un minable boulot d'assistant-bibliothécaire à l'université de Pékin. Non seulement il est payé avec un lance-pierres, mais en plus, il lui faut essuyer les démonstrations de mépris des lettrés, drapés dans leur suffisance. Mao se faufile tout de même dans les cours les plus intéressants, en tant qu'auditeur libre. Un jour, il s'enhardit à poser une question au professeur de philosophie Hu Shi, lequel, monté sur ses ergots, le rembarre sèchement : « Vous n'êtes pas régulièrement inscrit, je n'ai pas à vous répondre. »

De cette époque, Mao va contracter une solide détestation pour tous ces intellos qui se croient plus malins que les autres. Bien sûr, il n'a pas encore les moyens de leur faire payer leur suffisance. Mais ceux-là ne perdent rien pour attendre. Toujours rancunier, Mao Zedong : nul ne l'humilie sans en subir les conséquences.

Reste que, découragé, il boucle son baluchon et, pas trop faraud, réintègre son Hunan natal. Hélas pour lui, le 4 mai 1919, la jeunesse étudiante de Pékin se dresse contre les Japonais et les Occidentaux dans un grand sursaut national : il n'en est pas. Histoire de ne pas être davantage en reste, il crée dans la foulée dès juillet, à Changsha, la capitale provinciale, la *Revue du fleuve Xiang*, organe de l'Association unie des étudiants du Hunan.

En ce temps-là, Mao n'est pas marxiste, mais plutôt anarchiste. Il milite pour la libération de la femme : autrement dit, pour le droit imprescriptible des femmes à accomplir les travaux manuels les plus durs en sus de leurs tâches ménagères ! Et la bagatelle aussi…

Seule la force peut l'emporter

Une chose le frappe fin 1919 : l'attitude de Zhang-la-Vipère, le gouverneur provincial du Hunan. Face aux manifestations de soutien aux camarades lycéens et étudiants du port fluvial de Fuzhou brutalisés par les fusiliers-marins japonais, le vieux ne se déballonne pas. Il fait monter en ligne son propre frère, Zhang Jingtang, à la tête d'un fort détachement militaire.

« Vous les Hunanais, vous êtes des bandits ! Et vos femmes aussi », beugle le frangin, sûr de lui, frappant même un étudiant du plat de son sabre.

Le seul moyen de réagir et de l'emporter face aux fusils de ces soldats braqués sur la foule ? La force. Le reste n'est que bavardage... C'est ce que comprend alors Mao.

En janvier 1920, il perd son maître respecté, Yang Changji. Après le décès de sa mère le 5 octobre 1919, c'est un deuxième coup dur pour lui. Son cœur continue à se durcir implacablement au fil des épreuves. Et le chagrin ne l'empêche d'ailleurs pas de se mettre en ménage avec la fille de maître Yang, Yang Kaihui, épousée dès la fin de l'année 1920. Mao a toujours eu le goût des femmes, c'est le privilège des grands empereurs.

La prise de conscience marxiste date de l'aube des années 1920. Ils ne sont qu'une poignée à l'époque : 57 adhérents pour toute la Chine ! Et 13 délégués, pas plus, pour le congrès de fondation du Parti communiste.

En ces derniers jours de juillet 1921, les voilà réunis dans une maison de la concession française. Outre les deux délégués de l'Internationale communiste, le Néerlandais Hendricus Sneevliet et le Soviétique Vladimir Neiman, la vedette du congrès, c'est Zhang Guotao, un solide gaillard aux cheveux coupés en brosse, fils de notables ruraux comme notre Hunanais, mais en plus rupin. La bouche close de timidité dans sa longue robe traditionnelle, Mao écoute les harangues de Zhang quand un inconnu fait irruption. L'homme bafouille des propos sans cohérence. Suspectant quelque repérage policier, Sneevliet décide qu'il faut lever le camp. Les congressistes – mais pas les délégués de l'Internationale – se replient alors à Jiaxing, une petite ville voisine de Shanghai, où ils poursuivront leurs travaux à bord d'un bateau de plaisance loué pour l'occasion.

Mao sort du congrès responsable provincial du Hunan avec un salaire de permanent qui lui permettra de s'installer avec Kaihui à Changsha dans une petite maison du quartier de l'Étang limpide.

Une période de bonheur. Il aime, il milite et grimpe dans la hiérarchie d'un Parti qui se développe grâce à son alliance avec le mouvement nationaliste du docteur Sun Yat-sen, le Guomindang. La double appartenance est admise, voire encouragée : en 1926, par exemple, voilà Mao détaché à Canton comme directeur de l'Institut des cadres du mouvement paysan du Guomindang. Il s'y trouve bien et songe même un instant à changer de boutique pour passer dans les rangs nationalistes. Mais de retour dans sa province, il redevient communiste bon teint.

En mars 1927, Mao remet à la direction du Parti communiste chinois, le PCC, son *Rapport sur l'enquête menée dans le Hunan à propos du mouvement paysan*. Une vraie déclaration de guerre. Voici quelques lignes particulièrement éclairantes sur son nouvel état d'esprit : « La révolution à la campagne, c'est le renversement, par la paysannerie, du pouvoir féodal des propriétaires fonciers. À moins de déployer les plus grands efforts, la paysannerie n'arrivera jamais à renverser le pouvoir des propriétaires fonciers, qui s'est solidement établi au cours des millénaires. Il faut une puissante poussée révolutionnaire à la campagne pour mettre en mouvement les millions de paysans qui formeront une masse considérable. Les "excès" dont on vient de parler proviennent justement de cette force engendrée chez les paysans par la puissante poussée révolutionnaire qui s'est développée à la campagne. Dans la seconde période du mouvement paysan (celle de l'action révolutionnaire), ces "excès" sont tout à fait nécessaires. »

La violence, le jeune dirigeant communiste l'intègre de mieux en mieux, est la seule accoucheuse possible de l'Histoire. Marx le disait, et il avait bien raison. Nécessaire donc, et même souhaitable.

La violence à la campagne, véritable foyer de la future révolution chinoise comme Mao le découvre simultanément, ce sont ces soi-disant « excès » qui effraient tant l'aile frileuse du Parti. Beaucoup de ses camarades en ont peur, mais lui, ça l'enchante. Même et surtout quand les paysans font irruption dans les maisons des hobereaux, égorgent leurs cochons, raflent leur grain et pour finir, se prélassent sur les « lits incrustés d'ivoire de leurs filles et de leurs femmes » en attendant peut-être de les violer. La foule en furie contraint les propriétaires terriens à des amendes, elle les humilie, les jette en prison, les bannit : rien de plus réjouissant.

Néfaste, la violence ? Au contraire, c'est la meilleure conseillère au monde. Frapper l'ennemi de classe, le prendre à la gorge, lui faire mal, le tuer. Pour que le fossé entre révolutionnaires et contre-révolutionnaires devienne impossible à combler, il faut du sang et encore du sang.

Un mois plus tard justement, le général Chiang Kai-shek, commandant en chef de l'armée nationaliste et prétendant à la succession de feu Sun Yat-sen, vient apporter du raisiné au moulin maoïste. Renseigné par un dissident de l'Internationale communiste, le Français Jean Cremet, Malraux décrira à sa manière cet épisode dans son roman *La Condition humaine*, prix Goncourt 1933 : Chiang, qui montait vers le nord dans l'intention de prendre Pékin, se retourne par surprise contre les communistes qui viennent de lui livrer Shanghai clés en main. Un véritable massacre : les bourreaux qui décapitent les rouges dans les rues, leurs têtes promenées sur des plateaux. La nuit dans les faubourgs, on en fusille d'autres à la lueur des phares des camions militaires. Des supplices innombrables mais pas de communistes jetés vivants dans des chaudières de locomotive, pure invention romanesque de Malraux reprise en boucle depuis par une multitude de commentateurs ou d'historiens peu attentifs à leurs sources.

La répression s'étend à une grande partie du pays, mais Mao, alors revenu au Hunan, y échappe. Un coup de chance car huit militants sur dix du PCC, disparaissent, les uns assassinés, les autres parce qu'ils ont trop peur et qu'ils jettent l'éponge. Mais ceux qui, comme lui, échappent à cette purge, sont blindés maintenant, prêts à tout.

Ne pas hésiter à faire couler le sang

Peut-il en vouloir à Chiang Kai-shek de son revirement ? Sur le coup, oui bien sûr. Mais à la réflexion, le chef nationaliste n'a pas eu tort, décidera Mao. C'était lui ou les communistes car à sa place, ils n'auraient pas fait plus de quartier. Chiang sera son pire ennemi, mais pour Mao, c'est quand même un grand homme d'État chinois. Quand il perdra la guerre civile et qu'il ira se retrancher piteusement dans l'île de Taiwan en 1949, le nouveau maître de la Chine exigera qu'on respecte sa maison natale : les empereurs se combattent, mais ne s'humilient pas entre eux. Ils ont tué, ils tuent ? Et alors ? Ce sont des empereurs, ils en ont le droit. Et même le devoir…

À l'issue du drame de Shanghai, sa décision est irrévocable : il n'hésitera plus jamais à faire couler le sang. Comme chef de guérilla d'abord, quand il nomadise dans les montagnes du Puits des crêtes avec sa maigre troupe moitié combattants politiques, moitié bandits de grand chemin. La petite guerre, c'est déjà la guerre. Et de l'autre côté, on ne fait pas de cadeau. En 1930, quand Mao essaie d'assiéger Changsha, le Guomindang s'en prend à Kaihui, restée dans la capitale provinciale avec leurs trois fils.

« Annoncez publiquement votre divorce avec Mao ! » exigent les nationalistes. Courageuse et toujours amoureuse, Kaihui refuse. Alors, le 14 novembre, les hommes du Guomindang la passent par les armes.

Le désespoir prend Mao, puis la rage. Heureusement, depuis presque trois ans, il a une autre compagne, He Zizhen : de quoi atténuer le choc psychologique, mais pas la soif de vengeance. Un mois et demi plus tard, ses guérilleros capturent le chef de la 18e division nationaliste, le général Zhang Huizan. Belle prise puisque c'est un ami personnel de Chiang Kai-shek. Lequel propose la libération de cet officier moyennant une forte somme.

L'heure de vérité a sonné. Mao convoque un grand meeting pour l'éducation des masses. Malgré cette voix fluette qui jure si fort avec sa solide carcasse – drôle de complexe à surmonter ! –, c'est lui qui harangue la foule : « Qu'on lui coupe la tête ! Qu'on dévore sa chair ! »

Opportunément tranchée à son signal par un sabre, la caboche de Zhang Huizan tombe sur le sol. Il la fait fixer sur une porte qu'on met à l'eau sur la rivière Gan pour qu'elle descende le courant jusqu'aux subordonnés de feu le général. Pas de message plus clair…

La bonne nouvelle, c'est que le voilà devenu, avec l'accord de Moscou bien entendu, le président de la République soviétique chinoise : 170 000 kilomètres carrés répartis en plusieurs « bases rouges » dont la sienne, la « base centrale », et comme sujets, on n'ose pas dire des citoyens, une dizaine de millions de paysans. Sa capitale sera la petite ville de Ruijin.

La mauvaise, c'est qu'un certain nombre de cadres politiques tentent de contester son pouvoir. Et ça, il ne le supporte pas.

« L'incident de Futian », comme dira l'histoire du Parti, autrement dit la purge géante qu'il lance sur ces entrefaites, va coûter la vie à des milliers de communistes. 4 400 dans un premier temps, puis, grâce au fidèle Chen Yi, un futur maréchal de l'Armée populaire de libération, 2 à 3 mille autres. Avec un rare raffinement dans l'art de tuer… Les bourreaux ont d'ailleurs trouvé des noms poétiques à ces gâteries sadiques : « Faire sauter les mines » signifie briser lentement les pouces ; « L'ange qui joue de la cithare », c'est percer le pénis avec un fil de fer qu'on attache aux oreilles de la victime avant de pincer le fil comme celui d'un instrument. Autre idée astucieuse : une baguette de fusil chauffée à blanc dans l'anus. C'est plutôt réservé aux hommes. Quant aux femmes, on leur taillade les seins avec des canifs, ou on leur brûle le vagin au moyen de mèches enflammées...

Bien entendu, il fait semblant de ne rien voir, de ne rien entendre. Les véritables chefs n'ont pas à s'occuper des modalités pratiques. Et à propos de chef, Chiang lui sauve la mise. Le dirigeant nationaliste lance une nouvelle offensive contre les maquis rouges dite, texto, « Campagne d'extermination des bandits communistes ». De quoi contraindre les opposants à serrer les rangs autour de Mao et la direction du Parti, terrée dans la clandestinité à Shanghai, à l'absoudre : critique-t-on un responsable qui vient de capturer 15000 soldats nationalistes dont quatre généraux ?

À force, oui, quand même. Moscou décide de propulser à la tête du PCC Bo Gu, un de ces « 28 bolcheviks » formés au moule soviétique en URSS qu'épaule un conseiller militaire allemand, Otto Braun. En octobre 1934, la nouvelle direction du Parti, prise à la gorge par les troupes de Chiang Kai-shek, décide d'entamer la Longue Marche, cette transhumance qui, en un an, va conduire l'Armée rouge des maquis ruraux du Jiangxi, du sud-est de la Chine jusqu'au nord-ouest du pays. Tombé en disgrâce, Mao échappe de peu à l'abandon pur et simple. Repêché *in extremis*, il en sera quitte pour la peur de sa vie.

Peur ou pas, Mao est toujours capable de rebondir. En février 1935, il récupère à l'arraché sa place de numéro un. C'est donc lui qui va mener la « colonne centrale » dans l'Ouest pour y faire la jonction, en juin, avec Zhang Guotao, qui tient depuis quatre ans une autre base rurale. Rappelez-vous : Zhang et lui se connaissent depuis le congrès de fondation du PCC. Un concurrent dangereux pour Mao avec les 50000 hommes de sa

4e armée de route, bien plus frais et bien mieux équipés que les 15 000 rombiers épuisés et mal nourris de la colonne maoïste. Reste qu'à force de magouilles, le plus faible arrivera quand même à rouler le plus fort dans la farine.

Le président est de retour, qu'on se le dise. Les Japonais accentuant leur poussée impérialiste en Chine, une alliance de circonstance s'ébauche entre Chiang, généralissime des armées chinoises, et lui. Début 1937, Chiang concède à son rival la petite cité de Yan'an, à 1 000 kilomètres au sud-est de Pékin. Pour y faire régner sa loi, Mao a déniché un exécuteur de basses œuvres sans pareil, un tueur, un crack : nul autre que Kang Sheng. Sous ses dehors de lettré aux fines lunettes, ce spécialiste des affaires secrètes cache un courtisan hors pair. Non seulement il a jeté dans les bras accueillants du président une actrice et créature de rêve, son ancienne maîtresse Jiang Qing, mais dès février 1942, c'est lui qui va lancer la « Campagne de rectification du style de travail ». Une vaste opération de mise au pas dans le genre de celle du Futian onze ans plus tôt : on bourre les crânes, on exclut 40 000 membres du Parti, on en torture des milliers et on en tue des centaines. Mao a indiqué lui-même la méthode : « L'argumentation consiste avant tout à secouer le malade en lui criant "Tu es malade !" pour qu'il transpire d'effroi, puis à lui proposer gentiment de suivre un traitement. »

Et Kang de surenchérir : « Tous tant que vous êtes, espionnez pour le Guomindang ! Faites preuve de repentir et nous vous pardonnerons. Mais rappelez-vous toujours ceci : tout repentir n'est pas sincère. La rééducation est un long processus... »

Le nouveau maître du pays

La Campagne de rectification s'avère tout de même si meurtrière qu'en 1944, Mao doit, comme toujours, dénicher quelqu'un pour porter à sa place le chapeau des crimes. Limogé, Kang Sheng traînera sa disgrâce jusque dans un hôpital psy. Mao ne le fait pas tuer pour autant : même dingue, un liquidateur de masse de ce calibre, ça peut toujours servir...

La guerre contre l'envahisseur japonais s'intensifie dans un paroxysme d'horreurs, mais Mao évite d'y gaspiller ses forces, laissant ce privilège à Chiang Kai-shek. Le généralissime s'épuise contre les Nippons tandis que le président du Parti communiste prépare le dernier round qui va les départager. La guerre anti-japonaise débouche sur une guerre civile, que Mao, plus frais – et pour cause ! –, gagne haut la main. Le 1er octobre 1949, enfin maître du pays, il proclame la République populaire de Chine place Tian'anmen.

Pendant que la nouvelle aristocratie communiste, maîtresse du pays, se retranche derrière les murs rouges de Zhongnanhai, la nouvelle cité interdite en plein cœur de Pékin le long du petit lac Nan Hai et du grand lac Zhong Hai, la répression s'intensifie contre les propriétaires terriens grands ou petits, les bourgeois et autres « valets du Guomindang ». On les met en accusation devant les « masses », puis on les exécute à l'écart. En travaillant bien, un bourreau peut vider son chargeur de Tokarev, pistolet à répétition soviétique rustique mais très fiable, et abattre d'un tir dans la nuque huit « contre-révolutionnaires » en vingt secondes ! À cette cadence, le résultat ne se fait pas attendre : 3 ou 4 millions de victimes entre 1949 et 1954.

Pas mal, mais peut mieux faire. En 1957, une nouvelle lubie prend Mao : libérer la parole des Chinois qu'il croit, bien à tort, fervents admirateurs du nouveau régime. Son nouveau slogan : « Que cent fleurs éclosent, que cent écoles rivalisent ! » Le hic, c'est qu'ils le prennent au sérieux, les Chinois : une tempête de critiques se lève contre la dictature communiste notamment dans les milieux intellectuels. Ceux-là auraient mieux fait de se taire : comme vous le savez, l'espèce intello donne des boutons au président depuis sa période de bibliothécaire à l'université...

La vengeance maoïste est un plat glaçant qui se mange glacé. Arguant que le véritable but de la Campagne des cent fleurs aurait été de « faire sortir les serpents de leurs trous », Mao vire soudain à 180 degrés pour révéler que « dix pour cent des intellectuels sont des droitiers ». Un message reçu cinq sur cinq par sa police politique puisque la purge qui suit ce changement de cap va effectivement frapper un demi-million de lettrés. Au maréchal Lin Biao qui se hasarde, le 8 mai 1958, à rappeler que pendant son règne de 240 à 210 avant Jésus-Christ, l'empereur Qin Shi Huangdi brûla les livres et enterra vivants les lettrés, Mao répondra avec mépris : « L'empereur Qin, ce n'est rien ! Il a tout juste enterré vivants 460 lettrés, nous en avons enterré 40 000. »

Compris, camarade maréchal ? Le président est en train de lancer le grand bond en avant des années 1958-1961, qui va tuer 40 millions de ses compatriotes et pas seulement quarante mille intellectuels ! La différence avec les victimes « contre-révolutionnaires » précédentes, c'est que Mao ne voulait pas tuer ces malheureux morts de faim, de ruine matérielle et d'épuisement. Simplement les faire passer au stade du communisme intégral. Hélas pour eux, ça n'a pas fonctionné, et ils vont payer les pots cassés de ce grand écart entre la théorie maoïste et la réalité...

Lui aussi, d'une certaine manière, car Liu Shaoqi et sa bande de réactionnaires à la solde du Soviétique Khrouchtchev – l'homme qui trahit l'héritage du grand Staline tous les jours que Marx fait – vont profiter de ce terrible échec en tentant de le mettre à l'écart, tout en multipliant les courbettes. Pour récupérer l'intégralité de son pouvoir, Mao devra lancer, à partir de 1965, « un grand désordre sous le ciel » : la révolution culturelle. Un vaste chambardement qui plonge du même coup la Chine dans une quasi-anarchie pour presque dix ans.

Plus de 3 millions de nouveaux morts quand même, mais n'était-ce pas le tribut que ses compatriotes devaient payer à leur Grand Timonier ? Le sang recommence à couler en fleuves, et non plus en ruisseaux comme en période « normale ». À nouveau, les méthodes rivalisent de créativité : attacher des malheureux avec des fils de fer avant de les entraîner à la rivière pour les noyer. En coucher d'autres nus dans la neige pour la « réflexion à froid » ou les griller au contraire dans un four pour « l'aide chaleureuse ». Un bourreau qui chevauche sa victime pour la faire tourner jusqu'à épuisement, on appelle ça le supplice du « moulin mû par un âne ». Attacher au cou de la victime un collier de métal chauffé à blanc, c'est « suspendre un four ». En pendre une autre par les bras pour la faire tournoyer en le rouant de coups, c'est « tordre un tortillon frit ». Mais on peut aussi, plus classiquement, arracher les dents ou les oreilles avec des tenailles ; tuer à coups de bâton, de sabre, de lance. On peut éviscérer, briser les côtes, défigurer, arracher le fœtus de femmes enceintes. Le tout, c'est d'économiser les munitions : la Chine est un pays si pauvre ! Rappelons qu'alors, en France, des beaux esprits s'extasient devant son génie... Naturellement, pas de revendication publique des crimes contre les hauts dignitaires comme c'était le cas dans l'URSS stalinienne. On fait ça, plus discrètement, à la chinoise. Liu Shaoqi, par exemple : ce « Khrouchtchev chinois » qui a osé se penser Grand Timonier à la place du Grand Timonier, sera privé de médicaments et on le battra régulièrement comme plâtre dans sa geôle de Kaifeng jusqu'à ce qu'il crève d'épuisement en novembre 1969. Diagnostic conciliant du médecin de la prison : mort naturelle de maladie. Pas besoin d'être Maigret pour trouver ça louche...

Pour la révolution culturelle, Mao a ressorti Kang Sheng du placard. Derrière la Bande des Quatre dont sa propre épouse, Jiang Qing, c'est lui qui mène le bal. Le Grand Timonier sait pertinemment que le « Vieux Kang » en profite pour s'annexer une bonne partie des trésors culturels chinois, mais ça ne le dérange pas : quand on fait table rase du passé, on fait table rase !

Les plus gauchistes diront que Mao faiblit en regard de ses « exploits » précédents, les plus sensibles souligneront l'effroyable bilan du « grand désordre sous le ciel » qu'il a déclenché pour redevenir le numéro un !

Jusqu'à ce 9 septembre 1976 où, étouffant sous l'effet de la maladie de Charcot qui l'empêche de respirer, il va rendre son dernier souffle à Pékin. Plus personne ne contestera le président Mao. Quelques-uns par la bande, comme ce diablotin de Deng Xiaoping – le futur numéro un après la révolution culturelle – d'accord. Mais publiquement, aucun. Voilà, c'est fini. Le grand leader expire en se répétant pour la millionième fois à quel point il a eu raison de frapper toujours plus fort : la révolution n'est pas un dîner de gala...

RÉMI KAUFFER

Nikolaï Iejov
Le « Nain sanglant » de Staline

(1895-1940)

En URSS, la grande terreur de 1937-1938 est encore connue sous le nom de Iejovshina, *en référence à Nikolaï Iejov, l'homme choisi par Staline pour plonger l'URSS dans un bain de sang. Mais qui fut vraiment cet homme, encensé en 1937, disparu en 1939 ? Les archives soviétiques permettent d'esquisser le portrait de ce personnage sinistre qu'on appelait le « Nain sanglant », et que rien* a priori *ne destinait à une carrière spectaculaire.*

Le père de Nikolaï, Ivan Iejov, était un homme à tout faire, tour à tour musicien, garde champêtre, cheminot et tenancier de bordel. Sa mère était lituanienne. En 1906, à l'âge de 11 ans, le jeune Nikolaï est placé à Pétersbourg comme apprenti tailleur après deux ans d'instruction primaire. Quelques années plus tard, nous le retrouvons ouvrier dans les usines Poutilov. « C'était un homme de petite taille aux cheveux noirs, au visage à la fois ouvert et têtu », écrit Alexandre Fadeev, son biographe soviétique (la biographie ne fut jamais publiée, Iejov étant tombé en disgrâce avant qu'elle ne fût achevée).

Un petit bolchevik prometteur

En mai 1917, le jeune homme malingre (mesurant 1,51 mètre) adhère au parti bolchevique. Sociable, aimant gratter la guitare et chanter, Iejov n'a toutefois rien d'un tribun. Après la révolution d'octobre, son itinéraire ressemble à celui de milliers de bolcheviks : un passage à l'Armée rouge, qui le propulse au rang de commissaire militaire ; de là, il va gravir les échelons de la hiérarchie du Parti avec une célérité remarquable, malgré des congés maladie à répétition et « une certaine obstination qui frise l'irascibilité », comme le note un de ses supérieurs. Durant ces années, rien ne laisse deviner sa transformation future. Des témoignages convergents le représentent comme un jeune homme modeste, plein de tact, toujours prêt à rendre service. En 1925, il est le troisième secrétaire du parti du Kazakhstan. À ce poste, il donne la chasse aux communistes kazakhs, pourfendant avec un zèle égal les déviations « gauchistes » et « droitières », suivant docilement la ligne du Parti. Déjà, il manifeste les talents qui vont attirer l'attention sur lui en haut lieu : une mémoire phénoménale, des qualités d'exécutant hors pair, un flair infaillible pour renier à temps les amis tombés en disgrâce et cultiver les relations utiles.

Ainsi, Iejov devient le protégé d'Ivan Moskvine, le chef de la Commission d'organisation et de distribution du Comité central, un organisme clé car c'est à travers lui que Staline infiltrait ses créatures dans l'appareil du Parti. Moskvine en fait son adjoint en février 1927. Pour lui, Iejov « est l'exécutant rêvé. Lorsqu'on lui confie une tâche, on n'a pas besoin de vérifier si elle a été accomplie, on peut être certain qu'il a tout fait. Il n'a qu'un défaut, grave à [ses] yeux : il ne sait pas s'arrêter... »

Staline a déjà l'œil sur le jeune Iejov. La manière dont ce dernier a fait appel au Centre fédéral pour neutraliser les cadres nationaux tatars et kazakhs n'a pu que lui plaire. Lorsque le maître du Kremlin entreprend un voyage en Sibérie en janvier 1928 pour préparer les « mesures extraordinaires » devant aboutir à la collectivisation de l'agriculture, Iejov le rencontre et se présente en spécialiste du Kazakhstan, notamment de l'agriculture kazakhe. Staline le trouve à son goût et le nomme vice-commissaire du peuple à l'agriculture en novembre 1929. C'est un poste de responsabilité : notre homme est chargé de choisir les plénipotentiaires qui sont détachés dans les campagnes pour y mettre en œuvre la collectivisation, la déportation et l'extermination des *koulaks* (paysans aisés). Ces plénipotentiaires doivent servir d'informateurs au Guide qui soupçonne les autorités locales de manquer de zèle dans l'application des mesures draconiennes imposées à la paysannerie.

Un alcoolique aux penchants bisexuels

À partir de novembre 1930, Iejov sera admis dans le cercle des proches de Staline. Il épouse en secondes noces la très mondaine Evguenia, dont il est follement épris depuis trois ans. Déjà célèbre pour ses multiples aventures amoureuses, la jeune femme abandonne pour lui son deuxième mari – non qu'elle ait éprouvé un coup de foudre pour ce petit homme, de surcroît atteint de psoriasis, et dont les penchants bisexuels sont notoires, mais, comme elle le dit à son ex-conjoint, « parce qu'il est une étoile montante et qu'il est plus profitable d'être avec lui qu'avec toi » ! À cette époque, Iejov est déjà alcoolique (il a commencé à boire à l'âge de 14 ans). Il s'entoure de gros buveurs, tel son collègue Lev Mariasine. Un témoin raconte qu'ivres tous deux, ils organisaient pantalon baissé des concours à qui parviendrait à disperser la cendre d'une cigarette sur une pièce de monnaie à force de pets bien ciblés.

Staline aime avoir barre sur ses proches. Il apprécie les gros travailleurs, surtout lorsqu'il leur sait des tares intimes. Il préfère s'entourer d'hommes très laids. Il sent que Iejov, qui porte des bottes à talons hauts pour compenser sa petite taille, a des comptes à régler avec la terre entière. Ce nabot complexé, dissimulé, vindicatif, assoiffé de pouvoir, aux tendances sadiques, qui lui est dévoué comme un chien, sera l'homme capable de réaliser le dessein qui occupe ses pensées : la purge du Parti et l'instauration de la terreur dans le pays.

D'une ignorance crasse, Iejov écrit avec des fautes de grammaire et d'orthographe, et ne sait guère s'exprimer en public. Vu le rôle que Staline prévoit pour lui, ce sont des qualités. En 1934, il devient membre du Comité central et le vice-président de la redoutable Commission de contrôle du Parti que Staline vient de créer en prévision des épurations futures. Après l'assassinat de Kirov, le secrétaire du Parti de Leningrad, le 1er décembre 1934, Staline se convainc qu'il ne s'est pas trompé en misant sur lui. En effet, alors que le NKVD dirigé par Genrikh Yagoda répugne à utiliser cet attentat pour mettre en cause la vieille garde bolchevique déjà en disgrâce, Iejov n'hésite pas à prendre le contrôle de l'enquête et à faire arrêter des milliers de Léningradois soupçonnés de sympathies pour Zinoviev ou Trotski. Il accrédite la thèse d'un gigantesque complot dont les fils remontent aux vieux bolcheviks dont Staline trame la perte. Il obtient de ce dernier la tâche de superviser le NKVD. Il développe *urbi et orbi* la thèse stalinienne qui fait l'amalgame entre l'opposition au sein du Parti et l'activité criminelle.

Habile à prévenir les désirs du Petit Père des peuples, Iejov va être le maître d'œuvre du crescendo dans la terreur et la frénésie paranoïaque à partir de 1935. En juin 1935, il stigmatise non seulement les ennemis du peuple, mais ceux des communistes qui font preuve d'indulgence ou d'aveuglement à l'égard des hérétiques. Désormais, le manque de vigilance devient aussi un acte criminel. À l'été 1936, Iejov ne prend pas de vacances. Superviser l'organisation du premier procès de Moscou (19 août 1936) qui s'achèvera par l'exécution de Zinoviev, Kamenev et autres notables bolcheviques (seize condamnés au total) lui prend tout son temps. Il assiste aux interrogatoires, s'intéresse particulièrement aux méthodes permettant de faire craquer les détenus et de leur arracher des aveux. Et Iejov sait comment s'y prendre : chaque accusé rivalisait pour accabler les autres.

Au sommet de l'Olympe

Ce n'est qu'un début. Staline a prouvé qu'il n'y a plus d'intouchables. Iejov accuse la direction du NKVD d'avoir négligé de pousser à fond l'enquête sur le bloc trotskiste-zinovieviste qui projetait prétendument l'assassinat du Guide. Fin septembre 1936, le petit homme a sa récompense : il est nommé à la tête du NKVD.

Le deuxième procès de Moscou a lieu en janvier 1937. Cette fois, le mot d'ordre est de démasquer les trotskistes infiltrés parmi les cadres dirigeants de l'économie, accusés de se livrer au « sabotage ». Mais Iejov ne doit pas se contenter d'organiser ce procès. Il est déjà chargé par Staline de monter des dossiers contre les « droitiers ». En mars 1937, il se hâte de démasquer une « conspiration droitière » au sein du NKVD. Il s'agit d'encourager chaque officier à se dépêcher de dénoncer son ancien chef. Yagoda ne tarde pas à être arrêté. Pour étayer son dossier, Iejov prétend que les droitiers du NKVD, se sentant menacés par le zèle de leur nouveau chef, ont aspergé son bureau de mercure, afin de l'empoisonner. Roué de coups, un employé avoue avoir été l'exécutant de ce complot.

En juin 1937, Iejov est à l'apogée de sa carrière. Il rédige un rapport dénonçant l'existence d'une gigantesque conspiration regroupant en vrac les comploteurs de tout bord déjà éliminés, trotskistes, zinoviévistes, mencheviks, etc. Il laisse entendre que de nombreux complices n'ont pas encore été démasqués, que cette conspiration a des ramifications dans les républiques de l'URSS. Il promet à Staline de « nettoyer d'un balai d'acier le perfide ennemi embusqué » partout dans le pays. Son rapport va servir de toile de fond à la Grande Terreur qui frappe l'URSS de juillet 1937 à octobre 1938, décimant non seulement les « anciens *koulaks* et autres éléments antisoviétiques », l'appareil du Parti, au centre et dans les régions, mais aussi les « contingents nationaux » (Polonais, Allemands, etc.). Bilan : 1 548 000 arrestations,

682 000 fusillés. La Grande Terreur fut une opération centralisée impulsée par Staline, dont les modalités pratiques furent mises en place par Iejov, que Staline couvrait d'honneurs et encourageait à se mettre en avant. « Rossez les détenus sans aller y voir de trop près », recommandait Iejov à ses subordonnés : « Il est inévitable qu'un certain nombre d'innocents soient liquidés... Mille fusillés de trop, pas la peine d'en faire un plat », ou encore « On ne fait pas d'omelette sans casser les œufs. On te demande d'être efficace, d'avoir de bons résultats, de briller par le nombre d'arrestations. » Le « Marat bolchevique », comme on l'a appelé, fixe les quotas de peines capitales et des peines de détention allant de huit à dix ans, qui sont imposés à chaque dirigeant régional, après avoir été approuvés par le Politburo. Naturellement, les dirigeants locaux demandaient une augmentation des quotas pour montrer leur zèle. Toute modération aurait été suspecte. Les troïkas (organes extrajudiciaires pouvant prononcer la peine de mort, constitués par le responsable du NKVD, le procureur et le chef du Parti) examinaient les dossiers en l'absence des accusés et, au bout de quelques minutes, prononçaient leur verdict, applicable immédiatement. Ces troïkas pouvaient examiner jusqu'à huit cents dossiers en deux heures ! Pour aller plus vite, Iejov soumet à Staline des listes de hauts responsables du Parti détenus. Ce dernier annote chaque nom : « 1 » signifie « fusiller » ; « 2 » signifie « dix ans de goulag ». En 1937-1938, 383 listes lui seront ainsi soumises.

Iejov donnait son favori Liouchkov en exemple à ses subordonnés car, à lui seul, il avait liquidé 70 000 ennemis du peuple ! Le chef du NKVD participait volontiers aux séances de tabassage. Il se montrait à son bureau vêtu d'une chemise éclaboussée de sang, disant qu'il fallait s'enorgueillir de ces taches car c'était le sang des ennemis de la révolution. Il assiste à l'exécution de son prédécesseur Yagoda, qu'il a ordonné de rouer de coups avant de le fusiller : « Rosse-le pour nous tous », recommande-t-il à son subordonné. Il est aussi présent à l'exécution de son vieil ami

Yakovlev. En état d'ébriété, il se vantera d'avoir ordonné « de couper les oreilles et le nez, d'arracher les yeux » de Mariasine, son compagnon de beuverie favori, ainsi que de le « tailler en petits morceaux ». Il conservait dans des enveloppes étiquetées les balles qui avaient tué les grands du régime, Zinoviev et Kamenev.

Mais l'ivresse du pouvoir ne suffisait pas. Iejov était éméché du matin au soir, s'étourdissant dans les orgies. Son apparence était négligée, ses bottes de cuir grossier n'étaient pas cirées. Ceux qui l'ont rencontré à cette époque étaient frappés par son allure minable. Atteint de tuberculose, il était secoué de violentes quintes de toux et le luxueux tapis de son bureau était jonché de crachats jaunes. Seuls ses yeux gris-vert attiraient l'attention. C'étaient « les yeux avides d'une hyène », se rappelle un témoin. Son épouse Evguenia tenait un salon littéraire et le trompait tant et plus, collectionnant les écrivains de renom, Isaac Babel, Mikhaïl Koltsov, Cholokhov et d'autres. Les deux premiers paieront cette liaison dangereuse de leur vie. Iejov découvrit la correspondance amoureuse de Babel avec Evguenia dans les papiers de cette dernière. Il entreprit immédiatement de lancer une enquête sur l'écrivain qui finira fusillé.

Le commencement de la fin

Le 20 décembre 1937, le NKVD célèbre solennellement son vingtième anniversaire. Or, le Guide n'assiste pas à la cérémonie : il commence à se distancer de Iejov. Le 8 avril 1938, ce dernier est nommé commissaire au transport naval, tout en conservant son portefeuille au NKVD. Affectation inattendue : mais notre homme ne se doute pas encore de sa disgrâce imminente, pas plus que les proches de Staline, tel un certain Nikita Khrouchtchev, lequel encense en juin « le grand Staline et son meilleur élève Nikolaï Iejov [...] qui par leurs actions bolcheviques ont exterminé la vermine ». En douceur, Staline commence à démanteler sa pyramide de commandement : les hommes de Iejov sont mutés les uns après les autres à des postes dans l'appareil du Parti et de l'État. En mai, Iejov commence à sentir que sa faveur est sur le déclin. Les grandes purges au sein du NKVD entraînent des défections en chaîne qui fournissent à Staline un prétexte pour mettre en cause la compétence de son bourreau. Tout d'abord, à la mi-juin 1938, Liouchkov s'enfuit en Extrême-Orient et va fournir aux Japonais une masse de renseignements précieux. Puis, Iejov souhaitant se débarrasser d'Alexandre Orlov, l'homme du NKVD en Espagne, convoque ce dernier à Moscou le 8 juillet. Sentant le piège, Orlov fait défection en emportant 60000 dollars, une somme considérable pour l'époque, et se réfugie au Canada où il arrive le 21 juillet. Cette affaire met Staline en rage. Le 22 août 1938, il flanque Iejov d'un premier adjoint à la tête du NKVD, un certain Lavrenti Beria.

Désormais, Iejov sait ce qui l'attend : « Nous avons accompli notre mission et maintenant on n'a plus besoin de nous. On se débarrassera de nous comme de témoins gênants », confie-t-il à des proches, montrant qu'il avait compris les méthodes de Staline, mais un peu tard... Il se réfugie dans l'alcool, marmonnant que « tout est fichu ». Il ne se montre dans son bureau que vers trois ou quatre heures. Au NKVD règne une atmosphère de panique. Ses fidèles compilent fiévreusement des dossiers compromettants sur les membres du Politburo, sur Beria... sur Staline lui-même, semble-t-il. Du 22 août au 4 septembre, Iejov fait fusiller à tour de bras nombre de responsables, craignant que Beria ne parvienne à leur extorquer des aveux compromettants pour lui. Il se répand en propos d'ivrogne, laissant percer son amertume à l'égard de Staline et son désir de se débarrasser de ses ennemis. Ces divagations seront soigneusement recueillies par les enquêteurs après sa chute et permettront d'étoffer les accusations portées contre lui.

Le 29 octobre, Iejov fait hospitaliser sa femme en dépression depuis quelques mois. Le 8 novembre, il lui envoie une statuette et une forte dose de somnifères. C'était un signal convenu entre les époux : l'arrestation d'Evguenia était imminente, elle devait mettre fin à ses jours. Désespérée, voyant tous ses proches arrêtés les uns après les autres, elle envoie une note d'adieu à son époux et écrit à Staline pour clamer son innocence et exprimer sa peine : « Aucun médecin ne peut guérir mes nerfs épuisés par des années d'insomnie, ni mon cerveau meurtri, ni cette douleur profonde qui ne me lâche pas. Je n'ai pas le droit de mourir [...] mais je me sens comme un cadavre vivant... » Le 21 novembre, Evguenia meurt d'une overdose de somnifères. Le soir même des funérailles de sa femme, Iejov s'enivre avec son amant du moment. Et lui confie : « Jenia (Evguenia) a bien fait de s'empoisonner, autrement bien pire lui serait arrivé. » Les orgies continuent de plus belle. Le neveu de Iejov fournit des femmes – ce qui n'empêche pas notre homme de coucher avec les épouses de ses compagnons de beuverie et de s'en vanter auprès des maris : « Elle est peut-être un peu vieille, dit-il à l'un d'entre eux, mais ce n'est pas une mauvaise épouse. »

La disgrâce

Une commission d'enquête sur les agissements de Iejov – où siègent Beria, Jdanov et Malenkov (deux secrétaires du Comité Central en passe de supplanter Iejov dans la faveur de Staline) – arrive à la conclusion que celui-ci a truffé le NKVD « d'ennemis et d'espions », à tous les niveaux, que le but de sa politique de répression est de discréditer le régime soviétique et de susciter une vague de mécontentement parmi les masses. Les vannes sont donc ouvertes : un peu partout, les responsables du Parti se plaignent du NKVD, et ces lettres affluent vers Staline. Une épître anonyme retient son attention : elle affirme qu'Hitler, Goebbels et Ribbentrop orchestrent les purges en URSS, les Allemands étant persuadés qu'ils pourront s'emparer de l'URSS sans faire la guerre. De son côté, l'écrivain Cholokhov se plaint dans une lettre à Staline d'être la cible des persécutions du NKVD. Avec de bonnes raisons : en août, il avait passé une nuit à l'hôtel avec Evguenia, sans savoir que la chambre était sur écoute. Les enregistrements avaient été remis à Iejov qui, fou de rage, avait roué de coups son épouse et poursuivi l'amant de sa vindicte. Celui-ci, en courtisan avisé, sentant que le mari cocu n'avait plus la faveur du maître, s'est adressé à Staline. Les initiés comprennent qu'à son ordinaire, ce dernier fera endosser par Iejov la responsabilité des crimes commis, pour jouer ensuite au redresseur de torts, longtemps trompé par un subordonné ayant abusé de sa confiance. Le 17 novembre 1938, une résolution secrète du Comité central intitulée *À propos des arrestations, du contrôle du Parquet et de la conduite des investigations* interdit les arrestations et les déportations de masse et met fin aux troïkas du NKVD. C'est le signal de la fin des grandes purges. Le 23 novembre 1938, Iejov écrit à Staline pour donner sa démission. Il reconnaît ses torts à sa manière, expliquant que s'il a tardé à arrêter certains responsables, c'est parce qu'il attendait qu'on leur ait trouvé un remplaçant !

Le 28 novembre, il envoie une nouvelle lettre à Staline, qui révèle à quel point il reste dupe de son jeu. Dans cette épître, il tente de se justifier, expliquant pourquoi la purge du NKVD n'avait pu être menée à bien à partir du printemps 1938. Lui-même affirme avoir été absorbé par ses tâches au commissariat du transport fluvial, tandis que son adjoint Frinovski traînait les pieds et cherchait à temporiser, malgré les injonctions répétées de son chef. Bref, Iejov essaie de se disculper en accablant son bras droit. Un projet de lettre à Staline datant de la même période, dans lequel il se plaint de son sort, fut retrouvé dans ses papiers. Tous ceux qu'il considérait comme ses amis lui tournent le dos, comme s'il était « pestiféré », écrivait-il, concluant qu'il ne connaissait pas les hommes : « Je n'avais jamais pris conscience de la profondeur de la méchanceté » de certains.

C'est le 21 janvier 1939 que le « Nain sanglant » fait son ultime apparition publique. Son nom est mentionné pour la dernière fois dans la presse le 6 mars. Le 19 mars, lors du XVIIIe Congrès auquel il assiste dans un état d'ébriété ininterrompue, il glisse un billet à Staline : « Je vous demande instamment de m'accorder une minute d'entretien. Donnez-moi cette possibilité. » En vain. Au firmament du Kremlin, il n'existait plus.

La némésis

Iejov est arrêté le 10 avril 1939. Cette incarcération est gardée secrète, y compris au sein du NKVD. Incapable de résister à la torture, les mains tremblantes, constamment au bord des larmes, il avoue tout. Chargé de l'enquête, Bogdan Koboulov, le bras droit de Beria, lui fait confesser qu'il a été recruté par les Allemands en 1934 lorsqu'au moment d'un séjour en cure à Vienne, il s'était fait prendre en flagrant délit avec une infirmière. Iejov avoue de surcroît qu'il a été un agent des services polonais, anglais et japonais ; qu'il avait falsifié sa biographie pour s'infiltrer dans la direction du Parti ; qu'il a préparé un putsch le 7 novembre 1938, comptant mettre à profit les fêtes de la Révolution pour assassiner les dirigeants du Parti et du gouvernement ; qu'après l'échec de cette tentative, il avait voulu faire assassiner Staline par deux de ses amants – il avait déjà avoué être homosexuel depuis l'âge de 15 ans – ; qu'il a demandé aux Allemands de l'exfiltrer, mais que devant leur refus, il s'est tourné vers les Britanniques, en mettant à profit les contacts de son épouse recrutée par ces derniers en 1926 ; et finalement, comme son épouse en savait trop, il l'avait aidée à se suicider. L'enquête révéla également que Iejov était si alcoolique qu'il lui arrivait de voir des diables sur la table et les murs de sa salle à manger…

Le chef du NKVD déchu comparaît devant le Collège militaire, le 3 février 1940. La veille, Beria lui a promis la vie sauve s'il avouait tous ses crimes. Iejov sait à quoi s'en tenir... Dans un ultime sursaut, il rétracte tous ses aveux : « Par nature, je n'ai jamais pu supporter qu'on me fasse violence. C'est pourquoi j'ai écrit n'importe quoi. J'ai été tabassé avec acharnement. » Il ajoute que sa culpabilité devant le Parti était ailleurs : « J'ai purgé 14000 tchékistes [après la chute de Yagoda]. Mais j'ai commis une faute en ne purgeant pas assez. [...] Transmettez à Staline que je suis victime d'un concours de circonstances et qu'il n'est pas exclu que des ennemis ayant échappé à ma vigilance y aient mis la main. Transmettez à Staline que je mourrai en disant son nom. » Iejov demande en vain une entrevue avec l'un des membres du Politburo « pour lui dire toute la vérité ». Il est condamné à mort. Entendant la sentence, il se trouve mal et doit être soutenu par les gardes. Il écrit à Staline pour demander sa grâce qui lui est refusée. Il faut le traîner hurlant et pleurant vers la cellule où il est exécuté la nuit même.

En URSS, on ne sut rien de la mort de Iejov. Le « Nain sanglant » disparut et on cessa d'en parler. Staline avait obtenu ce qu'il voulait, une société durablement assommée par la peur et la paranoïa. Tout un pays fut happé dans son orbite malfaisante, comme le fut Nikolaï Iejov, obscur petit bureaucrate besogneux devenu monstre sanguinaire.

FRANÇOISE THOM

Reinhard Heydrich
Le nazi aux yeux de loup

(1904–1942)

Grand, blond, musicien, sportif, le général SS Reinhard Heydrich était le modèle du héros aryen. Il a été le parfait technocrate de la répression à la manière nazie. Sans avoir vraisemblablement jamais tué personne de sa propre main, il est, par les plans d'anéantissement qu'il a élaborés contre les juifs et la destruction systématique des populations en Europe de l'Est, l'un des plus grands criminels de tous les temps.

Prague, 27 mai 1942. Debout, l'homme s'appuie, dos tourné, sur l'arrière de l'auto, une Mercedes décapotable avec un trou énorme dans la carrosserie et un pneu crevé. Il porte une casquette militaire bien reconnaissable, un uniforme gris-vert avec des galons aux épaulettes, de longues bottes noires qui brillent. Au-dessous de son ceinturon, à hauteur des reins, une tache rouge s'élargit progressivement. Sur le macadam, pas loin de lui, un revolver. Sans doute n'avait-il plus de balles, et il l'a jeté. À deux pas, cependant, éclatent encore des détonations.

De l'autre côté de la Mercedes déferlent à gauche, dans un bruit métallique assourdissant, les trois wagons rouges du tramway. Des passagers descendent. Ils entendent les coups de feu qui claquent, regardent vaguement l'auto accidentée avec un drapeau à croix gammée sur chacune des ailes, s'affolent et décampent.

Manifestement, personne ne veut se mêler de ce qui arrive. « Mais est-ce que vous ne voyez donc pas qui c'est ? Il faut le conduire à l'hôpital ! » crie en allemand une élégante femme blonde tout juste sortie du tram. Elle se place au milieu de la route, lève les bras devant la première voiture qui apparaît. Le conducteur ralentit, passe la tête par la portière… et redémarre en trombe.

Le soldat qui, avec son chef assis à sa droite, était au volant de la Mercedes, un géant baraqué de presque deux mètres au nez de boxeur, s'est mis à cavaler dans la rue surplombant le tournant où ils ont été attaqués. Il répond aux salves de mitraillettes avec son pistolet. Soudain, il s'écroule. Touché à une cuisse, il se traîne par terre devant une boucherie. À l'intérieur, la femme du patron, effrayée, bondit sur son téléphone pour appeler une ambulance.

Entre-temps, un agent de police en faction au carrefour s'est lancé à la poursuite du tireur. Il revient en courant, main droite accrochée à la ridelle d'une camionnette de livraison. Son chauffeur en jaillit. Tous les deux se précipitent vers le blessé qui se cramponne à la Mercedes, pour le transporter jusqu'au plateau de la camionnette et l'allonger à l'intérieur, sur le ventre, parmi les bidons de cire à livrer. L'homme qui se tortille de douleur, habillé d'un somptueux uniforme de général SS, étreint contre sa poitrine une serviette en cuir à laquelle il a vraiment l'air de tenir. La jeune blonde, sans doute une Allemande, s'assoit près de lui. Une matinée ensoleillée est en train de se lever sur le quartier de Holešovice, au nord de la Vieille Ville. L'ambulance de fortune fonce vers l'hôpital Bulovka. Cet hôpital réputé n'est qu'à une centaine de mètres, mais il faut y parvenir le plus vite possible.

Un attentat contre le gouverneur de Bohême-Moravie

À 11 heures, l'information tombe sur Radio Prague – en tchèque, pour que les habitants la comprennent : « Aujourd'hui 27 mai 1942, à 10 heures 30, un attentat a été commis contre le gouverneur de Bohême-Moravie par intérim, le général SS Heydrich. Une somme de 10 millions de couronnes sera offerte en récompense pour l'arrestation des coupables. Ceux qui permettraient aux criminels de se cacher ou leur viendraient en aide, ou n'aviseraient pas les autorités s'ils les connaissent, seront fusillés avec toute leur famille. »

Depuis le 16 mars 1939, la Tchécoslovaquie de 1920, république nouvelle qui regroupait les Tchèques et les Slovaques, n'existe plus. En septembre 1938, le gouvernement de Prague a été contraint par l'Allemagne de lui céder le territoire des Sudètes. Absorption entérinée à Munich par les représentants de la France et de la Grande-Bretagne. Six mois plus tard, violant ces accords, les troupes allemandes franchissent la frontière. L'Allemagne ratifie la formation d'un État slovaque à sa botte. Ce qui reste de la Tchécoslovaquie, elle le rassemble en un Protectorat allemand de Bohême-Moravie. Une colonie, autrement dit. Et le chef suprême, Adolf Hitler, installe à sa tête comme gouverneur son ancien ministre des Affaires étrangères, le baron Konstantin von Neurath.

Le 5 avril 1939, Neurath prend possession du Hradchine, le fameux château médiéval dominant Prague, et ne se contente pas d'obliger les automobilistes, qui circulaient à gauche, à rouler dorénavant à droite. Ce diplomate bien éduqué, conformément à la mission qu'il a reçue, se lance aussitôt avec servilité dans la répression contre les Tchèques. Et il n'y va pas de main morte.

La Tchécoslovaquie ayant été portée sur les fonts baptismaux à Darney, dans les Vosges, le 28 octobre 1918, cette date avait été décrétée fête nationale. Aussi les Praguois défilent-ils dans les rues le 28 octobre 1939 pour célébrer le jour de l'indépendance. Les sbires de la Gestapo tirent. Un ouvrier est tué. Des dizaines de manifestants sont touchés. Victime de cette fusillade, un étudiant meurt de ses blessures quinze jours plus tard. À son enterrement, le 15 novembre, ses camarades, en masse, protestent contre les occupants. Dans la nuit du 16 au 17, les résidences universitaires sont alors investies. Centaines d'arrestations ont lieu. Neuf « meneurs » sont identifiés. Ils sont passés par les armes sans jugement. Plus d'un millier d'étudiants sont expédiés au camp de concentration de Sachsenhausen, au nord de Berlin.

C'est Neurath, aussi, qui a déclenché dans le Protectorat la terreur contre les juifs. En février 1941, ils n'ont plus le droit d'acheter de journaux ni de fréquenter les bibliothèques. Ils ne peuvent plus s'approvisionner dans les magasins qu'entre 15 et 17 heures. En mars, le pillage de leurs biens commence, et leur déportation. En un mois, la « déjudaïsation » est terminée. Plus un juif dans les commerces et les entreprises.

Hitler, pourtant, juge Neurath trop mollasson. Il trouve que cet aristocrate pense moins au destin de l'Allemagne qu'à ses parties de chasse. Au bout de trente mois à peine, il lui invente une santé défaillante et lui demande de renoncer à son poste. Il lui donne un suppléant par intérim, un homme de confiance : Reinhard Heydrich. Non en récompense de sa loyauté, mais parce qu'il est notoirement efficace.

Né en 1904 à Halle, ville de la Saxe prussienne, ce général SS est originaire d'une famille de musiciens : il est lui-même violoniste et ne manque pas de talent. Sa mère est professeur de piano. Son père, ténor d'opéra et compositeur, a fondé le conservatoire de Halle. Tous deux sont des nationalistes, des fanatiques de la « race allemande ». La grandiose musique de Richard Wagner les plonge dans l'extase. En novembre 1918, ils sont d'autant plus humiliés par la défaite qu'ils ont beaucoup de mal à tenir leur rang et, tout simplement, à survivre. Du coup, encore collégien, leur fils aîné Reinhard s'engage dans les Corps francs, ces bandes qui combattent le régime républicain. Ensuite, dès qu'il a quitté le collège, il entre à l'école des Cadets de la Marine, à Kiel.

Himmler conquis par son CV

Promu lieutenant en 1928, Reinhard Heydrich était assuré d'une honorable carrière d'officier. Ambitieux, il espère accéder à un poste dans le contre-espionnage à Berlin, au ministère de la Guerre. Mais ce coureur de jupons, fiancé en 1930 à une enthousiaste adhérente du Parti national-socialiste, Lina von Osten, est soudain piégé dans une affaire qui lui coûte ses galons. Alors qu'il fréquentait Lina, il a séduit une autre jeune fille. Celle-ci a des parents influents, qui en appellent à un tribunal d'honneur. Verdict le 31 mai 1931 : le suborneur est radié de la Marine pour « conduite indigne ».

Voilà Heydrich au chômage, en une période où les offres de travail sont plutôt rares ! Heureusement, sa marraine, l'une des plus anciennes amies de sa mère, a un fils dans les SS et qui connaît bien leur chef, Heinrich Himmler. Les SS, environ 50000 hommes, forment le corps d'élite des milices du Parti national-socialiste. Rendez-vous est pris à Munich, à la Maison brune. Himmler a justement besoin d'un adjoint pour développer, au sein du Parti, un service de renseignements. Conquis par ses références professionnelles, en le prenant à tort pour un spécialiste des transmissions, il engage Heydrich aussitôt. Et Heydrich épouse Lina le 26 décembre 1931 dans son village au bord de la Baltique, sur l'île de Fehmarn, avec tous les tralalas nazis.

Sportif, champion d'escrime, la recrue de Himmler a le physique de l'emploi. C'est l'incarnation de la virilité typiquement aryenne : plus de 1 mètre 80, cheveux blond clair, visage maigre et allongé avec des yeux bleus enfoncés dans les orbites. Seul désavantage, il a une voix haut perchée. Les moqueries ne lui ont pas été épargnées dans la Marine. Il doit éviter les discours de tribun, se contenter d'allocutions concises et sans effets de style.

Préoccupé de surmonter son échec dans l'armée de l'Allemagne républicaine, Heydrich tente de s'affirmer comme le maître-espion absolument parfait. Lui qui n'a jamais lu que des romans policiers, il a vite fait d'établir des fiches et des fiches sur les nazis les plus éminents. Rien de mieux pour exercer un chantage et consolider son propre pouvoir à tous les étages du Parti, en jouant des rivalités entre les dirigeants, de leurs appétits et de leur lâcheté. Froid calculateur, il tire diaboliquement et impitoyablement les ficelles du spectacle auquel il assiste au premier rang.

En 1933, quand Hitler est nommé chancelier, il est déjà le recours indispensable. Après les émeutes et razzias qu'il a manigancées dans les rues de Hambourg ou ailleurs, pas de plus chevronné que lui pour chapeauter toutes les polices. Derrière les bestialités par lesquelles l'Allemagne commence à s'illustrer, les bavardages ne tardent pas à pointer ses combines et les fripouilleries des services qu'il contrôle.

L'incendie des bâtiments du Parlement à Berlin, le 28 février 1933 ? C'est Heydrich qui en est l'instigateur, chuchote la rumeur. Un cap supplémentaire est franchi en 1934. Devant le comportement séditieux des Sections d'assaut qui s'agitent contre les privilèges de l'armée, Hitler décide de casser les reins à leur chef, son vieil ami Ernst Röhm. Dans l'après-midi du 27 juin, il convoque Himmler et Heydrich. La liste des éliminations et des arrestations est dressée. Entre le 30 juin et le 2 juillet, 89 assassinats sont perpétrés. C'est la Nuit des Longs Couteaux, comme la nomment beaucoup de commentateurs, reprenant une expression utilisée au XIIe siècle par Geoffroy de Monmouth pour désigner un massacre de nobles celtes à Salisbury en 450. Les gouvernements étrangers n'élèvent cependant aucune protestation officielle… Heydrich est à l'origine, accusent les médisants, de l'horrible bain de sang.

Même si Otto Strasser, en rupture avec le Parti national-socialiste après en avoir été longtemps un membre ardent, se trompe, il évoque bien l'image sous laquelle les opposants à Hitler dépeignent Heydrich, au lendemain de cette purge particulièrement sanglante. Gregor Strasser, son frère, a-t-il raconté, était en train de déjeuner avec sa famille quand huit agents de la Gestapo se sont présentés. Emmené à la prison rue du Prince Albert, à Munich, il a été flanqué dans une cellule. À travers la lucarne, on s'est mis à lui tirer dessus : « Il se réfugie dans un coin, mais déjà trois bourreaux, dont le trop fameux Heydrich, et Eicke, qui dirige tous les camps de concentration, font irruption. Gregor, criblé de balles, vit encore. Heydrich lui donne le coup de grâce dans la nuque. »

Au diplomate suisse Carl Jacob Burkhardt, haut-commissaire de la Société des Nations à Dantzig de 1937 à 1939, qui lui demande l'autorisation de visiter un camp de concentration, Heydrich répond que ni lui-même ni ses acolytes ne sont, il faut le croire, des « chiens sanguinaires ». Un « devoir de dureté » est simplement leur exigence première : « Pour l'individu, c'est quelque chose de presque trop dur, mais il faut que nous soyons aussi durs que le granit, sinon l'œuvre de notre Chef suprême échouera. La postérité nous sera reconnaissante du travail que nous aurons réalisé. »

Un commando de faux Polonais

Convaincu qu'il sert l'avenir d'une Allemagne purifiée, régénérée, Heydrich est propulsé par les Hitler, Göring, Goebbels, Himmler et consorts aux avant-postes de tous les forfaits – même s'il agit à distance. Déterminante, la mise à feu pour la conquête de l'Europe est lancée. Le 22 août 1939, Hitler annonce à son état-major qu'il est en train de chercher un prétexte de guerre. Il lui faut une provocation qui tienne la route. Mais pour cette machination, il a son bon génie, les prévient-il : Heydrich.

Celui-ci, en la circonstance, a sélectionné une centaine d'Allemands de Silésie et de Pologne, entièrement assimilables à des Polonais. Ils sont entraînés à l'école militaire de Bernau, près de Berlin, sous des uniformes de l'armée polonaise. La mascarade vise à simuler une attaque de l'émetteur radio de Gleiwitz par une escouade de soldats polonais.

Le 31 août 1939, entre 20 heures et 20 heures 30, un commando maîtrise donc le personnel de la station et proclame au micro, en un allemand à la sauce polonaise, la chute imminente d'Hitler. Aussitôt, une troupe d'Allemands riposte aux agresseurs. Évidemment, plusieurs d'entre eux s'écroulent sous les balles. Ce ne sont qu'une poignée de détenus tirés du camp de concentration de Sachsenhausen, et maquillés en Polonais…

La mise en scène, conçue par l'imaginatif Heydrich à la manière d'un film historique avec une flopée de figurants, a été réalisée sans accrocs. Hitler ne pouvait que pousser un artificiel coup de colère et justifier, dans une terrifiante diatribe, l'invasion de la Pologne par ses chars et ses avions !

Au bout de trois semaines, le coup de Heydrich a porté ses fruits. Le 27 septembre 1939, le gouvernement polonais capitule : 65 000 tués, 133 000 blessés, 580 000 prisonniers. Voici maintenant le manipulateur modèle disponible pour jouer aux aviateurs en Norvège… ou le laisser croire ! Car le bruit court de son engagement dans l'Armée de l'air, mais ce n'est qu'une ruse. Secrètement, il prépare l'instauration d'un gouvernement norvégien fantoche au service de l'Allemagne. Le recensement des juifs de Norvège en est facilité. Grâce à lui, rapidement, ils sont 7 000 tout prêts à être déportés.

Le déploiement de son réseau d'espionnage d'une vingtaine d'agents en France à partir de 1938 a contribué à affaiblir le pays dans la perspective de l'offensive décidée par Hitler sur le front de l'Ouest en mai-juin 1940. Tactique : multiplier les intrigues pour troubler l'opinion et l'inciter à accepter une « France pacifiée et collaboratrice », intégrée dans le « nouvel ordre européen ».

La preuve la plus manifeste de ses capacités est, sous la tutelle de l'Office central de sécurité, qu'il dirige, l'action performante des Groupes d'intervention. Leur mission est de compléter les tâches de l'armée en procédant à l'assassinat de tous les adversaires de l'Allemagne, confirmés ou juste présumés. En mai 1941, il a trié 3000 tueurs dont il a ordonné la répartition en quatre commandos A, B, C, D, sous l'autorité de 120 officiers. Le 22 juin 1941, l'Union soviétique est envahie et la chasse est ouverte. La mission des tueurs est de supprimer des millions de juifs, communistes, Tsiganes, saboteurs... Les plus habiles des tromperies sont à l'honneur. Ainsi, dans une ville, les juifs sont convoqués pour être regroupés dans un camp d'hébergement, et 34000 se présentent en toute naïveté – hommes, femmes, enfants. Tous sont exécutés.

Tel est le personnage qui, le 27 septembre 1941, rodé au principe nazi de l'élimination systématique des adversaires, arrive au Hradchine, où Neurath était jusqu'alors à demeure. Devant les chefs politiques et militaires de Bohême-Moravie, invités à l'écouter au Palais Czernin, il expose son programme le 2 octobre 1941 : « Cet espace doit être une fois pour toutes colonisé par les Allemands... » Pour y parvenir, il décrète l'intégration des éléments « germaniques » à la population allemande. La main-d'œuvre des autres, les « Slaves », sera utilisée pour exploiter les matières premières et travailler à de « grandes tâches culturelles ».

En dépit des distances, Heydrich continue d'avoir la haute main sur ses tueurs des Groupes d'intervention à l'Est. Bilan, au début de l'hiver 1941-1942 : groupe A, 249420 juifs liquidés; B, 45467; C, 95000; D, 92000. D'après les souvenirs d'une Ukrainienne en 2004, « les juifs se tenaient au bord de la fosse, les Allemands les fusillaient dans le dos et ils tombaient directement dans la fosse, puis on mettait de la chaux ».

L'instigateur de la solution finale

Bien que son poste officiel soit maintenant à Prague, Heydrich garde le contrôle total des déportations et des éliminations. C'est son affaire, son secteur de compétence, et il y tient. L'élimination des juifs avait été menée de façon désordonnée jusqu'à la fin de 1941, sans discussion entre tous les responsables des domaines concernés. Les méthodes s'étaient révélées éprouvantes pour les soldats et difficilement efficaces.

Il met sur pied puis préside, le 20 janvier 1942, dans une villa au bord d'un lac entre Berlin et Potsdam, le Wannsee, la conférence qui clarifie et synthétise la logistique à adopter pour la « solution finale de la question juive » en Europe. En une heure et demie, devant une quinzaine de représentants des ministères et un groupe d'officiers SS, il montre comment chasser les juifs hors d'Europe est devenu impraticable avec la guerre. Leur extermination doit être conçue industriellement, explique-t-il. Leur embrigadement à l'Est dans des constructions de routes décimera peu à peu les moins valides, mais les survivants devront subir un « traitement approprié » pour être anéantis.

Après Berlin, dans la foulée des prévisions de cet anéantissement dans toute l'Europe, il est à Paris du 5 au 12 mai, à l'hôtel Ritz. Il élabore, en concertation avec les dignitaires du gouvernement Pétain, et notamment le secrétaire général de la police René Bousquet, les mesures répressives à prendre en France. Il installe également les fonctionnaires nazis qui auront à les appliquer.

Fier de ses responsabilités, il se nomme ironiquement lui-même, quand il réunit ses subordonnés dans son bureau, « l'éboueur en chef ». Le gros de sa besogne, s'amuse-t-il à leur répéter, c'est le nettoyage qui est nécessaire à l'hygiène nationale.

Dans les deux mois qui ont suivi son entrée en fonction à Prague, 400 Tchécoslovaques ont été condamnés à mort, 4000 ont été jetés en prison ou collés en détention dans des camps. Ces mesures ont imposé enfin le calme à toute la région, croit-il.

Depuis Pâques, il habite, avec sa femme et ses trois enfants, une vaste et confortable propriété à Panenské Břežany – ou plutôt Jungfern-Breschan, car tous les panneaux indicateurs ont été rectifiés et ils sont désormais en allemand. C'est un village à seize kilomètres au nord de Prague, à mi-chemin du camp de concentration implanté en octobre 1941 à Theresienstadt.

Cette propriété est formée d'une majestueuse bâtisse blanche du XVIIIe siècle, agrémentée de pelouses, d'arbres et d'un parc de sept hectares. Auparavant, un certain Ferdinand Bloch en était le propriétaire. Industriel du sucre, il avait opté pour la nationalité tchécoslovaque en 1919. Il était l'époux d'Adele Bauer, célèbre modèle du peintre de Vienne Gustav Klimt. Amateur d'art, il entreposait là sa collection de tableaux. Mais il était juif. Tous ses biens ont été « aryanisés » et il a été obligé de s'enfuir en Suisse.

Bien que la campagne, tout autour, soit légèrement onduleuse, elle est facile à surveiller. Elle est vide, à perte de vue. Cependant, Heydrich est lucide : il sait qu'il est pour les Tchèques le « bourreau en chef ». Il a fait expulser de leurs maisons les paysans du voisinage. Des brigades de soldats toujours aux aguets les occupent.

Jour après jour, à moins qu'il ne soit absent de Prague, sa Mercedes le conduit au Hradchine. Il se sent le garant du drapeau national-socialiste à croix gammée, rouge et noir, qui flotte à son sommet. Dans la voiture, il s'assoit habituellement devant, à côté du chauffeur. Aucun garde du corps. Il porte un simple gilet pare-balles.

Deux à trois fois par semaine, il prend l'avion pour Berlin avec son état-major. Voyages de mission, afin de recevoir les consignes courantes et répercuter les ordres adéquats. Mais pauses divertissantes, également. Sa silhouette est familière dans les boîtes de nuit et les bordels. Les prostituées ne la connaissent que trop bien. Chacune essaie de se cacher pour qu'il ne la choisisse pas. Elles l'appellent « l'homme aux yeux de loup ».

Mardi 26 mai 1942, il a soigneusement rangé dans sa serviette les dossiers qu'il a préparés en accord avec Himmler : intensification de la production dans les usines d'armement ; suite de la planification des déportations. En prévision d'une réunion le

29 mai avec Hitler, il doit, pour relecture et confirmation, lui présenter ces dossiers le lendemain.

Le soir, dans l'imposant Palais Waldstein, il veut honorer la mémoire de son père, décédé en 1938 et tellement heureux devant les débuts de sa réussite. Il a échafaudé une représentation de l'un de ses opéras en un acte, *Amen !*, son seul succès. Le 22 septembre 1895, au Théâtre municipal de Cologne, son père dirigeait lui-même l'orchestre. Il avait été acclamé par l'auditoire. Cette fois, les interprètes sont d'anciens professeurs du conservatoire de Halle. Splendide concert, et champagne pour tout le monde à la fin, avec les remerciements émus du général SS Heydrich, qui n'a pas manqué, bien sûr, d'annoncer la définitive et toute proche victoire !

Le mercredi matin, il lambine un peu avec ses deux garçons, Klaus et Heider. Il part une heure plus tard que de coutume. Dans la descente vers la ville, au virage décisif, il ne repère ni le guetteur qui indique à des complices, avec un miroir, l'approche de la Mercedes, ni les deux jeunes gens debout un peu plus loin sur le trottoir, à une vingtaine de mètres l'un de l'autre. Quand il voit le premier qui pointe sur lui une mitraillette, il dégaine son revolver, tire coup sur coup. Il est indemne, aucune balle n'est sortie de la mitraillette, elle s'est enrayée, mais à peine a-t-il réagi qu'une explosion stoppe l'auto, frappée à l'arrière par une grenade, ou une bombe, qui a percé d'un formidable trou la carrosserie. La déflagration lui cause une terrible douleur dans le dos.

Le « héros » allemand tombe

À l'hôpital Bulovka, le cas du blessé Heydrich n'est pas considéré par les médecins comme tragique. Il devrait s'en sortir. Pour le sauver à coup sûr, Hitler envoie à son chevet le chirurgien alors le plus réputé d'Europe, Ferdinand Sauerbruch, qui exerce, à Berlin, à l'hôpital de la Charité. Opération réussie. Les éclats de grenade et les crins de cheval du siège de la Mercedes qui, sous l'explosion, avaient pénétré jusqu'à la rate ont été extirpés.

Mais subitement, alors qu'une rapide remise sur pied du gouverneur par intérim semble garantie, le destin change le cours des choses. Une septicémie se déclare. Impossible de la neutraliser. Heydrich décède au matin du 4 juin, à 9 heures 24. Deux jours plus tard, le cercueil paré de drapeaux est conduit hors de l'hôpital par un détachement de SS, qui le disposent sur un support de canon. À l'issue des honneurs militaires, la dépouille est acheminée jusqu'au Hradchine, pour y être exposée dans la salle d'apparat. Auprès d'elle, quatre chefs SS montent la garde.

À l'aube du dimanche 7 juin, Himmler est au Hradchine. Dans la cour d'honneur, en présence de tous les représentants des autorités du Protectorat, y compris la marionnette qu'est le président de la République Emil Hácha, c'est la levée du corps. La voiture mortuaire se dirige vers l'aéroport. Embarquement pour Berlin, où la salle des Mosaïques de la Nouvelle Chancellerie a été choisie pour accueillir le cercueil.

À 16 heures, la cérémonie officielle est ouverte. Himmler exalte les « hautes qualités morales » du défunt, son « profond sentiment de la justice », sa « modestie exemplaire ». Parole, ensuite, à Hitler. Celui qui a été « victime d'un lâche attentat » était, déclare-t-il, « l'un des plus ardents défenseurs » de la vision national-socialiste du monde, « l'un des plus grands adversaires de tous les ennemis de l'Allemagne ». Le cortège funèbre gagne ensuite le cimetière des Invalides, où le mort est inhumé avec les solennités d'usage.

Dans les jours suivants, le « héros » Heydrich est accablé de célébrations. Hommages infinis au maître d'escrime, au cavalier hors pair, au champion de natation… Le 12 juin, la décoration la plus exceptionnelle et la plus élevée, celle de l'Ordre allemand, lui est décernée. La fabrication d'un timbre noir et violet à l'effigie de son masque mortuaire est lancée par le service des Postes.

Entre-temps, les « terroristes » n'ont toujours pas été trouvés. « Sous peine de mort, couvre-feu à dix heures du soir », proclament des pancartes dans les rues de Prague. « Les passants interpellés qui ne répondront pas aux sommations seront exécutés sur-le-champ. »

Dès la nouvelle de l'attentat, le 27 mai, avant que le jour ne tombe, tous les quartiers ont été perquisitionnés. Fermeture des bars, des théâtres, des cinémas. Un par un, tous les hôtels ont été contrôlés. Leurs patrons, au cas où ils seraient confrontés à quelque chose d'anormal, ont été mis en demeure de prévenir la police. Ils seront abattus s'ils cachent des suspects. Malgré tout, en dehors de quelques arrestations de supposés « résistants » qui figuraient dans les fichiers de la Gestapo, pas de résultat.

Mais le 10 juin, les SS encasernés à Kladno se ruent sur un village à une vingtaine de kilomètres au nord-ouest de Prague, Lidice. Après avoir interrogé des suspects, ils croient ce village, à tort, impliqué dans l'attentat. Les 173 hommes de 16 à 82 ans sont fusillés. Les 203 femmes, deux jours après, sont envoyées en déportation. Pour ce qui est des enfants, 82 sont véhiculés vers un camp d'extermination pour y être gazés. Jugés dignes d'être « germanisés », 9 autres sont transportés en Allemagne, dans des institutions où ils seront appelés à se révéler de vrais Allemands.

Communiqué de Radio Prague, le 18 juin à 22 heures : « Les auteurs de l'attentat contre Monsieur Heydrich, qui s'étaient réfugiés dans une église, ont été découverts aujourd'hui, dans la matinée. Ils ont été abattus au cours de leur arrestation. Ils sont tous de nationalité tchèque. Leurs complices ont été aussi exécutés. » L'attaque dont a été victime Heydrich, précisent les journaux allemands, a été minutieusement concoctée par les dirigeants de la résistance tchèque en exil : de Londres, les « criminels » auraient été parachutés sur Prague...

Les représailles se poursuivent le 24 juin dans un autre village, Ležáky, encerclé par plusieurs centaines de SS. Les 34 adultes y sont fusillés. Sur les 13 enfants, 11 sont embarqués à leur tour, comme leurs camarades de Lidice, vers un camp d'extermination. Les deux derniers, deux sœurs, sont confiés à des familles allemandes.

Le 27 juin, toute la presse signale que les autorités ont payé la somme qui avait été promise pour la capture des assassins du gouverneur par intérim. L'équivalent de 40000 euros. Les deux ressortissants tchèques ayant livré des renseignements déterminants ont chacun été gratifiés du quart. Le reste a été réparti entre 7 Allemands et 53 habitants tchèques de Prague.

LIONEL RICHARD

Idi Amin Dada
Le bourreau de l'Ouganda

(vers 1923-2003)

Mégalomane délirant, Idi Amin Dada prend le pouvoir par un coup d'État en 1971. Il gouverne son pays par la terreur pendant plus de huit ans avant d'être renversé par l'armée tanzanienne en 1979. Il est mort en exil en Arabie saoudite, laissant le souvenir d'un dictateur fruste, rusé, grotesque et sanguinaire. Environ 300 000 Ougandais ont été tués sous son règne, et des milliers d'autres ont été contraints à l'exil.

« *Thank you! Thank you!* » Ce mercredi 11 avril 1979, une vague d'allégresse submerge Kampala, la capitale de l'Ouganda. La foule, chaleureuse, fraternise avec les soldats tanzaniens, arrivés en libérateurs. Le pays sort d'un cauchemar de huit ans et trois mois, pendant lesquels le général-président Idi Amin Dada, a imposé sa terreur. Ce jour-là s'achève le règne le plus hallucinant de l'histoire moderne de l'Afrique. Au prix de quelque 300 000 morts...

Au centre de la capitale, dans le petit immeuble qui abritait les services du State Research Bureau (« Bureau de recherches d'État ») – la police politique – une poignée d'ex-détenus racontent comment ils ont survécu plus d'un mois en mangeant les cadavres qui gisaient autour d'eux. Dans les cachots et dans le jardin, une trentaine de corps se décomposent. Un caniveau est plein de sang séché. C'est ici que les prisonniers étaient exécutés en file indienne. À l'approche de l'armée tanzanienne, les tortionnaires du Bureau évacuaient quelque deux cents cadavres par jour. Devant le bâtiment, des gens fouillent dans un amas de milliers de cartes d'identité et de dossiers répandus à terre, en quête de la trace d'un parent ou d'un ami. Mégalomane délirant, Amin Dada s'était proclamé « le plus grand chef d'État du monde ». Il fut surtout l'un des pires bourreaux de l'Histoire.

Idi Amin n'a jamais voulu, ou pu, préciser l'année de sa naissance. Il voit le jour entre 1923 et 1925 à Koboko, dans la province du Nil occidental, un gros village proche du Congo – belge à l'époque – et du Soudan. Son père, musulman, comme seulement 5 % de la population ougandaise, est membre de la petite tribu nubienne des Kakwa. Sa mère appartient à l'ethnie voisine des Lugbara. Dans cette région pauvre et aride empreinte de croyances obscures, on pose des pierres sur les collines pour attirer la pluie, et les guerriers, durs au combat et sans pitié, ont coutume d'absorber une drogue hallucinogène tirée d'une plante locale appelée *kamiojo*. Boire cette infusion était censé les protéger des balles de fusil…

Un colosse analphabète

Doublement minoritaire et citoyen de troisième classe, le jeune Idi, à la peau très noire, garde les chèvres et fréquente un peu l'école à Arua, le chef-lieu de province. Resté quasiment analphabète, il s'accroche aux jupes de sa mère, une guérisseuse, magicienne à ses heures. Abandonnée par son mari, un simple soldat devenu policier, elle suit les garnisons. L'enfant vend des biscuits sur les marchés. C'est un *bayaye*, un immigré de l'intérieur, rejeton de l'exode rural, qui grandit dans un monde de peur, de mystères et d'errances.

À 18 ans, il a déjà la stature d'un géant : 100 kilos pour 1,91 mètre, et l'encolure d'un taureau. Plus tard, il sera rugbyman de choc et, neuf ans d'affilée, de 1951 à 1960, champion de boxe d'Ouganda, catégorie poids lourd. Il racontera à Malyam, sa première femme, comment il avait, lors d'un combat, brisé le cou de son adversaire – un Blanc –, qui s'était effondré sur le ring, mort. Le lendemain du match, la veuve du malheureux l'avait menacé d'un pistolet, en hurlant, avant d'être désarmée de justesse.

Devenu président, Idi Amin prétendra avoir été enrôlé de force dans l'armée coloniale pour participer à la campagne de Birmanie jusqu'à la fin de la guerre en Asie. Pure invention. La réalité est plus banale. En 1946, à Jinja, au nord du lac Victoria où sa mère s'est installée, le jeune homme, à la stature exceptionnelle, attire l'attention d'un sergent-recruteur britannique. Il s'engage alors dans le 4e régiment du King's African Rifles, comme aide-cuisinier, avant d'entrer dans le service actif. Le voilà plongé dans un autre univers. Bien nourri, bien vêtu, baragouinant un mauvais anglais, il apprend, quoique difficilement, la discipline. Son enthousiasme emporte la sympathie. C'est un « bon nègre », costaud et rigolard. Un géant inculte mais jovial. Les Anglais l'appellent *Big Daddy* (« Gros Papa »). « Un bon bougre, mais plutôt faible en matière grise », note l'un de ses officiers. Il sert au Kenya et en Somalie, où il pourchasse les *shiftas*, les voleurs de bétail.

En 1953, on retrouve Idi Amin au Kenya, dans la terrible guerre contre les Mau-Mau. Sans états d'âme face aux rebelles kikuyus, il donne libre cours à ses instincts brutaux, apprenant à tuer sans bruit, au couteau. De retour dans le Nord-Est ougandais, le sergent Amin est chargé de désarmer les Karamojong, un peuple d'éleveurs nomades. Il invente une méthode d'interrogatoire très personnelle : les pasteurs, debout devant lui, sont contraints de poser leur pénis sur une table pendant qu'il menace, machette au poing, de les châtrer s'ils ne révèlent pas leurs caches d'armes.

En 1954, Idi Amin dirige la parade en l'honneur d'une visiteuse de marque, la reine Elizabeth II. En 1955, il occupe la même fonction au retour d'exil de Mutesa II, le 35e *kabaka* (« roi ») des Bagandais, la principale ethnie d'Ouganda. Il réprime ensuite avec fermeté une mutinerie au Soudan. Après deux échecs aux épreuves théoriques, il est enfin promu en 1959, grâce à ses exercices de terrain, à un nouveau grade tout juste inventé pour les sous-officiers africains et que l'on croirait sorti d'un roman de Kipling, celui d'*effendi* (équivalent du grade de lieutenant). Lorsque l'Ouganda deviendra indépendant le 6 octobre 1962, Idi Amin est lieutenant, et l'un des deux seuls officiers noirs du pays.

Un soldat précocement cruel

En attendant, il traîne une sale affaire. On l'a envoyé apaiser un conflit entre les nomades turkanas du Kenya et leurs « cousins » et rivaux ancestraux karamojongs. Son escadron est accusé d'avoir massacré un village turkana entier. Enfants, femmes et vieillards compris, dont certains brûlés vifs… Idi Amin risque la cour martiale. Ce serait un événement politiquement fâcheux en cette veille d'indépendance. Sur le conseil du futur Premier ministre déjà désigné, Milton Obote, les Britanniques n'infligeront au coupable qu'une simple réprimande.

Grâce au soutien d'Obote, Idi Amin monte en grade rapidement (commandant en 1963, colonel en 1964), complète sa formation militaire en Grande-Bretagne et suit un entraînement de parachutisme en Israël – il portera longtemps l'insigne gagné au cours de ce stage. Peu avant, en janvier 1964, il mesure son autorité en domptant une mutinerie à Jinja : en quelques heures, il apaise les hommes de troupe, furieux d'être trop mal payés. Sa voix forte et sa carrure imposent le respect.

En 1965, Idi Amin, devenu numéro deux de l'armée, passe neuf semaines dans l'Est du Congo. Sur ordre d'Obote, il aide les rebelles en lutte contre Moïse Tshombé, Premier ministre, et son allié d'alors, Mobutu, chef de l'armée congolaise. Il leur fournit des armes contre de grosses quantités d'or, d'ivoire et de café, dont il détourne une bonne part à son profit. Montant du butin : un million de dollars. Le scandale éclate en février 1966 lorsqu'un député brandit la photocopie des relevés bancaires d'Amin Dada. Mutesa II, le roi, devenu président en 1962, exige une enquête. L'opposition surnomme Obote et Amin « les jumeaux à la poudre d'or ».

Obote cherche à éliminer le *kabaka* depuis quelque temps, projet dont il s'est ouvert à son allié privilégié. Se sentant désormais menacé, il passe à l'action, suspend la Constitution, arrête plusieurs ministres, neutralise l'opposition. Deux jours plus tard, il nomme Idi Amin chef de l'armée. En avril, une nouvelle Constitution abroge la semi-autonomie des vieux royaumes. Les Bagandais se révoltent. Amin attaque le palais royal à coups de mortier. Au moins 400 opposants sont liquidés. Le roi s'enfuit (il mourra à Londres en 1969, à l'âge de 45 ans). Beaucoup d'Ougandais éduqués l'imitent en choisissant l'exil. Obote devient président.

Complots et coup d'État

Au début, Amin et Obote s'accordent et se ménagent. Leur victoire commune sur les Bagandais offre une revanche historique aux ethnies du Nord défavorisées depuis toujours par rapport aux Bantous du Centre et du Sud. Amin favorise le recrutement et la promotion de soldats nubiens, en majorité kakwa, à sa dévotion. Mais bientôt, la rivalité s'aiguise entre les deux hommes. En décembre 1969, Obote est la cible d'un attentat manqué. Prié de donner ses instructions, Idi Amin s'affole, s'enfuit, réapparaît et se perd en explications confuses. Le numéro deux de l'armée, Pierino Okoya, l'accuse de désertion. On le retrouvera mort aux côtés de sa femme dans le jardin de leur villa. Une enquête est ouverte. La rumeur désigne Idi Amin…

Obote dépouille peu à peu le général de ses pouvoirs au profit de jeunes officiers dont il est sûr, membres de sa propre ethnie, les Langi, apparentés aux Acholi. Avec l'aide des services secrets israéliens et du mercenaire Rolf Steiner, Amin renforce sa position en recrutant au prix fort 2000 rebelles anyanya du Sud-Soudan. En septembre 1970, Obote échappe à un nouvel attentat. Il décide enfin de se débarrasser d'Amin. Il l'envoie aux obsèques de Nasser, et lui suggère de faire ensuite un pèlerinage à La Mecque. Méfiant, Amin rentre secrètement en Ouganda, ce qui lui vaut quelques jours de résidence surveillée. Obote lui retire ses fonctions de commandement et le cantonne dans un rôle administratif.

Le 25 janvier 1971, un sous-officier annonce à la radio, dans un anglais laborieux, que les forces armées ont pris le pouvoir. Obote, absent d'Ouganda, participe à une conférence du Commonwealth à Singapour. Avant de partir, il a averti le général qu'il lui demanderait des comptes sur plusieurs affaires d'importance à son retour. Erreur funeste. C'était alerter maladroitement un homme très méfiant. C'était aussi sous-estimer son habileté, sa détermination et son instinct de survie. Obote n'aura plus qu'à s'exiler chez son ami Julius Nyerere, président de la Tanzanie voisine.

Le putsch, accompli sans effusion de sang, est accueilli à Kampala dans la liesse. Débarrassés de leur ennemi juré, les Bagandais dansent et chantent dans les rues. Malyam, la femme d'Amin, se souvient qu'elle défilait alors en voiture, assise aux côtés de son mari : « Nous avancions dans une foule joyeuse qui nous ovationnait. Jamais notre peuple n'avait paru aussi radieux. » Avant d'ajouter : « Si seulement tous ces gens avaient su ce qui les attendait ! »

Le nouveau maître du pays prend des bains de foule quasi quotidiens au volant d'une Jeep découverte. Il rassure, se fait modeste : « Je ne suis pas un homme ambitieux. Je suis un simple soldat. » Dans les provinces, qu'Amin sillonne, on le reçoit en héros. Il prêche le respect des aînés, des valeurs ancestrales et des… « enseignants britanniques » qui travaillent en Ouganda. Il libère les détenus politiques, dissout la police secrète, promet des élections et offre des funérailles nationales au défunt roi Mutesa II.

En Occident, on se réjouit. Notamment à Londres et Jérusalem. Conscients de l'importance stratégique de l'Ouganda, où ils ont beaucoup d'intérêts économiques et une forte présence humaine, Britanniques et Israéliens sont devenus ses meilleurs alliés. La déposition du roi, et surtout, le virage à gauche décidé en 1969 par un Obote de plus en plus tiers-mondiste et socialisant les alarmaient. Les voici tranquillisés. La presse britannique est au diapason. Le conservateur *Daily Telegraph* salue en Amin « un ami solide, à l'inverse d'autres leaders africains ». La bourgeoisie locale, les commerçants indo-pakistanais et les hommes d'affaires étrangers sont soulagés : les mesures « socialistes » sont remises aux calendes grecques.

Les cadavres jetés aux crocodiles

Tout le monde déchantera bien vite. Amin dissout le Parlement, interdit les meetings politiques, annonce qu'il gouvernera par décret, au moins pendant cinq ans. Il met en place le State Research Bureau, variante ougandaise des escadrons de la mort. On retrouve dans une caserne les cadavres de deux journalistes américains disparus lors du putsch. Sous des faux airs de géant débonnaire, Amin est un tyran psychopathe, avide et manipulateur. Tour à tour jovial et sanguinaire, il alterne crises de rage et phases de dépression. Les massacres commencent, la terreur s'installe.

Plusieurs centaines de soldats acholi-langi sont décimées à la mitrailleuse dans la caserne de Mbarara. Les chefs militaires qui n'avaient pas soutenu le putsch sont exécutés : beaucoup sont décapités, une trentaine d'autres tués par des explosions de dynamite dans leurs cellules. C'est le début d'impitoyables purges dans l'armée perpétrées par les tueurs nubiens d'Amin.

Ce dernier cible aussi l'intelligentsia civile. Des politiciens, des hauts fonctionnaires, des hommes d'affaires, des professeurs, des médecins et des hommes d'Église sont éliminés. Parmi eux, deux hauts magistrats, Michael Kagwa, incendié dans sa voiture, et Benedicto Kiwanuka, ainsi que le vice-chancelier de l'excellente université de Makerere, Frank Kalimuzo. Au fil des ans reviendront les mêmes images, les mêmes récits de survivants : prisons aux murs rougis du sang des torturés, cadavres flottant sur les rivières, brûlés dans la savane ou laissés aux vautours, restes humains encombrant les turbines du barrage d'Owen Falls, malheureux étouffés par leur sexe coupé, enfoncé dans leur gorge, crocodiles rassasiés de chair humaine, liquidations maquillées en accidents de la route…

Tout opposant, tout rival potentiel ou supposé tel, est assassiné. Leurs corps, décapités, sont jetés dans le lac Victoria tandis qu'Amin sermonne leurs têtes conservées dans ses glacières. Il arrive que le tyran mange la chair et boive le sang de ses victimes. Il assiste parfois lui-même à l'exécution des malheureux, comme en témoignent certaines photos. Mode d'exécution classique : quelques coups de marteau sur la nuque. Torture préférée : le sectionnement des talons d'Achille.

Repenti tardif, complice du pire pendant six ans avant de s'exiler, le ministre de la Santé, Henry Kyemba, racontera dans un livre glaçant, *A State of blood* (« Un État sanguinaire »), la rapide descente aux enfers de son pays. Dès l'été 1971, alors qu'Idi Amin est reçu par la reine Elizabeth II à Buckingham, des camions chargés de cadavres font la navette entre les casernes et le Nil. Le ministre est informé du nombre de corps retrouvés chaque matin sur les rives du fleuve. Une arrestation « normale », précise Kyemba, se passe ainsi : la victime est arrachée à sa maison ou son lieu de travail sous les yeux de tous, poussée dans le coffre d'une voiture, conduite dans la forêt la plus proche, interrogée et exécutée. On laisse pourrir le corps là où il est tombé. Très souvent, le seul moyen pour la famille de le retrouver, c'est d'avoir recours à un « récupérateur de cadavres ». Il en existe beaucoup à Kampala... C'est un job lucratif.

Israéliens et Asiatiques expulsés

Pour l'Ouganda, 1972 est une année charnière. En février, Idi Amin rend visite à Kadhafi. Le dirigeant libyen le séduit par de généreuses promesses et le persuade de renouer avec la religion de son père en se convertissant spectaculairement à l'islam. Au passage, il le « retourne » aussi politiquement. En une volte-face diplomatique spectaculaire, l'Ougandais rompt avec Israël, son meilleur allié qui lui accordait un tiers de son aide totale à l'Afrique. L'État juif avait fait de l'Ouganda la plaque tournante de son influence sur le continent noir. Élève-officier du général Moshé Dayan lors de son stage de para, Idi Amin prétendait avoir « couru les filles avec lui à Tel-Aviv ». Dayan, en retour, jugeait son élève « fou à lier ». L'Ougandais avait réservé à Israël l'une de ses toutes premières visites officielles à l'étranger.

En mars 1972, cinq cents ressortissants de l'État juif – conseillers militaires, experts, diplomates – ont quatre jours pour faire leurs valises. Devenu pourfendeur de « l'impérialisme sioniste », Amin Dada juge les Israéliens « pires qu'Hitler ». N'ont-ils pas voulu, dit-il, « empoisonner le Nil » ? En septembre 1972, alors que le monde est encore sous l'émotion du massacre de onze athlètes israéliens par des terroristes palestiniens aux Jeux olympiques de Munich, le président ougandais chante les louanges du Führer, dans un télégramme au secrétaire général de l'ONU, Kurt Waldheim (lui-même ancien officier du IIIe Reich) : « C'était un grand homme et un grand conquérant » qui a « agi avec justesse » en tuant 6 millions de Juifs. Un message envoyé, dira-t-il plus tard sans le moindre regret, dans un moment de « grand lyrisme ».

Nouveau coup de théâtre. Le 5 août 1972, sur ordre de Dieu qui lui est apparu en rêve, Amin lance sa « guerre économique » :

il donne trois mois aux quelque 55 000 Asiatiques porteurs d'un passeport britannique pour quitter l'Ouganda, en abandonnant leurs biens. Indiens et Pakistanais, dont les ancêtres furent « importés » ici aux premiers temps de l'Empire, contrôlent la quasi-totalité du commerce et la moitié de l'industrie. Ils occupent la majorité des professions libérales et forment l'ossature de la classe moyenne.

Amin Dada les accuse de « traire la vache sans jamais la nourrir », les assimile à des « saboteurs », des « parasites ». Ils se mélangent très peu avec une population africaine qui les voit souvent comme des « suceurs de sang » et applaudit à leur expulsion. Sur la route de l'aéroport, avant leur envol vers l'exil – en Grande-Bretagne, au Canada ou en Australie – les soldats d'Amin ne se gênent pas pour les dépouiller de leurs derniers bijoux.

Leur départ forcé provoquera un désastre économique. Il hâtera la ruine de ce pays fertile et luxuriant que Churchill appelait « la perle de l'Afrique ». La production s'effondre, le commerce se délite, l'impôt s'évapore, le déficit budgétaire, déjà gonflé par les dépenses militaires, s'aggrave encore, les pénuries apparaissent et les services sociaux se dégradent. Amin Dada, ignare en matière financière, ordonne « d'imprimer plus de billets », aggravant l'inflation, bientôt galopante. Sur le marché central de Kampala, il fait rouer à coups de bâton les commerçants qui, selon lui, augmentent trop leurs prix.

Le 17 septembre 1972, des fidèles d'Obote venus de Tanzanie tentent d'envahir l'Ouganda. À leur grande déception, Kampala, d'ailleurs vite quadrillée par l'armée, ne se soulève pas. La « petite guerre » s'achève en deux jours. Les guérilleros repassent la frontière. Cet épisode déchaîne la paranoïa du chef de l'État. Elle lui dicte une répression accrue, d'abord contre les Ankole, un peuple du Sud-Ouest qui avait fait bon accueil aux dissidents pro-Obote. Puis contre ses ministres, contre les militaires, et contre son entourage, où les défections se multiplient. Idi Amin Dada décapite ou terrorise l'élite, arguant de complots, réels ou imaginaires.

Exécutions publiques et télévisées

En 1974, on retrouve le corps ballonné, flottant sur le Nil, de Michael Otonga, ancien ministre des Affaires étrangères. Une centaine d'officiers sont passés par les armes, dont le général Charles Arube, chef d'état-major. D'autant plus cruel qu'il se croit en danger, Amin Dada ordonne des exécutions retransmises à la télévision : les suppliciés sont revêtus de tabliers blancs « pour qu'on voie bien leur sang ».

Les trois services à sa solde – la police militaire, le State Research Bureau et le Public Safety Unit (« l'Unité de sécurité publique ») – donnent libre cours à leur brutalité. Ils disposent d'un système d'écoutes et de classement des informations installé par des techniciens est-allemands. L'ensemble des données sont mémorisées sur ordinateurs. Aucun doute : la police ougandaise est l'une des mieux équipées du tiers-monde. Le tyran, autoproclamé maréchal en 1975, puis président à vie en 1976, s'appuie sur une garde prétorienne de 3 000 Nubiens.

Pour déjouer l'ennemi, le président emploie six sosies. Au téléphone, il ne dit jamais où il se trouve, et malheur à l'interlocuteur trop curieux ! Il désigne l'Église comme nouvel adversaire. En contrepartie des pétrodollars reçus du monde arabe, Idi Amin Dada décide d'islamiser – sans grand succès – l'armée, l'administration et le commerce, expulse des missionnaires, jette en prison l'archevêque catholique. Son homologue anglican, Janani Luwum, sera assassiné par les hommes de main du dictateur en février 1977.

Amin Dada a eu six femmes et quarante-huit enfants reconnus. Malyam, sa première épouse, a raconté comment son mari la battait comme plâtre et comment il lui a enlevé ses six enfants. Un jour d'avril 1973, il répudie d'une phrase ses trois premières femmes – Malyam, Kay et Norah – et les chasse d'un geste. Pour la punir d'un adultère – après sa répudiation ! – Amin Dada fait démembrer le corps de Kay, puis ordonne qu'on en recouse les morceaux pour le présenter à la télévision, sous le regard des quatre enfants de la malheureuse, contraints de contempler ce spectacle. Quant à Norah, elle sera retrouvée morte au début de 1979, apparemment empoisonnée. La jolie princesse Elizabeth Bagaya de Toro, éphémère ministre des Affaires étrangères, aura plus de chance. Tombée en disgrâce pour avoir refusé les avances d'Amin Dada (celui-ci l'accuse d'avoir « fait l'amour avec un Blanc » dans les toilettes de l'aéroport d'Orly), elle réussit de justesse à s'enfuir au Kenya.

L'amuseur public

Amin Dada est un singulier mélange de naïveté et de roublardise, d'humour et de méfiance, de cruauté et de clownerie. Ignorant le ridicule, il est son propre bouffon. Pitre énorme, truculent, féroce, il joue volontiers à l'amuseur public. Il tonitrue, gesticule, danse. Par ses pantalonnades – hélas souvent meurtrières – il renforce sa triste réputation d'« Ubu noir ». Il fanfaronne, affabule, conseille ou chapitre le monde entier.

Pendant le scandale du Watergate, Amin Dada recommande à son *dear brother* Richard Nixon d'emprisonner ses opposants ; plus tard, il enverra ses « condoléances » au président américain déchu. Un jour, il propose à Julius Nyerere de l'affronter sur un ring ; un autre, il lui déclare son amour : « Si vous aviez été une femme, je vous aurais épousé, bien que vos cheveux soient gris. » Il offre de résoudre le conflit irlandais, s'invite en janvier 1975 à Buckingham Palace chez son « ancien commandant en chef, Elizabeth II », suggère à la souveraine de venir à Kampala voir ce qu'est « un vrai homme », se dit prêt à épouser la princesse Anne pour améliorer les relations ougando-britanniques rompues par Londres en 1976, lance un « Fonds de charité pour sauver la Grande-Bretagne » en crise : les Ougandais font la queue pour offrir qui une chèvre, qui un régime de bananes. C'est une farce où l'ancien maître colonial est ridiculisé.

En 1975, Amin Dada organise une étrange cérémonie d'allégeance au cours de laquelle quatorze résidents européens font le serment, à genoux et le bras levé, de combattre « pour libérer l'Afrique du Sud ». La communauté britannique est virtuellement prise en otage. Le maréchal se fait porter par quatre Blancs sur un palanquin... La même année, il fait condamner à mort un professeur anglais, Denis Hills, auteur d'un livre non encore publié où Amin Dada est traité de « tyranneau de village ». James Callaghan, secrétaire au Foreign Office, doit se rendre lui-même à Kampala pour récupérer l'enseignant malchanceux...

La tenue, en juillet 1975, du sommet de l'Organisation de l'unité africaine (OUA) dans la capitale ougandaise est pour Amin Dada une consécration. Face au lac Victoria, il organise le mimodrame de « la prise du Cap » (comme celle du Golan, naguère) par son armée, sous le regard stupéfait de vingt-sept autres chefs d'État. À cette occasion, lors d'un banquet somptueux, il épouse Sarah, une ancienne danseuse d'un groupe de jazz, de plus de trente ans sa cadette, dont il avait fait exécuter l'ancien amant. Yasser Arafat est le témoin du marié.

Une trop longue complaisance de l'Afrique dirigeante, mais aussi de militants noirs américains et d'artistes (la chanteuse sud-africaine Miriam Makeba est « citoyenne d'honneur » de l'Ouganda) flatte la rouerie et l'ego d'Amin Dada. Pendant un an, il sera le porte-parole officiel de l'Afrique. En octobre 1975, à l'ONU, il fait lire son discours par un ministre pour ne pas s'exprimer en anglais, « langue des impérialistes », et reçoit une ovation.

La chute et l'exil

Amin Dada s'attribue les décorations militaires les plus prestigieuses, et s'affuble des titres les plus ronflants : « Conquérant de l'Empire britannique », « Dernier roi d'Écosse », ou les plus fantaisistes, « Seigneur de toutes les bêtes de la terre et de tous les poissons de la mer ». Il se fait confectionner des uniformes spéciaux pour y accrocher toutes ses médailles (y compris la breloque d'une association suisse de moniteurs de ski). En 1975, le journaliste français Michel Faure, à l'époque jeune coopérant à Kampala, est témoin de l'humiliation infligée à l'université de Makerere le jour où le tyran à moitié illettré se fait décerner le grand collier de Chancelier.

L'homme dont les tragiques mascarades ont souvent un goût de revanche connaît à son tour la pire humiliation lors du fameux raid nocturne sur l'aéroport d'Entebbe, le 3 juillet 1976... Le 27 juin, quatre terroristes, deux Palestiniens et deux Allemands, détournent un Airbus d'Air France assurant la liaison entre Tel-Aviv et Paris. Après une escale forcée à Benghazi en Libye, l'avion se pose à Entebbe, avec quelque 250 otages à son bord. Les pirates de l'air sont alors rejoints par trois autres terroristes qui les attendaient sur place avec la complicité des autorités ougandaises. Ils exigent la libération d'une cinquantaine de prisonniers palestiniens, en majorité détenus en Israël. « Assistés » par des soldats ougandais, ils trient les passagers, et gardent en otage cent trois d'entre eux, juifs et israéliens, libérant les autres. Le gouvernement de l'État juif fera mine de négocier, le temps de gagner quelques jours nécessaires à la préparation du raid. Les otages sont retenus dans le hall de transit du terminal de l'aéroport. Idi Amin Dada leur rend souvent visite en se donnant l'image d'un médiateur. Dans la nuit du 3 juillet, grâce à plusieurs stratagèmes, un commando israélien d'une centaine de soldats prend par surprise l'armée ougandaise. Pendant l'assaut, trois otages sont tués, dont un jeune Français juif, tombé sous les balles israéliennes. Sept terroristes sont abattus et huit avions Mig ougandais détruits au sol. Le commando déplore une seule perte, celle de son chef, le colonel Yonatan Netanyahou, frère du futur Premier ministre israélien. Les otages restants sont libérés, sauf une vieille dame juive,

Dora Bloch, 73 ans, qui sera froidement exécutée en représailles, deux jours après le raid, sur ordre d'Idi Amin Dada. L'audace de l'exploit couvre l'Ougandais de ridicule…

En octobre 1978, il choisit la fuite en avant. Pour faire diversion au chaos montant, il envoie 2000 soldats en Tanzanie pour reconquérir le saillant de la Kagera, un morceau de terre accolé par erreur au pays voisin lors de la décolonisation, et annexé, annonce-t-il, « après une offensive éclair de vingt-cinq minutes » sous son propre commandement. L'armée tanzanienne, avec des opposants dans ses fourgons, contre-attaque et écrase les troupes d'Amin Dada. Celui-ci quitte alors le pays avec une trentaine de proches, alors que Kampala tombe le 11 avril 1979. Le dictateur déchu passe par la Libye et trouve finalement asile dans l'Arabie saoudite du roi Fayçal.

Idi Amin Dada vivra pendant quatorze ans des subsides mensuels du gouvernement saoudien, dans un quartier cossu de la banlieue de Djeddah. En janvier 1989, il tente un retour manqué vers l'Ouganda *via* Kinshasa, où il est reconnu, déclaré indésirable et aussitôt expulsé. Deux journalistes, un Italien en 1997 et un Ougandais en 1999, retrouvent sa trace et le rencontrent dans son exil doré à Djeddah. Il dit « n'avoir aucun remords, seulement de la nostalgie ». La nourriture ougandaise lui manque. Périodiquement, il va chercher à l'aéroport la farine de manioc et les bananes plantain qu'on lui envoie pour préparer le *matooke*, plat national ougandais. En une ultime pitrerie, il dit manger trente oranges par jour pour soutenir sa virilité.

Idi Amin adorait les aphorismes grinçants, comme : « On ne court jamais aussi vite qu'une balle de fusil. » Mais aucune balle ne l'a jamais rattrapé. L'un des pires tyrans du XXe siècle est mort de maladie le 16 août 2003. Impuni.

Jean-Pierre Langellier

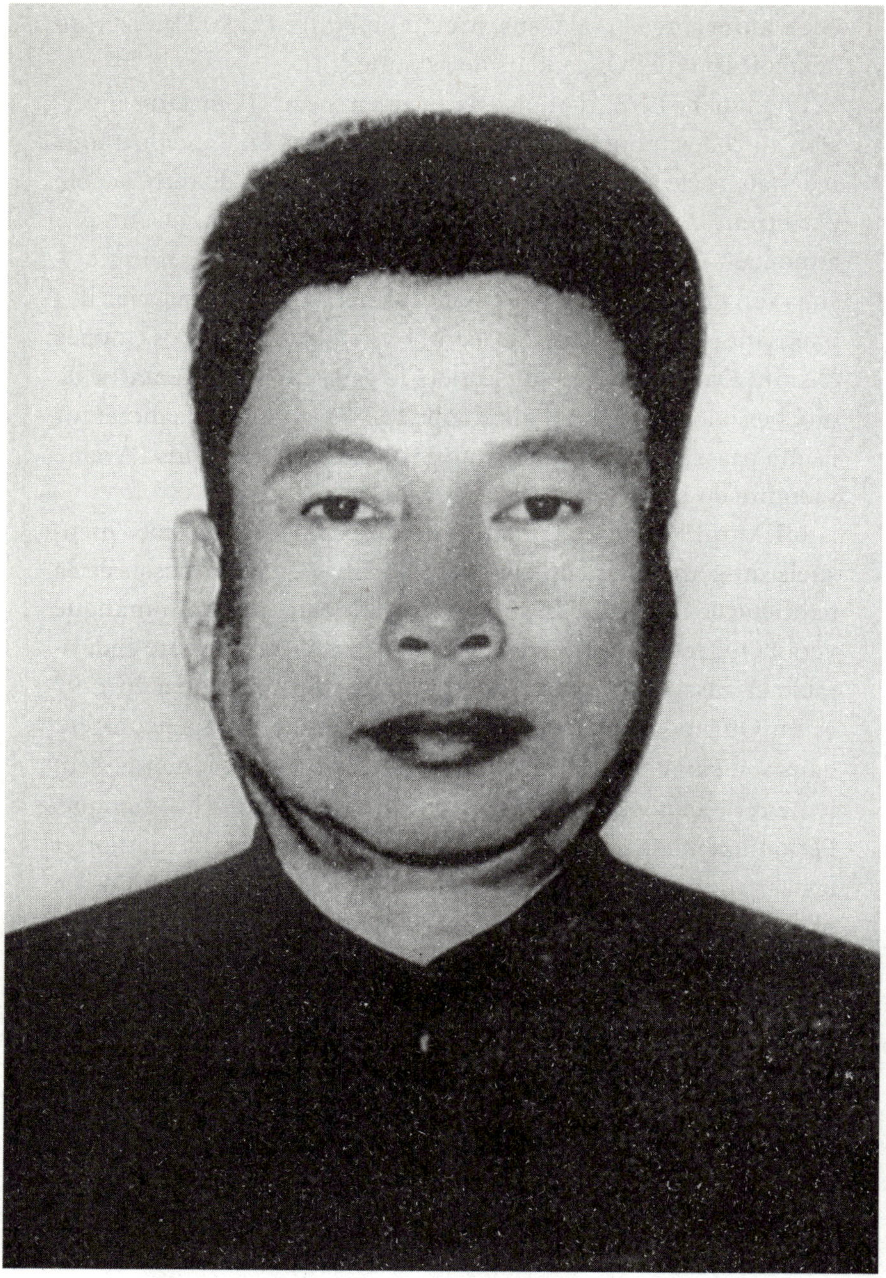

Pol Pot
Un génocidaire si discret
(1925–1998)

Pol Pot a commencé sa carrière de tueur de masse comme une petite main de la révolution, modeste et souriant. Devenu Frère numéro un des Khmers rouges, ce possédé du communisme intégral passe à l'acte. Trente ans plus tard, rejeté par la communauté internationale, le chef de la toute-puissante Angkar meurt tranquillement dans son lit.

Bonjour, Cambodge ! Rien de plus motivant que de s'éveiller la conscience tranquille. Pas un péché à se reprocher, pas une pensée déviante, pas même une peccadille. Qu'on en juge plutôt. Capitaliste malencontreusement épargné ? Aucun. Intellectuel mal pensant avec pignon sur rue ? Aucun. Agent secret américain encore en vie ? Aucun. Traître sans châtiment au service des Vietnamiens ? Aucun. Dirigeant révisionniste khmer toujours à même de comploter ? Aucun. Un bilan impeccable.

« Frère numéro un » de l'*Angkar padevat*, l'Organisation révolutionnaire, autrement dit le Parti communiste cambodgien, Pol Pot ouvre les yeux, se les frotte, s'étire. Aujourd'hui, c'est Noël 1978, jour sacré des chrétiens mais peu importe. Quel rêve vient-il d'abandonner en même temps que son sommeil ? Une énième tuerie collective, puisque c'est de sang que la révolution khmère rouge se gorge sous sa direction. Le Cambodge se renforce en s'épurant. Plus exactement, le Kampuchéa démocratique, nouveau nom de la patrie des pères de Pol Pot, s'épure à proportion d'un habitant sur sept assassiné, ou peut-être même d'un habitant sur cinq. L'objectif de ce génocide : renouer avec la grandeur passée de l'Empire khmer, ce temps béni où les Vietnamiens étaient ses vassaux et non ses suzerains, comme ils le prétendent désormais.

À moitié endormi encore, Pol Pot commence à émerger. Aussitôt, les soucis du jour l'assaillent. Demander par exemple à Ta Mok ou à Nuon Chea où ils en sont de leurs statistiques de liquidations physiques de contre-révolutionnaires. À Ta Deuch aussi. Un bon camarade, Deuch, un convaincu. Ancien prof de maths, il connaît bien les chiffres. Comment ne pas se féliciter de lui avoir confié la responsabilité de S-21 ?

Des salles de lycée transformées en chambres de torture

S-21, c'est le nom de code de la prison de sécurité centrale du régime, installée à Tuol Sleng, au sud de Phnom Penh. Elle dépend du Nokorbal, la police politique khmère rouge contrôlée par Ta Mok, le supérieur hiérarchique de Deuch, et par Nuon Chea. Deux tueurs de grand style auxquels Pol Pot vient justement de penser comme ses plus fidèles exécutants des basses œuvres.

Les salles du rez-de-chaussée de l'ancien lycée occupé par S-21 ont été transformées en chambres de torture : sommiers métalliques pour étendre les victimes, chaînes et barres avec étriers pour les immobiliser, fils électriques pour leur appliquer la gégène. L'écrasante majorité des 14000 détenus a déjà trouvé, ou va trouver dans un proche avenir, une mort atroce précédée des indispensables aveux. Et dans les innombrables centres de détention de province, les conditions sont souvent pires.

Pourquoi ce matricule de S-21 ? Parce que dans le dispositif khmer rouge, tout a un nom ou un numéro de code pour la bonne raison que tout est caché. « Le secret, c'est déjà la moitié de la victoire », n'a cessé de répéter Pot pendant ces années de lutte clandestine contre les Français, les Cambodgiens non-communistes et les Américains. Contre les Vietnamiens aussi bien sûr, dont il n'oublie jamais comment leurs aïeux, après avoir détruit l'Empire khmer, ont tenté de coloniser le Cambodge – ou plutôt le Kampuchéa.

Honnis soient les Vietnamiens, maudits soient les Cambodgiens à leur botte ! Ceux-là, on les désigne comme des « Vietnamiens dans des corps de Khmers », formule qui n'annonce guère d'indulgence à leur égard. Sans vigilance et sans sévérité révolutionnaire, ces serpents à face humaine auraient, croit le Frère numéro un, empêché l'accomplissement du grand rêve khmer rouge, le seul qui vaille : le communisme intégral, perfection marxiste-léniniste faite système. Un Big Brother à l'extrême-orientale avec des sourires aussi trompeurs que celui que Pol Pot, l'indéchiffrable, arbore toujours. Même et surtout quand il s'apprête à ordonner la mort.

L'inquiétude renaît tout de même chez le dirigeant suprême quand, entrouvrant sa moustiquaire, il entre de plain-pied dans la réalité. Quelque chose le tracasse. Mais quoi ? Les questions affluent en même temps que le sang qui revient dans son cerveau. Et de s'inquiéter : les filets de l'Angkar sont-ils assez serrés ? N'aurait-on pas laissé passer quelques renégats ?

Ces hypocrites ont le chic pour se glisser partout.

Prenez Keo Meas, le Frère numéro six, premier haut dignitaire à avouer ses crimes : dès septembre 1976, le Nokorbal l'a démasqué en tant que « traître au service des Vietnamiens ».

Prenez le trio de Siet Chhê, ancien chef logistique à l'état-major général, Pâng, assistant de Pol Pot pour les questions administratives, et Ney Sarann, ancien secrétaire de la zone nord-est. Dire que ces trois dirigeants indignes étaient déjà engagés sur la voie de la trahison quand ils accompagnaient le Frère numéro un en route pour la Chine, prélude à sa rencontre historique avec le grand Mao Zedong le 21 juin 1975 ! Même punition, même motif que Keo Meas : on les a liquidés à S-21 en 1977.

Et Hun Nin, donc ! Surnommé le Moine bouddhiste, cet ancien étudiant en droit à Paris, ministre de l'Information, est devenu tout naturellement suspect à l'occasion d'une vaste purge des intellectuels. Suspect, donc coupable. Peu avant son exécution, recru de douleur, il s'est abaissé devant ses bourreaux, concédant : « Je ne suis pas un être humain, je suis un animal. » Du moins, c'est ce qu'affirme sa confession écrite du 28 mai 1977, et ces confessions-là, Pol Pot les adore.

Arrêté quelques jours plus tard, le 6 juin, comme « agent de la CIA », autre prétexte à la liquidation physique car il faut bien varier les plaisirs, le ministre adjoint de l'Information et de la Propagande Tiv Ol, distingué professeur de littérature khmère autrefois, a craqué lui aussi. Aveux, exécution.

Convoqué à Phnom Penh en avril 1978, So Phim, le responsable de la zone est, s'est, lui, singularisé en tentant de prendre le large en cours de route avant de se suicider d'une balle de revolver dans la tête à l'issue d'une cavale de six jours.

Quant à Vorn Vet, le vice-ministre de l'Agriculture, on a achevé cette bête nuisible en novembre 1978.

Partout dans le pays, des centres de détention fonctionnent, modèles réduits de celui de Tuol Sleng. Tous numérotés, tous classés « secret ». Des gens à briser, des têtes à couper, des monceaux de paperasses à bâtir : S-21 reste cependant l'ultime lieu de séjour des hauts dirigeants faillis, leur jardin des supplices.

Quel chemin parcouru en vingt-cinq ans quand même...

Il est intégré dans un monastère bouddhiste

Au temps déjà lointain où la France colonisait son protectorat cambodgien, Pol Pot s'appelait encore Saloth Sâr. Un gamin né en mars 1925 dans le petit village de Prek Shauv, turbulent et rieur comme ses copains d'enfance. Plus éduqué qu'eux bientôt, quand même, parce qu'à force de supplications et de manœuvres, son père, petit notable de province, parviendra à le faire admettre au grand monastère bouddhiste de Vat Botum Vaddei, voisin du palais royal de Phnom Penh.

À 10 ans, Sâr quitte sans regret le monastère pour aller vivre dans la grande maison de bois sur pilotis de son grand frère Suong. Mais tout en poursuivant ses études, il reste en lien étroit avec le palais qu'il visite souvent ne serait-ce que pour aller voir sa sœur Roeung, une des concubines préférées du roi Monivong.

Le piston fait certes tourner la machine, mais pas toujours autant qu'il le faudrait. Le gamin, puis l'adolescent, reste un élève médiocre. En 1948, devenu adulte, il rate le diplôme qui lui aurait ouvert la voie du lycée. Seule issue possible compte tenu des finances limitées de la famille : l'école technique de Russey Keo, dans la banlieue nord de la capitale. Sâr y fréquente, contraint et forcé, les futurs charpentiers, chaudronniers, ferblantiers et autres tourneurs sur métal. Conçoit-il quelque rancœur d'un tel déclassement, lui qui espérait une carrière universitaire ? Sûrement. Mais le jeune homme n'est pas si mal loti que cela puisque, l'année suivante, on lui offre une bourse pour aller étudier en France. Et comme ses deux condisciples primés, il sera reçu en audience avant le départ pour Paris par le jeune roi Norodom Sihanouk, son aîné de trois ans seulement qui règne depuis 1941.

Paris, c'est là que Sâr, étudiant à l'École française de radioélectricité, va faire son véritable apprentissage. Ses découvertes sur les bords de la Seine ne concerneront toutefois pas les mystères du courant alternatif, mais ceux du marxisme-léninisme. Faute de mieux parce que mal adapté à la vie parisienne sans doute, le jeune exilé commence à fréquenter les membres de l'Association des étudiants khmers de la capitale. Sous la houlette de Keng Vannsak, et surtout d'un nouveau venu, Kim Trang (plus tard, sommité khmère rouge aux côtés de Pol Pot sous le nom de Ieng Sary), ses éléments les plus radicaux ont constitué un Cercle d'études marxistes, bientôt fort de plusieurs cellules.

D'abord timide, Sâr s'enhardit. Il prend sa carte au Parti communiste français. Le PCF de ce début des années 1950 suit au millimètre près la ligne stalinienne. À cette époque, il s'agit d'un parti extrêmement puissant de 250 000 membres actifs au moins qui, quoiqu'isolé politiquement – nous sommes en pleine guerre froide – dispose de nombreux relais en France. Tournée vers Moscou, cette vaste contre-société vit à part selon ses propres rites. Difficile de s'en faire une idée aujourd'hui, en 2016, si on a moins de 60 ans...

En vigueur depuis les années 1920, la règle organisationnelle veut justement qu'en France, les communistes de nationalité étrangère appartiennent au « groupe de langue » correspondant à leur pays d'origine – ici le cambodgien. Encadrés par des militants français expérimentés, ils peuvent y parler entre eux des problèmes liés à leur origine tout en prenant bien garde à ne développer en leur sein aucune « déviation nationaliste ».

Liberté très surveillée autrement dit. Dans le même temps, une formation politique de base est donnée aux néophytes khmers : lecture intensive de Marx ou de Lénine. De Staline aussi, bien entendu : ses textes sur la question nationale, en particulier, font référence en matière de politique coloniale. Pour être franc, tout chez Staline fait référence, puisque le Petit Père des peuples constitue la référence suprême. C'est donc d'un communisme assassin de masse qui arrête, déporte au goulag et tue en gros que s'imprègnent et s'inspirent Sâr et ses camarades. D'où l'admiration de l'étudiant en radioélectricité pour Robespierre, porté aux nues comme un modèle de vertu révolutionnaire à la Sorbonne dans les années 1950.

Ah, Robespierre, quel homme de foi et de certitudes ! Les cheveux, il ne les coupait pas en quatre, l'Incorruptible. Mais les têtes, si ! Sa seule erreur, de taille il est vrai, fut de n'en point faire trancher assez. Elle lui a coûté la sienne. Leçon numéro un : quand on sera au pouvoir au Cambodge, ne jamais commettre la même erreur...

Revenir au Cambodge

La montée en influence de Sâr au sein du Cercle d'études marxistes khmer de Paris se fait à sa manière, discrète, souriante et imprévisible. Loin d'apparaître comme une grande gueule, l'étudiant parle peu, mais enregistre tout. La dissimulation est une arme, la sienne. Et c'est certain d'avoir achevé son éducation politique qu'il regagne le Cambodge en 1953, gonflé à bloc.

La guerre d'Indochine contre les Français bat alors son plein, mais beaucoup plus au Vietnam, où le Parti communiste se camoufle à peine sous le masque d'un front indépendantiste, le Vietminh. Un front qui s'est arrogé l'autorité d'un tuteur sur ses alliés cambodgiens, lesquels ne disposent que d'un Parti révolutionnaire du peuple khmer, le PRPK, insuffisamment marxiste-léniniste et de surcroît très mal organisé. Avec leur suffisance, leurs grosses pattes et leurs grosses ficelles, comme ils sont exaspérants, ces « grands frères » vietnamiens ! Mais quel moyen de leur tenir tête quand eux-mêmes tiennent si bien la dragée haute aux Français ? Dans la vie, tout est affaire de rapport de force. Quitte à remâcher secrètement son humiliation, autant s'incliner. Pour la revanche, on verra plus tard.

En août 1953, Sâr rallie donc le quartier général de la zone est du Vietminh. Il s'y lie à Keo Meas, ancien chef du Comité central du Parti communiste à Phnom Penh – le même Keo Meas qu'il fera exécuter comme pro-vietnamien un quart de siècle plus tard. Sensiblement du même âge que lui, ce jeune vétéran possède déjà une expérience militaire, acquise en quatre ans de vie maquisarde. L'ex-étudiant parisien va le seconder au sein d'une radio de propagande, la Voix du Cambodge libre.

Libre ? Façon de parler ! La guerre finie en 1954 après la victoire du Vietminh à Diên Biên Phu, les camarades vietnamiens, maîtres à Hanoi, au Nord communiste, ne le sont pas à Saigon, au Sud pro-occidental. Quant à leurs homologues cambodgiens aux effectifs squelettiques, divisés en chapelles concurrentes par-dessus le marché, ils n'existent sous le régime du roi Sihanouk que dans la discrétion.

C'est notamment le cas de Sâr qui, professeur d'histoire de la littérature française dans une école privée de Phnom Penh, mène une double vie, mondaine le jour et secrète la nuit. Maître dans l'art de passer inaperçu tout en se montrant ostensiblement en public, il s'y révèle parfaitement à son aise. Le secret, n'est-ce pas cinquante pour cent de la victoire ?

Ce double jeu, le dirigeant communiste va le mener jusqu'à la fin mars 1963 où, menacé d'arrestation, il doit gagner une base rurale contrôlée par le Front national de libération sud-vietnamien, le FNL, qui a pris le relais du Vietminh et lutte, lui, contre le gouvernement de Saigon.

Peu à peu, Sâr, alias Pouk, grimpe dans l'appareil de l'ex-PRPK, enfin constitué en véritable parti communiste, matrice de l'Angkar. Cette ascension lui vaut de visiter la Chine où il sera reçu une première fois dès 1965, l'année du déclenchement de la Révolution culturelle qui va plonger l'empire du Milieu dans dix années de chaos[1].

Cette longue période de lutte à la campagne sera capitale dans le destin de Pol Pot. C'est à cette époque d'isolement et de précarité que les dirigeants khmers rouges vont bâtir leur idéologie propre au sein de la grande matrice marxiste-léniniste. Sa spécificité tient dans une exaltation de la paysannerie, qui détiendrait à elle seule l'essence et l'intégralité de l'âme nationale cambodgienne. En particulier les Khmers Loeu, minorité ethnique des régions reculées qui accueillent leurs premiers maquis. Cette prestation patriotique leur vaudra plus tard d'être à peu près épargnés au moment du grand génocide.

C'est l'escalade. On sait comment toute la région va s'embraser, la guerre du Vietnam se transformant dès la fin des années 1960 en guerre d'Indochine. Passons sur les détails,

1. Voir à ce sujet le chapitre sur Mao Zedong.

d'autant plus facilement que nous ignorons presque tout de la réalité quotidienne des maquis khmers rouges, et que nous connaissons fort peu de choses de leur articulation avec le FNL, réduit par l'âpreté de la guerre à un simple cache-sexe du PC vietnamien. Derrière cette façade démocratique, les divisions de l'armée régulière de Hanoi assument désormais l'essentiel du combat antiaméricain.

Washington retirant ses troupes au sol sous la présidence de Richard Nixon, tout en continuant à matraquer par voie aérienne le fameux « bec de canard » frontalier Vietnam-Cambodge, l'armée nord-vietnamienne et les Khmers rouges balaient sans trop de difficulté les troupes du général putschiste Lon Nol, lui-même tombeur en 1970 du roi Norodom Sihanouk. Le 17 avril 1975, les hommes de l'Angkar pénètrent dans Phnom Penh. Dès lors, le martyre du peuple cambodgien va vers son apogée…

En pyjama noir de paysans, le foulard à carreaux traditionnel, le *krama,* autour du cou, les combattants khmers rouges prennent le contrôle de la capitale. Fusil automatique à la main ou lance-roquettes à l'épaule, ils parlent peu mais agissent brutalement. Très jeunes, ce sont des ruraux fanatisés et endoctrinés qui ne connaissent rien aux gens des villes et les considèrent en bloc comme des traîtres. Quant à leurs chefs, souvent citadins d'origine, les années de maquis leur ont fait perdre tout contact avec cette réalité urbaine impure qu'ils abhorrent.

Justement, Pol Pot – comme Saloth Sâr, anciennement Pouk, commence à se faire appeler – et la direction de l'Angkar ont décidé, lors de conciliabules de jungle, que le peuple khmer comprenait deux composantes différentes, l'une appelée à survivre, et l'autre à disparaître.

D'un côté, le Pracheachon Chah, « l'Ancien peuple » dit aussi « Peuple de base », ou tout simplement « 70 » pour montrer qu'il est soumis depuis cette année à la férule khmère rouge. Pour l'instant, les « 70 » ont droit à quelques ménagements.

Subir la « haine de classe »

Tel n'est pas le cas des « 75 ». Cet autre nombre, manie tout asiatique des chiffres, désigne le Pracheachon Thmei, le « Nouveau peuple », c'est-à-dire les citadins ou les ruraux qui, ayant vécu toutes ces années en zone « capitaliste », s'en sont trouvés contaminés. Coupables, forcément coupables, coupables en bloc, hommes, femmes et enfants. À leur tour de subir la « haine de classe ».

Les hommes en pyjama noir appliquent sans états d'âme le plan décidé à l'avance par l'état-major de l'Angkar. La quasi-totalité des habitants de Phnom Penh est évacuée *manu militari*. Vite, vite, toujours plus vite ! Et pas la peine d'emporter vos affaires, vous reviendrez bientôt. Les journalistes occidentaux sympathisants gobent comme un œuf l'explication des nouvelles autorités : c'est pour les sauver qu'on déporte tous ces gens vers les campagnes ! De quoi, de qui ? Mystère. Le tout, c'est d'y croire, n'est-ce pas ?

On parlait d'œufs : ils vont bientôt manquer au Cambodge. Et même le riz. La collectivisation totale accélérée des Khmers rouges aboutit à une famine massive. Comme prévu, elle touche principalement le Nouveau peuple, réduit au plus vite à composition, ou plutôt à néant. Que meurent les 75 avec leurs deux cents grammes de riz quotidiens pour un adulte au maximum, là où il en faudrait quatre cents ! Qu'est-ce qui fait le plus mal d'ailleurs, s'interroge Pol Pot : crever de faim, d'une balle dans la nuque ou tout simplement d'un coup de tranchant de pelle ou de coups de gourdin parce que les munitions, on ne va quand même pas les gâcher ? Les pelles et les gourdins, ça fait moins de boucan. Le bénéfice de leur usage est donc double. Les cadavres encore chauds sont déshabillés pour récupérer le tissu de leurs habits, vieille habitude du maquis qui n'a plus guère de sens quand on est au pouvoir, mais qu'importe.

La mort seule compte. Que l'on soit professeur, instituteur, médecin, avocat et naturellement, fonctionnaire de l'ancien gouvernement ou militaire de l'ex-armée régulière, c'est la mort. Commerçant, même petit, c'est la mort. Perdus, les Vietnamiens, cibles prioritaires. Perdus un peu plus tard, les Chinois. Perdus, les catholiques : presque 50 % de décès dans cette petite minorité religieuse. Perdus, les musulmans de la minorité Cham – s'ils ne veulent pas périr, ils devront accepter d'élever et de manger du porc. Taux d'extermination : un sur deux là encore. Mais on ne dit plus « mort », le mot est tabou. Comme dans tout système totalitaire, des euphémismes ont pris sa place comme *Angkar Leu,* « Organisation d'en haut », ou *Bat kluon,* « Corps qui disparaît ». Mais les thuriféraires occidentaux du nouveau régime s'obstinent à regarder les Khmers rouge sang avec des lunettes volontairement roses : leurs illusions « progressistes », n'est-ce pas, comptent beaucoup plus que la réalité...

L'invasion vietnamienne arrête le génocide

Joyeux Noël, Frère numéro un ? Pas vraiment, car ce jour de 1978 où on l'a vu s'éveiller, d'abord paisible puis bizarrement inquiet, un émissaire hors d'haleine lui tend une feuille de papier qui tremble au rythme de sa main. L'homme a la peur au ventre, c'est visible. Peur de déranger le chef de la toute-puissante Angkar, peur d'être traité comme peuvent l'être les porteurs de mauvaises nouvelles dans un système aussi imprévisible que le communisme khmer rouge. Mais là, aucune colère, aucune réaction. Pol Pot, blême, lui fait simplement signe de le laisser seul et accablé, s'assoit.

« Les Vietnamiens nous envahissent. Ils arrivent en force », dit en substance le message. Rien de plus exact : les troupes d'Hô-Chi-Minh-Ville, le nouveau nom de Saigon depuis 1975, se lancent à l'assaut du régime khmer rouge. Catastrophe !

Les pressentiments matinaux de Pol Pot ne l'avaient donc pas trompé. Au-delà des apparences routinières, quelque chose clochait.

Ainsi, les Vietnamiens sont passés à l'acte. Pas par humanisme, on s'en doute, mais pour leurs intérêts nationaux. Il n'empêche : salutaire en ce sens, le rouleau compresseur vietnamien va bloquer le processus génocidaire. Mais bien entendu, la violence, elle, va s'éterniser : aux coups de boutoir de l'armée vietnamienne, répondent les attaques de guérilla côté Khmers rouges.

Le 9 janvier 1979, les Vietnamiens pénètrent dans Phnom Penh. Panique à S-21 : les tortionnaires s'enfuient, laissant leurs installations en l'état (elles abritent aujourd'hui un musée du génocide). Quant aux nouvelles autorités, elles ne tardent pas à mettre en place dans la capitale cambodgienne un gouvernement croupion dirigé jusqu'en 1991 par le Khmer rouge « repenti » Heng Samrin.

Chez les bourreaux déchus, la division s'installe. Les uns passent avec armes et bagages dans le camp vietnamien, tandis que les autres suivent de nouveau Pol Pot au maquis, près de la frontière thaïlandaise où il sait pouvoir bénéficier de la complaisance des autorités de Bangkok. Si la bête peut encore mordre, force cependant est d'admettre que la supériorité militaire des envahisseurs lui a quelque peu limé les crocs. Pékin prolonge certes son soutien aux Khmers rouges, inauguré par Kang Sheng, le maître espion de Mao, et renouvelé par Deng Xiaoping, le nouveau dirigeant chinois suprême. Mais les Soviétiques, eux, appuient toujours aussi fermement les Vietnamiens.

Pendant ce temps-là, les purges continuent, fut-ce sur une échelle plus restreinte. En juin 1997, Pol Pot, alias « 99 », fait encore exécuter Son Sen, ancien du Cercle d'études marxistes cambodgien de Paris et ex-ministre de la Défense khmer rouge devenu suspect. Pour faire bonne mesure dans la logique habituelle d'extermination collective, on élimine tout son clan familial, petits-enfants compris.

Il faut néanmoins croire que les temps ont changé, ou plus exactement, que la peur est en train de changer de camp puisque Ta Mok, certain que Frère numéro un n'épargnera désormais plus personne, lance une sorte de putsch militaire auquel Nuon Chea, encore fidèle, refuse pour sa part de s'associer – mais dès l'année suivante, Chea passera dans le camp de Hun Sen, un autre Khmer rouge proche des Vietnamiens.

Contre toute attente, le coup de force réussit. Pol Pot, son épouse et leur fille âgée de 11 ans – né en 1925, le dictateur a tardé à sacrifier aux joies de la famille – sont assignés à résidence. En juillet, un énième « tribunal populaire », qui ne l'est pas plus que ses innombrables prédécesseurs, le condamne, à la prison à vie. Dans la mesure des moyens khmers rouges, il s'agira cependant d'une prison dorée à l'intérieur d'une petite villa. Mais l'étau se resserre. Et depuis belle lurette, le fan-club occidental des Khmers rouges s'est tu.

Le 15 avril 1998, déjà maquillé pour prendre la fuite en Thaïlande devant l'avancée des troupes gouvernementales, l'ancien étudiant parisien devenu génocidaire en chef meurt – dans son sommeil apparemment mais qui sait ? Sinon, par l'Histoire, il ne sera jamais jugé. Impasse sur son million ou son million et demi de victimes. Lui-même n'en revendiquait que 600 000. Modeste, le camarade Pol Pot…

RÉMI KAUFFER

Charles Manson
Le hippie diabolique

(1934-)

Quarante-sept ans après les faits, son nom fait toujours trembler Hollywood. Il est pour l'éternité ce gourou au regard halluciné et aux cheveux longs, entouré de créatures maléfiques, qui a fait assassiner – entre autres victimes – la comédienne Sharon Tate, l'épouse de Roman Polanski. Bien des zones d'ombre pèsent pourtant sur cette affaire qui a scellé le destin de la contre-culture hippie américaine. Immersion en eaux troubles au crépuscule du Flower Power.

Il est à peine plus de huit heures du matin, ce 9 août 1969, lorsque la police de Los Angeles reçoit un appel paniqué. Une voix féminine, tremblotante, à peine compréhensible, tente de se faire entendre. Choquée, elle ne parvient pas à formuler la moindre phrase. Puis, dans un souffle haletant et glacial, elle laisse finalement échapper quatre mots effroyables : meurtre, corps, mort, sang… Sous le soleil de Californie, Winifred Chapman fait des ménages chez les nantis de Beverly Hills. La villa du 10050 Cielo Drive, à Benedict Canyon, fait partie de ses haltes quotidiennes. La scène d'horreur qu'elle y découvre ce jour-là ne cessera plus jamais de la hanter. Impossible d'effacer de sa mémoire les images d'une telle boucherie. Dans une voiture stationnée sur le parking, elle découvre le corps criblé de balles de Steven Parent, 18 ans, un ami du gardien de la résidence, William Garretson. Le cauchemar ne fait que commencer… Dans le jardin, un linceul blanc ensanglanté recouvre le corps d'Abigail Folger, l'héritière d'un riche négociant en café. Son corps a été lacéré d'une dizaine de coups de couteau. À quelques mètres d'elle, sur le seuil de la maison, le cadavre de son fiancé, Wojciech Frykowski, baigne dans une mare de sang, le crâne explosé par treize coups de crosse et le corps poignardé à cinquante et une reprises. À l'intérieur de la maison, dans le salon, le cadavre de Jay Sebring, coiffeur très prisé des stars d'Hollywood. Autour de son cou, une corde, elle-même reliée à la dépouille d'une femme enceinte de huit mois, en bikini, les jambes repliées sur son ventre, la peau sauvagement tailladée. Cette femme, c'est Sharon Tate, l'actrice révélée au grand public en 1967 dans *Le Bal des Vampires*, le film de son époux, le réalisateur Roman Polanski. Sur la porte d'entrée, le ou les assassins ont inscrit le mot *PIG* (« porc ») avec le sang de cette dernière.

Le lendemain, à Waverly Drive, dans le même périmètre, un double meurtre est à nouveau perpétré : Leno LaBianca, propriétaire d'une chaîne de supermarchés, et son épouse Rosemary ont été abattus à leur tour comme des bêtes, à coups de couteau. Une fourchette est plantée dans l'estomac de Leno. Sur son ventre est gravé le mot *WAR* (« guerre »). Plus étrange encore, l'inscription *Healter Skelter*, « le grand chaos » – expression calquée sur le titre éponyme enregistré par les Beatles dans leur « White album » en 1968, le « a » en moins –, inscrite en lettres de sang sur le réfrigérateur des victimes. Puis ces autres mentions sur les murs : *Rise* (« lève-toi ») et *Death to pigs* (« mort aux porcs »). Ces crimes font aussitôt la une des journaux. Mais c'est évidemment le nom de Sharon Tate, la plus connue des disparus, qui laisse libre cours aux rumeurs les plus folles. Il se raconte qu'elle aurait été éventrée et son bébé extirpé de ses entrailles. Cette fantasmagorie mortifère est encore très vivace aujourd'hui, près d'un demi-siècle après les faits. Sans doute renforcée par la dimension satanique du film de Polanski, *Rosemary's baby*, sorti en salle l'année précédant les meurtres. En réalité, l'enfant de Sharon Tate a été extrait de son ventre par les médecins légistes afin d'être baptisé. Le petit Paul Richard Polanski a ainsi pu être enterré dans les bras de sa mère.

Les imposteurs du peace and love

La paranoïa gagne les stars d'Hollywood qui craignent pour leur vie. Les enquêteurs du LAPD (Los Angeles Police Department) doivent mener l'enquête au plus vite. L'inscription *PIG* leur fait d'abord penser à un crime racial. Les Black Panthers – mouvement révolutionnaire afro-américain – ne qualifient-ils pas ainsi les forces de police ? Il faut néanmoins attendre huit semaines pour qu'un rapprochement soit fait avec le meurtre du musicien Gary Hinman, commis par un certain Bobby Beausoleil, quelques jours avant la tuerie de Cielo Drive. L'assassin avait inscrit sur les murs *POLITIC PIGGY.* Mais coffré depuis le 6 août 1969, il n'a pas pu commettre les meurtres Tate/LaBianca et n'est en rien lié aux Black Panthers. En revanche, il fait partie d'un groupe hippie connu sous le nom de *Manson Family*, une communauté créée en 1968 et dirigée par un homme à la réputation de gourou : Charles Manson, connu pour être un expert en manipulation mentale. Parmi les membres de cette petite tribu soi-disant adepte du *Flower Power* (la non-violence), une certaine Susan Atkins. D'après le témoignage de la petite amie de Bobby Beausoleil, Atkins l'aurait assisté dans le meurtre de Gary Hinman. Aussitôt arrêtée et incarcérée, elle avoue contre toute attente l'assassinat de Sharon Tate. Elle dit ne pas avoir agi seule et révèle les noms de ses complices dans les expéditions meurtrières de Cielo Drive et de Waverly Drive : Tex Watson, Leslie Van Houten et Patricia Krenwinkel. Le commanditaire de ces tueries ? Charles Manson, leur maître à penser.

Selon le procureur en charge de l'affaire, Vincent Bugliosi, le mobile des meurtres serait double : Manson, qui a toujours rêvé de percer dans la musique, aurait voulu se venger d'un producteur, Terry Melcher. Ce dernier l'aurait éconduit alors qu'il s'apprêtait à enregistrer un premier album ; il pensait le trouver au 10050 Cielo Drive là où il était censé habiter. Mais ce n'est pas tout. Pour Bugliosi, Manson voulait aussi donner à ces crimes une dimension anti-establishment, un caractère racial, et en faire porter la responsabilité à la communauté noire. Le procureur déclare aux journalistes : « Manson prédit que les Blancs vont se retourner contre les Noirs car ils vont croire que ce sont les Noirs qui ont provoqué ces meurtres, qu'il y aura ensuite une guerre civile entre les Blancs et les Noirs qui se jouera dans la rue. Manson prédit que les Noirs gagneront cette guerre mais qu'à cause de leur inexpérience, ils ne pourront exercer le pouvoir. Alors, ils devront se tourner vers les Blancs qui auront survécu à cette révolte qu'ils appellent Helter Skelter », ce « grand chaos » revendiqué sur le mur des LaBianca, la faute d'orthographe en moins ! Il va sans dire que Manson et sa « famille » auraient fait partie des survivants.

La police procède finalement à l'arrestation des principaux suspects entre le 16 août et le 12 octobre 1969. Le 25 janvier 1971, après un procès hypermédiatisé que certains commentateurs qualifient de « soap opéra mondial », Charles Manson, Susan Atkins, Krenwinkel et Leslie Van Houten sont condamnés à mort. Watson, qui avait fui au Texas avant d'être extradé en Californie, est lui aussi condamné à la peine capitale, le 21 octobre suivant. Peines qui seront commuées en détention à perpétuité après l'abolition de la peine de mort en Californie en 1972. Affaire classée !

L'ombre du bouc émissaire

Depuis plus de quarante-cinq ans, Charles Manson apparaît comme une figure satanique, le diable en personne, le plus grand criminel de son temps, ayant exercé son pouvoir maléfique sur une bande de paumés aux neurones atomisés par la coke et le LSD. À lui seul, il incarne la dérive fatale de la contre-culture hippie américaine de la fin des années 1960, laquelle, à défaut d'avoir su trouver son chemin dans son combat anticonsumériste, écologiste et pacifiste, sur fond de guerre du Vietnam, s'est perdue dans un mode de vie orgiaque où la confusion des corps s'est mêlée à celle des esprits embrumés par les nuages de poudre blanche. Un décrochage social et une philosophie contestataire inéluctablement condamnés à l'impasse. Pour le président Richard Nixon, le procès de la *Manson Family* tombe à point nommé. En démontrant que des groupuscules hippies alimentent les tensions raciales dans cette Amérique endeuillée par l'assassinat de Martin Luther King et en apportant les preuves que leur credo de la non-violence n'est que mensonge, Nixon veut en finir avec ces énergumènes à chemises à fleurs et apaiser un climat social et politique tendu. Avant même que le verdict ne soit rendu dans l'affaire Manson, Nixon déclare à la presse : « Voilà un homme qui est coupable, directement ou indirectement, de huit meurtres. » Une telle ingérence du politique dans la sphère juridictionnelle ne semble gêner personne. Car le procès du sorcier et de ses disciples dépasse largement le cadre du fait divers. Il est devenu une affaire d'État.

Les autorités fédérales sont loin d'avoir tout révélé sur les mobiles des meurtres Tate/LaBianca. Une part de la vérité demeure cachée dans les archives non déclassifiées du FBI. Et à y regarder de plus près, le rôle de Charles Manson n'est peut-être pas celui qu'on a bien voulu lui attribuer. Bien sûr, cet homme chevelu au regard halluciné et à l'allure mi-christique mi-diabolique est peu recommandable. Chaman hors la loi, son parcours est des plus chaotiques. Mais le sang qu'on lui a collé sur les mains semble surtout avoir servi à ne pas entacher l'image de la belle usine à rêves hollywoodienne. Comment expliquer en effet que le procureur Bugliosi ne se soit pas appesanti sur le fait qu'une grande quantité de drogue avait été retrouvée dans la villa du 10050 Cielo Drive au lendemain des meurtres de Sharon Tate et de ses compagnons de malheur ? Manson, bouc émissaire ? Peut-être bien…

Les blessures d'un enfant né hors la loi

Affirmer que cet être mystique – qualifié avec ironie « homme de l'année » par le journal *Tuesday's child* le 9 février 1970 – est né sous un mauvais karma relève de l'euphémisme. Sa mère, Ada Kathleen Maddox, n'a pas 17 ans lorsqu'elle lui donne naissance le 11 novembre 1934 à Cincinnati. La date du 11 novembre reste aléatoire car elle dit ne pas se souvenir du jour exact de la venue au monde de son fils... Nulle ne connaît le père. La jeune fille, aux mœurs légères, élevée dans un milieu strict d'observance protestante, fait figure de « putain de Babylone ». En rupture avec ses parents et sa culture familiale, elle n'a ni la maturité ni les moyens d'élever son enfant qui prendra plus tard le patronyme de Manson suite au mariage sans lendemain de Kathleen avec un certain William Manson. Alcoolique notoire, la fille-mère se débarrasse de sa progéniture aussi souvent qu'elle le peut grâce à des voisins compatissants. Elle aurait même cherché à l'échanger contre un pichet de bière !

Le jeune Charlie souffre en silence de ce rejet maternel et de son statut de bâtard. Il en gardera un traumatisme indélébile : « Je suis né illégitimement et ça m'a mis de l'autre côté de la loi. Je suis un hors-la-loi depuis ma naissance. La tôle, c'est ma mère. Le pénitencier, c'est elle... » confie-t-il au journaliste américain Charlie Rose en 1985. Lorsque la mère démissionnaire est arrêtée puis condamnée à cinq ans de prison pour avoir braqué une station-service, Charlie est placé chez sa tante. Il y vit ses premières humiliations lorsque son oncle Ferguson l'oblige à se rendre à l'école habillé en fille pour en « faire un homme ». Face aux moqueries des autres élèves, il n'a pas d'autre choix que d'apprendre à se défendre, endurcissant ainsi son caractère. Le jeune Manson envie ses camarades qui reçoivent des cadeaux à Noël. Lui n'a jamais rien. Alors, il leur vole leurs jouets et les brûle. Ce qui lui vaut, dès l'âge de 7 ans, un remontage de bretelles en règle par le shérif en personne. À sa sortie de prison, sa mère essaie pendant un temps de s'en occuper mais sa vie dissolue et précaire est incompatible avec celle de l'adolescent. Commence alors une longue série de placements en institutions – Gibault School for Boys, Boy's Town USA – dont il ne tarde jamais trop longtemps à s'enfuir. « Je viens d'un foyer pour enfants. Je suis de la rue. Je viens de la sombre ruelle. Je suis l'homme de la détention, de la solitude », déclare-t-il au journaliste Steve Alexander en 1970. Livré à lui-même, confronté à l'urgence de la survie, il commet ses premiers larcins. Arrêté et de nouveau placé dans des centres spécialisés, il subit, selon ses dires, de nombreux sévices. En 1948, à l'Indiana Boy's School de Plainfield, il aurait été battu et violé en réunion. L'adulte en construction doit sans cesse panser ses plaies affectives et morales. Il développe une sexualité débridée, compulsive, qui le conduit à violer un de ses camarades à l'âge de 17 ans. Quand la victime devient bourreau... De fait, le jeune agresseur n'a pas les clés de la « normalité » dans son rapport à l'Autre. Il ne parviendra jamais à s'abstraire d'une volonté de domination, tant psychique que physique. Histoire de toujours garder le contrôle sur ceux qui l'entourent.

Aux bons soins des mafieux

Au début des années 1950, à la National Training School for Boys, son psychiatre, le docteur Block, décrit « un garçon extrêmement sensible qui n'a pas encore abandonné l'idée d'obtenir de l'amour et de l'affection de la part du monde ». Cet amour, il le trouvera auprès des filles perdues de la *Manson Family* en 1968. Mais avant d'en arriver là, il passe le plus clair de son temps enfermé dans des cellules obscures aux murs décrépis. Ce qui l'y conduit ? Principalement des vols de voitures et une activité de proxénète. En 1952, détenu à Petersburg, il fraternise avec le dénommé Frank Costello, surnommé le « Premier ministre de la Pègre ». La connexion avec la Mafia est établie. Le 28 avril 1959, à Laredo (Texas), il est accusé de détournement de mineures et condamné à dix ans de prison. Au cours de cette longue période de détention, Manson s'initie à la scientologie, à l'hypnose et fait des rencontres déterminantes. Notamment, en 1961, celle d'Alvin Karpis, dit « Creepy » à cause de son sourire sinistre, qui est membre du clan de la célèbre Ma Barker.

Karpis lui dispense ses premiers cours de guitare et éveille chez Manson une véritable passion pour la musique. Il a alors 27 ans et force est de reconnaître que le garçon est plutôt doué. Alvin Karpis et Frankie Garbo permettront à Manson de bénéficier de l'entregent de la famille mafieuse Genovese, bien introduite dans le milieu artistique. Dans le centre de détention de Terminal Island, un certain Phil Kaufman, imprésario véreux tombé pour trafic de drogue, le prend à son tour sous son aile (Kaufman redorera son image quelques années plus tard en devenant, entre autres, le manager des Rolling Stones et de Joe Cocker). Convaincu du talent de Manson, il le recommande à Gary Stromberg des studios MCA Universal. Manson est enthousiaste et se prend à rêver. Mais à la veille de sa sortie anticipée de prison en 1967, il redoute terriblement le retour à la liberté. À 33 ans, il a passé plus de la moitié de sa vie enfermé ! La prison est devenue son cocon, sa bulle d'introspection aux territoires infinis. Aussi paradoxal que cela puisse paraître, il y vit une forme d'accomplissement spirituel, affranchi de toute contrainte. Et reconnaît ne plus savoir « comment fonctionne le monde libre ».

Une drôle de famille

Il va alors s'inventer son propre mode d'emploi sur les trottoirs du Haight-Ashbury, à San Francisco, capitale mondiale de la contre-culture hippie. Manson y découvre les codes et les mœurs débridées de la vie communautaire où il semble s'épanouir. Dans l'ouvrage de Nuel Emmons, *Manson in his own words*, Charlie raconte sa première expérience à l'acide lors d'un concert des Grateful Dead, comme le point de départ d'une deuxième vie, celle d'un *born again :* « L'acide, la musique et l'abandon des inhibitions m'ont ouvert un monde nouveau. C'était comme faire l'expérience d'une nouvelle naissance. Finalement, au milieu de l'une des danses, je me suis écroulé au sol. » Au cours de son errance, de ses nuits passées à chanter, à danser, à dormir dans des bus, dans des parcs ou sur les marches des églises, il rencontre des filles en perdition, comme autant de miroirs de la figure maternelle. Charlie exerce sur elles une emprise quasi irrationnelle. Celles que l'on surnommera les *Charlie's girls* évoquent toutes son incroyable charisme, sa voix enjôleuse, son regard magnétique, sa sensibilité, mais aussi sa fâcheuse tendance à avoir la main leste. Le charme opère au son de sa guitare. Charlie leur fait partager des trips psychédéliques dont elles deviennent addictes, mais surtout, il joue de leur vulnérabilité – la plupart n'ont pas 20 ans – pour tisser avec elles un lien malsain de père de substitution et d'amant insatiable, dopé aux champignons magiques. S'abandonnant corps et âme à leur gourou, émotionnellement fragiles, certaines d'entre elles vont éclore comme des fleurs du mal prêtes à braver tous les interdits.

Manson prend vite conscience que le climat *peace and love* du Haight n'est qu'illusion. Le commerce illicite généré par le trafic de drogues commence à donner lieu à des règlements de compte sanglants. Le légendaire slogan des hippies « Faites l'amour pas la guerre » ne semble plus faire écho. Nombreux sont ceux qui se brûlent les ailes sous le soleil du *summer of love*.

Partir, prendre la route, comme l'ont fait avant eux les beatniks de Jack Kerouac dans les années 1950. Manson et sa *family* en formation font l'acquisition d'un minibus Volkswagen baptisé le *Black magic bus*. Direction la Californie du Sud. Tout au long du voyage, la tribu Manson s'enrichit de nouvelles recrues, filles et garçons confondus. Ils seront bientôt une trentaine à partager le quotidien de leur mentor, libres de rester ou non à ses côtés. Cabanes improvisées, squats de ranchs en déshérence, autant de refuges de fortune où la survie s'organise. Les filles pillent les comptes bancaires de leurs parents ou vendent parfois leur corps pour ramener du cash ; les garçons volent des voitures ou pratiquent les deals de drogue – ces trafics n'étant pas sans danger, ils achètent des armes aux motards des Straight Satan pour se protéger. Et Charlie donne quelques concerts dans des bars. Pour se nourrir, les poubelles des supermarchés constituent des réserves inespérées.

Tous font allégeance à Manson sans la moindre résistance. En 1970, le docteur Rose, qui soigna Charlie et ses filles pour des maladies vénériennes, décrit la fascination des membres de la communauté pour leur gourou dans un article publié dans le *Journal of Psychedelic Drugs* : « Le leader spirituel, "une figure paternelle", [...] n'a jamais été arrêté ou condamné pour crime avec violence... C'est un personnage extraverti et persuasif qui est le chef absolu dans cette communauté [...]. Charlie utilise les mots de Jésus comme un guide pour la communauté. À certaines occasions, il se réfère à lui en tant que "Dieu" ou en tant que "Dieu et Diable". Il est fort probable qu'il puisse être diagnostiqué schizophrène... Il se présente comme "l'initiateur des nouvelles femelles" dans la communauté. [...] Pour lui, se débarrasser de ses inhibitions sexuelles est la clé de la libération... »

Un soleil noir parmi les étoiles

À San Francisco, Charlie a rencontré une certaine Gina qui l'invite, lui et sa *family*, à participer à des soirées dans sa villa de Topanga Canyon dans la région de Los Angeles. Une aubaine pour Manson. Cette riche quadragénaire, adepte du satanisme, côtoie les *beautiful people*, autrement dit le gratin d'Hollywood. La maison de Topanga Canyon, baptisée « L'escalier à spirale », est un lieu dédié aux rituels occultes – sacrifices d'animaux dit-on – et au stupre. Charlie y rencontre Bobby Beausoleil, ex-guitariste des Grass Roots, qui ne tardera pas à rejoindre la *family*. Chez Gina, il découvre, un brin amusé, que les stars d'Hollywood ne sont pas les dernières à consommer nombre de petites pilules hallucinogènes et autres friandises. Rêve-t-il seulement d'appartenir à leur monde ? Rien n'est moins sûr.

Toujours est-il que ses premiers contacts auprès du producteur Gary Stromberg, rencontré grâce à Phil Kaufman, sont prometteurs. Sensible à ses compositions pop folk psychédéliques, il lui fait enregistrer ses premiers morceaux, notamment *Close to me*, *Swamp girl* ou le bien nommé *Devil Man*. Mais à Los Angeles, les grands patrons de MCA Universal se montrent plus frileux. Au-delà des imperfections de ses premiers enregistrements, la personnalité insaisissable de Manson ne les incite pas à concrétiser leur projet d'album.

Au printemps 1968, Charlie se lie d'amitié avec Dennis Wilson, le batteur des Beach Boys, que deux filles de la *family*, Ella Jo Bailey et Patricia Krenwinkel ont pris en stop. Wilson ne résiste pas au chant des sirènes… Il est fasciné par la personnalité de Charlie et lui reconnaît un réel talent musical. La *family* s'installe un temps dans sa maison et Dennis présente Charlie à Terry Melcher, producteur des Birds. Le journaliste Nikolas Schreck, auteur d'une édifiante contre-enquête sur le dossier Manson, sur lequel il a travaillé vingt-cinq ans, insiste sur le fait que Charlie était le protégé de Dennis Wilson. Ce dernier lui vouait une véritable passion : « Il le présentait à tout le monde comme le prochain phénomène musical des années 1970. Des artistes comme Neil Young, Frank Zappa ou les Mamas and Papas, tout le monde le connaissait. » Mais Terry Melcher ne partage pas cet engouement. En août 1968, à l'issue d'une audition jugée peu convaincante, il décide de ne pas donner suite à sa collaboration avec Manson. Avait-il lui aussi ressenti un sentiment de malaise à son contact ? Comment pouvait-il en être autrement à l'égard de ce psychotique qui s'amusait à susciter la peur chez ses disciples, prétextant que ce sentiment est « la source de toute conscience ». Un jour, Dennis Wilson en a fait l'amère expérience. Manson le menace d'un couteau et lui demande : « Qu'est-ce que tu ferais si je te tuais ? » Le geste de trop pour le Beach Boy, qui prendra définitivement ses distances vis-à-vis de son protégé.

Passé sous silence

Le massacre du 10050 Cielo Drive répond-il à un désir de vengeance de Manson à l'égard de Terry Melcher qui avait habité un temps à cette adresse ? Fan des Beatles, Charlie était-il suffisamment fou pour interpréter leur chanson *Helter Skelter* comme un message codé lui étant adressé, l'appelant à déclencher une guerre apocalyptique entre les Noirs et les Blancs ? C'est du moins ce qu'a prétendu le procureur Bugliosi. Intime conviction ou falsification de la vérité ? Pour Nikolas Schreck, il n'y a pas l'ombre d'un doute : « Une conspiration a été créée de toutes pièces pour camoufler la vie de débauche, de sexe et de drogue des stars d'Hollywood qui aurait été alors révélée au grand jour. » Les victimes de Cielo Drive et de Waverly Drive avaient quasiment toutes un lien avec le trafic de drogue et la Mafia. Jay Sebring, le coiffeur des stars, ex-petit ami de Sharon Tate, était un dealer patenté. Son salon de coiffure lui servait de couverture et on le surnommait « Candyman ». Wojciech Frykowski, l'ami qui squattait la maison de Sharon Tate et Roman Polanski, était un revendeur de MDA, un puissant psychoactif aux propriétés hallucinogènes. Charles Manson n'était pas étranger à Sharon Tate et à son entourage. Il avait eu l'occasion de rencontrer l'actrice par l'entremise de Dennis Wilson lors de *drug parties* organisées dans la maison d'Elvis Presley.

Bien d'autres stars hollywoodiennes ont semble-t-il croisé son chemin lors de ces soirées sulfureuses. Dans une interview accordée à *The Hollywood Star* dans les années 1970, Manson cite plusieurs noms : Presley, The Beach Boys, Nancy Sinatra, Jane Fonda, Yul Brynner, Peter Sellers, Peter Falk… Mais il s'est toujours défendu d'avoir voulu tuer qui que ce soit, encore moins Terry Melcher dont il savait d'ailleurs qu'il avait déménagé.

En vérité, les meurtres de Cielo Drive ne relèveraient de rien d'autre que d'un simple vol de drogue qui aurait mal tourné. Le 8 août 1969, jour du massacre, Tex Watson, un sinistre dealer qui avait rejoint la *Manson Family*, aurait téléphoné à Jay Sebring pour un achat de 20000 dollars de LSD, de mescaline et de coke. En arrivant au 10050 Cielo Drive pour retirer la marchandise, Watson et ses comparses ont la mauvaise surprise de découvrir que la quantité promise n'est pas suffisante. Certes, ils n'avaient pas l'intention de verser le moindre dollar à Sebring et Frykowski. Mais ce marché non tenu a suffi à faire péter les plombs à Watson et aux filles, chargés à la Méthédrine, un puissant stimulant aux effets désastreux. Ils étaient convaincus que Sharon Tate ne serait pas présente ce soir-là. Le destin en a décidé autrement. Et elle, comme tous les autres, subirait les assauts barbares de cette bande de camés psychopathes. Le lendemain, les LaBianca paieront eux aussi au prix fort leur compromission dans le trafic de stupéfiants.

Manson, qui n'a pas participé directement à ces crimes, s'obstine à clamer haut et fort qu'il n'a jamais ordonné à ses compagnons de commettre ces assassinats, contrairement au premier témoignage – sous pression ? – de Susan Atkins qui a ensuite reconnu qu'elle avait menti. Toutefois, lorsque les machiavéliques Leslie Van Houten, Susan Atkins et Patricia Krenwinkel, ont projeté à un moment de faire libérer Bobby Beausoleil en perpétrant un crime semblable à celui que ce dernier avait lui-même commis sur Gary Hinman, signant leur forfait du même mot – *PIG* – pour jeter la suspicion sur les Black Panthers, Manson leur aurait simplement dit : « Faites ce que vous pensez être bon. » On aurait pu s'attendre à davantage de force de dissuasion de la part d'un supposé gourou excellant dans la manipulation mentale... Au final, le motif le plus probable du massacre reste le trafic de stupéfiants. Au cours de leurs investigations, les enquêteurs du LAPD ont retrouvé dans la villa du 10050 Cielo Drive de la drogue, mais aussi des films pornographiques mettant en scène des stars d'Hollywood. Que sont devenues ces pellicules ? Le mystère reste entier. Tout a été fait une nouvelle fois pour sauver de l'hallali médiatique la réputation des étoiles hollywoodiennes.

Le FBI, lui aussi, s'en sort plutôt bien. Car le jour des meurtres, des agents de l'éminente institution fédérale filaient un dénommé Joel Rostau, un pourvoyeur de drogue lié à la Mafia, dont la maîtresse travaillait au salon de coiffure de Jay Sebring. Il devait livrer à ce dernier du LSD pour son deal avec Watson. Le FBI n'a rien vu venir de l'entreprise funeste qui était en train de se jouer. Une contre-publicité retentissante que Bugliosi est parvenu à passer sous silence à force de témoignages orientés et d'un réquisitoire construit sur des motifs de crime fantaisistes : vengeance gratuite et théorie du Helter Skelter.

Charles Manson aurait-il été diabolisé à l'excès, lui qu'on accuse d'être un ange noir, un démon prenant possession d'esprits faibles qu'il aurait conditionnés au crime ? Depuis 1969, il croupit en prison. Et s'en est toujours tenu à la loi du silence si chère à la Mafia. Il conserve ses parts d'ombre et cultive l'ambiguïté. Chaque jour, à la prison de haute sécurité de Corcoran où il purge sa peine, il continue de recevoir des dizaines de lettres. Le phénomène Manson n'est pas mort. Et c'est là sans doute le plus inquiétant. Si le *Black magic bus* reprenait sa route aujourd'hui, ils seraient toujours trop nombreux à vouloir y grimper. Sexe, drogue et rock'n'roll : la formule fait toujours mouche. Elle a pourtant montré ses limites sans que personne n'en tire vraiment les leçons. Chacun protégeant ses intérêts et refusant de voir la vérité en face. Les tueries de Cielo Drive et Waverly Drive ne doivent leur retentissement qu'à la figure iconique de Sharon Tate et à l'anathème juridico-politico-médiatique jeté sur le supposé cerveau de toute cette affaire. Elles sont surtout le reflet d'une désespérance partagée : d'un côté, celle des étoiles d'Hollywood, qui à force de briller sur grand écran ne se satisfaisaient plus de l'ordinaire de la vie, repoussant sans cesse les frontières de leurs expériences psychédéliques ; de l'autre, celle des *flower children* aux poches percées, fuyant dans les paradis artificiels les illusions perdues de leurs idéaux. Ces deux mondes se sont laissé entraîner dans la même danse macabre. Étourdissante et fatale.

Éric Pincas

Saddam Hussein
Le nouveau Nabuchodonosor

(1937-2006)

Pendant plus de deux décennies, le dictateur a régné d'une main de fer sur l'ancienne Mésopotamie. Tortures, exécutions, déportations, culte de la personnalité : tous les moyens furent mis en œuvre par ses sbires et les membres du parti Baas pour mettre l'Irak en coupe réglée, longtemps avec le soutien de l'Occident. Lui se voyait en roi de Babylone, nouveau Nabuchodonosor à la tête d'un État pétrolier et déjouant complot sur complot. La fuite en avant et les erreurs successives du « boucher de Bagdad » l'ont empêché de poursuivre son rêve fou. Itinéraire de l'un des pires tyrans de l'histoire contemporaine.

Entre le Tigre et l'Euphrate, l'homme inventa jadis l'écriture. Dans cet antique berceau du monde, il a aussi réinventé sa propre malédiction. La malédiction chronique de tout un peuple par le fait d'un seul, d'un dictateur qui se voulait nouveau roi de Mésopotamie, Saddam Hussein.

Ce nom lui était prédestiné : Saddam signifie « celui qui frappe ». Pendant plus de deux décennies, le maître de l'Irak va frapper, encore et encore. Contre son peuple, contre les opposants, les Kurdes, les voisins. Il cogne, fomente des assassinats, érige la torture en art de gouverner, assoit son trône sur des milliers de cadavres. Par la terreur sans cesse renouvelée, le raïs instaure un règne de fer. Maître absolu de l'Irak de 1979 à 2003, produit à la fois du laissez-faire et des rejets de l'Occident, il va imposer toutes les dérives et introduire la peur dans les chaumières, dans les familles, jusque dans les esprits de ses proches. Saddam Hussein ou l'ascension par le glaive et une chute tout aussi violente, comme il se doit à Bagdad.

D'où vient cette propension inouïe à répandre la violence ? Cette disposition à déployer un despotisme oriental absolu et surtout paranoïaque ? Souverain dans un pays grand producteur de pétrole, Saddam n'aura même pas eu la délicatesse d'offrir à son peuple un niveau de vie décent. En plus de la terreur, les Irakiens vont connaître le dénuement, subir la corruption généralisée, endurer les privations dues aux sanctions. Rapidement, la nation pétrolière deviendra un État policier. Le bilan de la dictature est terrible : près de 500000 disparus, dont une majorité de Kurdes, de femmes et d'enfants. Quatre millions d'exilés. Un million et demi d'Irakiens handicapés en raison des guerres successives et des attentats. Saddam avait une telle intuition du pouvoir qu'il était quasiment programmé pour s'emparer des clés du royaume et les garder, par tous les moyens. Par les rafles, les assassinats ciblés, les bombardements des Kurdes et le massacre des chiites, Saddam Hussein aura prouvé qu'il est devenu l'un des pires tyrans de l'histoire contemporaine.

Le nouveau Nabuchodonosor

Deux images tout d'abord. Celle du premier pas vers la gloire. À 20 ans et des poussières, Saddam Hussein se lance déjà dans le coup d'État, galop d'essai qui deviendra vite une habitude. En 1959, il participe à un putsch contre le président-général irakien Kassem. Il n'est alors qu'un membre parmi tant d'autres du parti Baas (« Renaissance »), clandestin et panarabe. Quelques coups de fusil-mitrailleur dans la rue Al Rachid et le putsch échoue. Saddam Hussein parvient à s'enfuir et se réfugie à Damas puis au Caire. « Je l'appréciais car il était calme, il parlait peu », se souvient un autre militant du parti Baas, Wahid Nadmi, qui le recueille en Égypte. Un calme apparent qui masque une inflexible ambition : prendre le pouvoir de gré ou de force.

Deuxième image : avril 2003 et la fuite du palais présidentiel. Les Américains viennent d'envahir Bagdad, au terme de l'attaque déclenchée par George Bush un mois plus tôt. Après plusieurs semaines de résistance, l'armée irakienne est exsangue. Saddam doit plier bagage. Il parade bien dans un quartier de la ville mais il sait que la « mère de toutes les batailles » est d'ores et déjà perdue. Fin de partie pour le raïs. Il entre à nouveau en clandestinité. Pour la dernière fois, après vingt-trois ans d'un règne sans partage où la cruauté a été érigée en code de conduite. Sa chute n'est que la continuation logique de la fuite en avant, la dynamique de l'horreur : terreur à l'intérieur des frontières, provocations et intentions belliqueuses au-delà. Le roi de Babylone n'est pas encore mort mais il agonise. « Consumé par le mal », dira de lui Ahmed Chalabi, le Premier ministre nommé dans la foulée.

Babylone ! Voilà sans doute comment s'explique l'incroyable et effroyable ascension de Saddam. Nous sommes au début des années 2000 et les pilleurs n'ont pas encore profité de la guerre pour visiter les ruines de l'ancienne demeure de Nabuchodonosor II. Dans l'antique cité à 80 kilomètres au sud de Bagdad dont il ne reste plus grand-chose, hormis des murs excavés et quelques portiques faméliques, on distingue des briques marquées de deux initiales : SH, pour « Saddam Hussein ». Les séides du régime veillent sur ce lieu hautement symbolique. Et pour cause : le numéro un irakien s'est offert un superbe palais à quelques centaines de mètres, un des plus luxueux d'Orient. Massif, austère, la « Saddam Hill » imite les forteresses sumériennes, histoire de démontrer la filiation avec les rois de Mésopotamie. Saddam a suivi personnellement l'évolution des travaux de ce palace, l'un des vingt dont il dispose et qui doivent être prêts à l'accueillir jour et nuit, à n'importe quel moment de l'année. Malheur aux architectes défaillants : ils seraient voués au sort des constructeurs des sultans ottomans, exécutés lorsqu'ils accusaient un retard de livraison. Scellée dans la pierre, une inscription rappelle les intentions de Bagdad : « Ceci a été construit par Saddam Hussein, fils de Nabuchodonosor, pour la gloire de l'Irak. » Près de la sortie du site, un immense panneau rassure le visiteur, qui éprouve un profond sentiment de solitude : on reconnaît Nabuchodonosor, longue barbe carrée, en tunique antique, et... Saddam Hussein, en treillis militaire, ce dernier offrant un palmier. Le raïs est un homme généreux, qui sait prodiguer maints cadeaux. Et qui n'a nullement peur du ridicule. La folie des grandeurs a souvent besoin de références historiques.

La revanche du Bédouin de Tikrit

Saddam Hussein n'était pas né pourtant sous la meilleure étoile. Son père aurait abandonné sa mère avant même sa naissance, en 1937, dans un village près de Tikrit, au nord-ouest de Bagdad. Elle épouse un autre homme, un agriculteur illettré qui rudoie et humilie l'enfant. « Lève-toi, enfant de putain ! Va t'occuper des chèvres ! » lui lance-t-il dès l'aube. Devenu président irakien, Saddam s'évertuera à brouiller les pistes, à enjoliver sa biographie. L'Histoire retiendra surtout qu'il a été berger très jeune, vers l'âge de 6 ans, trop pauvre pour s'acheter des chaussures. À 12 ans, il fugue et rejoint le domicile d'un oncle à Bagdad, ancien officier devenu enseignant qui lui ouvre la voie de l'école. Toute sa vie, Saddam Hussein gardera une rancune à l'égard des deux pères, le biologique, en fuite, et l'adoptif, violent. Là réside aussi son désir de cruauté, qui baigne dans l'intention de vengeance perpétuelle.

Grâce à plusieurs connexions et amitiés, le Bédouin de Tikrit parvient à étudier à l'université du Caire où il se frotte à la doctrine panarabe du président Nasser, fidèle soutien de plusieurs mouvements révolutionnaires du Moyen-Orient. Lui rêve déjà de conquérir le pouvoir irakien. La tentative avortée du coup d'État de 1959 l'incite à réfléchir. D'autant qu'il a été blessé à la jambe... d'une balle qu'il aurait retirée avec son couteau, sans anesthésie, jurent les biographes officiels, histoire d'installer la légende du héros combattant. Les scribes iront même jusqu'à mettre en scène sa fuite en Égypte, à la nage, par le Tigre. Avant de conquérir le trône, il faut créer le mythe...

De retour à Bagdad, Saddam Hussein se marie avec sa cousine, en 1963. Ils ont deux fils, Oudaï et Qussaï, et trois filles. Lui collectionne les maîtresses, sans en faire étalage pour autant. Il est chargé de restructurer le parti Baas, tâche à laquelle il s'attelle volontiers en se pressant d'éliminer les rivaux. Une simple disgrâce vaut déjà condamnation à mort. On ne peut reculer ou stagner dans la course au pouvoir qui s'annonce. Il n'y aura qu'un gagnant, semble déjà avertir le jeune militant nationaliste.

Il effectue sa tâche avec un tel zèle que le président Hassan al-Bakr le promeut au rang de vice-président et numéro deux du Conseil de commandement révolutionnaire. Le voilà à la portée du sceptre. Par un mélange de désir de revanche et d'ambition, celui que l'on surnomme « Monsieur l'adjoint » s'en approche chaque jour un peu plus. Il rêve de l'époque légendaire des califes abbassides. Là aussi, avis aux amateurs : nul ne doit contester son ascension irrésistible. Pour le prouver, il fait pendre dix-sept Irakiens accusés d'espionnage au profit d'Israël, sur une place de Bagdad afin que cela se sache.

Le grand jour arrive. En 1979, à 42 ans, il écarte Al-Bakr et s'empare du pouvoir. Grâce à la manne pétrolière, l'homme fort de l'Irak entend doter son pays d'une industrie militaire conséquente – et doubler l'Égypte, accusée de s'être vendue à Israël depuis le traité de paix signé à Camp David. Mais avant cela, Saddam veut frapper les esprits dès les premiers instants, par la peur et le symbole. À peine intronisé, il convoque plusieurs centaines de dirigeants et responsables du parti Baas. L'assemblée est tétanisée. Que leur réserve le nouveau maître ?

En costume, moustache soigneusement lissée, Saddam écoute un homme quasiment chauve aux abois. « Oui, j'ai comploté », dit apeuré Mouri Abdel Hussein Machadi devant une batterie de micros. Puis, il égrène la liste de ses complices, un à un, tandis que plusieurs membres zélés du cénacle, blancs comme neige, demandent la mort pour les traîtres. « Longue vie au parti ! Vive Saddam Hussein ! » hurle un participant en sueur.

Félon ou loyaliste, il s'agit de choisir son camp, et plutôt vite. La tension est palpable, devant un Saddam impavide mais qui semble jubiler de l'intérieur, cigare cubain offert par son ami Fidel Castro au bout des doigts. On craint un bain de sang. Il sera sélectif. 66 conjurés, avec parmi eux 5 ministres, sont emmenés – dont une vingtaine traînés – devant un peloton d'exécution. Plusieurs rescapés s'épongent le front, baissent la tête ou admirent les murs. Toute la scène est méticuleusement filmée, avec un Saddam impérieux et heureux d'imposer sa férule. César qui condamne tous ses Brutus… Le message est clair et le peuple doit voir cela : des agents sont chargés d'inviter les villageois qui n'auraient pas de poste de télévision à des séances collectives. Staline a dû se retourner dans sa tombe. « La dictature est la forme la plus complète de la jalousie », écrit Malaparte dans *Technique du coup d'État*. Un thriller d'Hollywood n'aurait pas fait mieux. La réputation de Saddam est faite. Plus aucune contestation ne sera tolérée. La dictature est en marche.

Le Parrain

Toute la stratégie de Saddam s'inscrit dans cet acte théâtral de purge publique et d'auto-adoubement. Imposer la terreur dans une dynamique infernale, sans limite. Banaliser le mal. Décourager toute velléité de sédition dès sa naissance. Dans son nouveau palais des bords du Tigre, dallé de marbre et aux robinets en plaqué or, le potentat irakien, cruel, maniaque, mégalomane, joue avec la terreur. Pour tout verrouiller, il nomme aux postes clés les hommes de son clan, ceux de Tikrit. Par ses différents services de renseignements, les *moukhabarat*, il a vent de maints complots, tués dans l'œuf. Il parade devant les caméras, joue les bons pères de famille, les chefs militaires, le réconciliateur des tribus. Aux poètes du pays, il ordonne d'écrire des vers à sa gloire, le comparant au prophète Mahomet. Aux visiteurs de marque, il aime projeter *Le Parrain* de Coppola qu'il commente allègrement. Washington ne sait sur quel pied danser face à ce tyran, sanguinaire certes, mais pragmatique.

Lorsque le puissant voisin iranien verse dans le fondamentalisme religieux au retour de l'ayatollah Khomeiny en 1979, plusieurs capitales occidentales apportent leur soutien au bourreau du Tigre. Lui mène campagne pour déclencher la guerre. Paris, Moscou et Washington adoubent. Les Irakiens vont acheter massivement des armes sur les différents marchés, pour le plus grand bonheur des pays occidentaux et des pays de l'Est. Et Saddam n'hésite pas à lancer des attaques chimiques sur les Iraniens... La grande guerre Iran-Irak débute, aux allures de 14-18 dans les sables, avec ses assauts de chair à canon pour rien, quelques collines au mieux. Elle durera huit ans, se soldera par un *statu quo* aux frontières et un million de morts. Pour ses achats d'armes à doses massives, l'Irak s'est endetté à hauteur de 70 milliards de dollars, et ses voisins arabes exigent le paiement. Saddam enrage. Les dictateurs sont souvent de mauvais stratèges.

Il n'a pas dit son dernier mot. Deux ans plus tard, en 1990, le voilà à la conquête du Koweït, ce moustique arrogant. Nouvel échec : l'Amérique de George Bush père et l'Arabie saoudite lui font mordre la poussière. Une défaite cuisante, au prix de 150 000 morts supplémentaires. Les tanks de la coalition internationale s'arrêtent cependant aux portes de Bagdad car Washington et Riyad redoutent la dislocation de cet Irak fragile, peuplé en majorité de chiites. L'implosion a, en fait, déjà commencé. Les Kurdes, au Nord, ne supportent plus la férule du tyran. Bombardés maintes fois, ils ont subi de véritables campagnes d'extermination sous le nom d'opérations Anfal : des dizaines de milliers de morts, 4000 villages détruits. Pour les amener à résipiscence, Saddam a ordonné en 1988 le gazage de la ville de Halabja, au prix de milliers de victimes. « Plus jamais ça », clament dans les montagnes les Kurdes et les *peshmergas*, les combattants de la mort.

Une image de héros du peuple

Rien cependant ne semble devoir arrêter Saddam. Ses deux fils – Oudaï né en 1964, et Qussaï né en 1966 – sèment eux aussi la terreur. Ils aiment défiler dans les rues de Bagdad en voiture de luxe, sous haute protection. Bénéficiant de tous les égards du régime, ils collectionnent les palais et les femmes. Oudaï ? « Pourri, gâté et arrogant », témoigne l'un de ses anciens camarades de classe. On raconte alors à Bagdad qu'une jeune femme refusant ses avances a été enlevée et jetée en pâture à des chiens affamés. Vraie ou fausse, la rumeur a longtemps couru dans les rues. Et le père a laissé faire, manière d'augmenter le degré de terreur.

Tout est à l'avenant et les sbires du régime ne se gênent guère pour semer l'effroi. Un conducteur oublie-t-il de reconnaître l'un des frères de Saddam Hussein à un carrefour ? Ses gardes du corps le frappent jusqu'à ce qu'il perde connaissance. Lorsque des opposants sont arrêtés, c'est la torture assurée. Le peuple assiste parfois à d'effroyables mises en scène de la cruauté. Lorsqu'un militant islamiste est interpellé, on place un explosif dans la poche de sa chemise devant les caméras et il saute quelques instants plus tard.

Un système complexe se met ainsi en place, mélange d'admiration, feinte ou réelle, et de peur collective. « En fait, le régime a bénéficié d'une double tradition, résume le journaliste irakien

Zuhair al-Jezairy dans *Le Livre noir de Saddam Hussein* : l'une religieuse, incitant les gens à se soumettre à un imam, intermédiaire infaillible entre eux et Dieu ; l'autre tribale, fondée sur l'existence d'un contrat permanent entre l'individu et le cheikh (le chef de la tribu). » Dans un Moyen-Orient en troubles, Saddam entend renouveler la tradition du raïs, le chef arabe, avec une sauvagerie sans bornes. Le culte de la personnalité dont il s'affuble doit rehausser cette filiation. Aéroports, quartiers, mosquées, écoles et villes entières héritent de son nom. « Saddam, oh Saddam, vous portez dans vos yeux l'aube de la nation », scandent les écoliers et lycéens. Au gré des tournées en province, le dictateur se dessine un profil de héros du peuple et de cacique romantique, constamment suivi d'une escouade de journalistes de télévision, tous aux ordres, il va sans dire.

Ainsi, dans tout l'Irak et jusque dans les villages des marais, dans les salles de classe et les magasins, voit-on des portraits, des affiches, des statues à la gloire du leader bien-aimé. « L'Irak compte 40 millions d'habitants : 20 millions d'Irakiens et 20 millions de portraits de Saddam », se moque-t-on sous cape. Nul ne peut échapper au regard sourcilleux du « glorieux président ». Et gare au moindre manquement de respect. Enseignée à l'école, la délation devient un art de vivre ; le rire, un risque. Quand les chars sont envoyés pour mater une ville en rébellion, des portraits du raïs sont collés sur les tourelles. Les journaux de Bagdad surenchérissent dans l'emphase et évoquent à longueur de colonnes « le Résistant », « le Porte-étendard », « le Chevalier de la nation arabe » ou « l'Épée des Arabes ». Les Irakiens, eux, surnomment leur pays « la République de la peur ».

Les méfaits du régime commencent à faire désordre sur la scène internationale : tortures, exactions sur les populations civiles, massacres des chiites, déportation des Kurdes. D'autant que l'Amérique lorgne sur le pétrole de la région…

George Bush junior va dès lors achever la mission paternelle. En mars 2003, la nouvelle guerre du Golfe est déclarée. Malgré les assurances de ses généraux, Saddam Hussein sait que la partie est risquée voire perdue d'avance. La coalition alliée veut sa peau cette fois-ci. « Saddam ressemble à Hitler dans son bunker », commente depuis Amman le roi Abdallah II de Jordanie. Acculé, le dictateur entre en clandestinité et disparaît dans les faubourgs de Bagdad alors que les chars Abrams et Lincoln approchent. Il appelle le peuple irakien à la résistance.

En fuite, Saddam peut savourer une demi-victoire : tout l'Irak est en feu et le pays semble ne pas pouvoir survivre à sa chute. Pis, l'autre ennemi juré des États-Unis, l'Iran, effectue un grand retour. L'ancien Empire perse s'avère désormais incontournable. Et l'intervention occidentale se transforme en catastrophe militaire. Elle coûtera en onze ans plus de 2000 milliards de dollars, selon l'estimation du Congrès américain. Un million de personnes y perdent la vie. L'armée américaine signe l'une de ses dernières grandes campagnes, avec celle de l'Afghanistan. Les suicides des GI's et autres *boys* de retour au pays, traumatisés par leur expérience de guerre, ces blessures invisibles, causeront plus de morts chaque année que les quatorze années des deux conflits.

La bête traquée

Si la résistance islamique s'organise, Saddam, lui, est contraint de vivre comme un reclus. Dans le pays sunnite, au nord et nord-ouest de Bagdad, il dispose de vingt à trente cachettes. Mais le 13 décembre 2003, quelques soldats de la 4e division d'infanterie américaine le dénichent au fond d'un réduit de 2,5 mètres de longueur. Il se terre comme un chien, échevelé, barbu. À ses côtés, des barres chocolatées, des fruits en conserves, 750000 dollars en liquide, un revolver et deux kalachnikovs. Hébété, las sans doute de cette fuite sans issue, l'ancien maître de Bagdad n'oppose aucune résistance. « *We got him !* » (« On l'a eu ! ») s'exclame devant les caméras de télévision Paul Bremer, le proconsul américain à Bagdad.

Après la puissance, le déclin. Un tribunal spécial est mis sur pied. Une quarantaine de juges sont chargés d'instruire le dossier. Enfin, le peuple irakien, en quête de catharsis, dispose de son Nuremberg ! La charge est lourde : des centaines de milliers de morts, des détournements et enrichissements personnels estimés à 40 milliards de dollars, *via* le plus souvent des sociétés fictives au Japon, en Suisse, en Syrie, en Allemagne. Mais le tyran résiste. Dans sa cellule, face à quatre hommes politiques venus lui rendre visite, il ne regrette rien : « J'ai été juste et ferme, et le pays avait besoin d'un homme fort. » Il sait qu'il va être condamné à mort, il estime alors qu'il n'a plus rien à perdre, sauf sa réputation de héros du peuple, fut-il à genou. En costume et chemise blanche, barbe courte, il retrouve sa faconde, tient tête à ses juges, entame le procès de l'Amérique, dont il a été un temps le protégé, et de ses alliés envahisseurs. La fuite en avant, toujours... Le roi est nu mais mord encore. Une tragi-comédie se joue au tribunal de Bagdad, tandis que la rue continue d'agoniser.

Un an plus tard, Saddam est condamné à la peine de mort par pendaison. L'exécution, filmée par des témoins chiites qui crient le nom de Moktada al-Sadr, leur chef religieux, tourne au fiasco. Digne, Saddam, en haut de la cage d'escalier qui va servir de trappe, leur lance, la corde déjà au cou : « C'est ça, la bravoure ? »

Un milicien rappelle les autres à la dignité car « un homme va rejoindre Allah ». Puis la trappe s'ouvre et le condamné est projeté dans la cage d'escalier. Rideau sur le bourreau. « Contre les violents tourne la violence », écrivait Aragon. Le despote qui se rêvait en nouveau roi de Sumer est mort comme il a régné, dans la bestialité et un décor théâtral.

En Orient, les péplums ont souvent le goût de la revanche. Une décennie après la mort du boucher de Bagdad, les factions continuent de s'étriper. L'Irak est plus que jamais délité, divisé en trois fiefs : le Sunnistan, région sunnite alliée à Daesh ; le Nord kurde, en route vers l'indépendance ; le pays chiite et Bagdad, inféodés aux Iraniens. La Mésopotamie a perdu son dernier Nabuchodonosor mais a gardé un goût pour une malédiction, la fascination du pire.

Olivier Weber

Ben Laden
L'ingénieur du mal absolu
(1957-2011)

Fondateur d'Al Qaida, Oussama Ben Laden a dirigé une sorte d'internationale du terrorisme islamiste. Pendant plus de dix ans, homme le plus recherché du monde, il a tenu tête à l'Amérique, aux services secrets occidentaux et a échappé aux agents à ses trousses, malgré une prime de 50 millions de dollars. Comment a-t-il pu à lui seul menacer l'équilibre de la planète et répandre la terreur ? De l'Arabie saoudite au Pakistan via *le Soudan, itinéraire d'un prédicateur de l'obscurantisme et combattant du djihad, la guerre sainte contre l'Occident*[1].

Pendant des siècles, Kandahar fut la ville des « faiseurs de rois ». Depuis 1747, maints souverains afghans ont été enfantés par la cité d'Alexandre le Grand, qui avait semé sur son long périple nombre d'Alexandrie. Au pouvoir de 1996 à 2001, les talibans avaient donné à la grande ville du sud de l'Afghanistan un statut de capitale religieuse. On y gardait le dogme. On y cachait aussi l'instigateur du mal absolu. Celui qui voulait déstabiliser la planète entière.

Surnommé « l'ingénieur » par certains de ses frères de djihad, Oussama Ben Laden y disposait en effet d'une villa, bien cachée et dûment gardée. Pendant quelques semaines, en 1998 puis

1. L'histoire est ici racontée à la première personne par l'écrivain et journaliste Olivier Weber qui, devenu par hasard l'hôte des séides du mollah Omar, a vécu des semaines entières à deux pas de la cache de l'homme le plus recherché du monde... Une épreuve tout aussi inquiétante qu'édifiante. Lisez plutôt.

en 2000, j'ai séjourné à cinq cents mètres de la cache du fondamentaliste, grand protégé du royaume des turbans noirs. Pour les besoins d'un livre, *Le Faucon afghan* (écrit entre 1999 et 2001), et d'un film que je réalisais, *L'Opium des talibans*, j'ai pu négocier le gîte chez l'un des chefs talibans, ce qui est toujours rassurant lorsque l'on est harcelé du matin au soir par la milice pour manquements graves à l'heure de la prière. Par un étrange paradoxe, certains des ministres du mollah Omar, le chef suprême des talibans, avaient fini par adouber ma présence pour le tournage du film, même si l'image était strictement bannie par les moines-soldats, comme ils avaient interdit la danse, la musique, les jeux d'enfants et les cerfs-volants.

L'homme enturbanné qui m'héberge alors est un personnage influent, l'un des numéros deux ou trois du régime, et gouverneur de Kandahar. Une sorte de Robin des Bois de la pureté, émule de Ben Laden, qui a acquis son aura dans le monde des maquisards en chassant les bandits, les malandrins de la contrée et les mafieux. Bras droit du mollah Omar, il m'accepte dans la ville poussiéreuse de Kandahar car j'ai couvert la guerre afghane à plusieurs reprises, dans les maquis et jusque dans les faubourgs de sa cité lors de la présence de l'armée soviétique, dans les vergers aux parfums des *Mille et une nuits* ou dans les fameuses vignes aux profonds sillons, idéales pour échapper aux rafles et aux rafales. Aisément reconnaissable à distance par sa claudication, due au port d'une prothèse depuis qu'il a perdu sa jambe sur une mine lors de combats contre l'Armée rouge, mollah Hassan m'accueille chez lui, une grande maison dans les faubourgs de Kandahar où l'on récolte, assurent ses habitants, « l'un des meilleurs raisins du monde ». Lui et ses affidés ont aussi récolté l'un des hôtes les plus recherchés du globe, de l'aveu même d'un responsable taliban. « Comment voulez-vous qu'on l'expulse, se lamente ainsi l'un des ministres du mollah Omar, c'est notre camarade de djihad, notre frère de combat ! » Un autre responsable de la milice religieuse reconnaît alors que le séjour du chef d'Al Qaida coûte très cher, en termes de reconnaissance du régime par d'autres pays de l'Ouma, la communauté musulmane dans le monde. Seuls trois pays entretiennent alors des relations avec Kaboul : le Pakistan, les Émirats arabes unis et l'Arabie saoudite.

Le vizir à jambe de bois et son coffre-fort

Pendant des semaines, je vais vivre à proximité de cet hôte encombrant, dans une demeure modeste. Sous une horloge dont les aiguilles sont en panne, mollah Hassan, qui égrène continuellement son *tasbih*, le chapelet musulman, et dont la jambe valide s'agite sous la table basse, n'est pas tranquille. Le vizir à jambe de bois a beau être l'un des dignitaires les plus élevés de la nébuleuse talibane, chef des forces armées dans la partie sud du pays, la proximité de Ben Laden, l'homme qui rêve d'un califat sans frontières, lui cause bien des soucis. Souvent, à l'heure de la sieste, nous parlons devant un verre de thé, puis il finit par s'endormir sur le tapis… la tête collée à un petit coffre-fort, histoire de protéger ses avoirs. De cette banque à domicile, le ministre taliban retire de temps à autre une liasse lorsqu'un seigneur de guerre lui rend visite et lui prête allégeance.

C'est ainsi que je vais comprendre peu à peu que Ben Laden a monnayé sa présence à Kandahar. Grâce à ses intermédiaires du Moyen-Orient, le fondateur d'Al Qaida déverse en Afghanistan des petites fortunes afin d'alimenter le trésor de guerre des fondamentalistes, sous couvert, le plus souvent, d'opérations humanitaires. Là, un hôpital mobile, plus loin, un dispensaire, en fait une école coranique radicale. Sur l'autre montagne, dans l'Oruzgan, un camp d'entraînement pour combattants étrangers. Peu à peu, mollah Hassan, qui passe son temps à écouter la BBC en pachto, l'oreille droite sans cesse collée à un transistor, va répondre positivement à ma requête : organiser un entretien avec Ben Laden. Il me permet d'approcher d'abord la cache, sous bonne escorte : une maison cossue aux abords de l'aéroport de Kandahar, désespérément vide mais encombré de caisses à petites fenêtres, les cages de faucons afghans destinés aux pays du Golfe et vendus plusieurs milliers, parfois plusieurs dizaines de milliers de dollars. Les miliciens de la pureté islamique s'avèrent nerveux dans le secteur, craignant sans doute des bombardements américains ou une intervention commando. L'un de leurs commandants finit par m'avouer qu'il ne porte guère en estime le Saoudien, soupçonné de vouloir infiltrer l'émirat des talibans avec des cohortes de volontaires étrangers. « Il risque bien de gagner », tempête le chef afghan, qui craint alors un débordement par les wahhabites, les fidèles de Ben Laden.

Après plusieurs semaines d'attente, le gouverneur de Kandahar se rétracte brusquement. « Si vous faites une interview de notre hôte, on ne pourra plus assurer votre sécurité, lâche-t-il un soir, un peu gêné de revenir sur sa promesse. En clair, vous pouvez le voir, mais vous ne sortirez pas vivant de l'Afghanistan. » Venant de la bouche de l'unijambiste, le conseil doit être pris au pied de la lettre. L'attente elle-même devient cependant un enjeu. Tenaillés entre le principe d'hospitalité à mon égard et la menace, les talibans me ménagent, m'accordent quelques concessions sur leur protocole mais n'osent défier leur hôte puissant et encombrant. Ils tournent autour du pot, me permettent de rencontrer des ministres de leur émirat. Mais de Ben Laden, point. Même pas son ombre, finit-on par me souffler, à croire qu'elle aussi est dangereuse. Et c'est ainsi que je n'ai jamais pu rencontrer l'ingénieur qui planifiait soigneusement la montée en puissance d'Al Qaida. Ben Laden est mort en 2011, et le mollah-gouverneur trois ans plus tard, tous les deux au Pakistan.

Cheval et djihad

Qui était véritablement ce maître de l'ombre qui parvenait à faire trembler des pays entiers ? L'homme qui a inventé les maquis islamistes sans frontières ! Ben Laden n'a jamais voulu de bordures ni de limites pour son fief. Point de territoire revendiqué contrairement aux vœux, des années plus tard, des sbires de Daesh qui redessinent les frontières pour mieux établir leur pseudo-califat.

Dix-septième des cinquante-quatre enfants de Mohamed Ibn Ben Laden, originaire d'un petit village du Yémen, Oussama voit le jour en mars 1957 en Arabie saoudite. Surnommé « le Rockfeller de l'Orient », le père, qui va épouser une vingtaine de femmes, fait fortune dans la construction et obtient le quasi-monopole des grands chantiers saoudiens, lieux saints compris. L'empire des Ben Laden s'étend bien vite dans tout le Moyen-Orient, avec des avoirs estimés à 5 milliards de dollars.

Le rejeton Oussama grandit dans une stricte observance de l'islam wahhabite. Il étudie le Coran, bénéficie des largesses paternelles dans une famille dispendieuse, tout en s'adonnant à différentes activités physiques : l'équitation, le football, l'athlétisme. Lorsqu'il a 10 ans, son père, qu'il accompagne souvent sur les chantiers, meurt dans un accident d'avion, un bimoteur piloté par un Américain. Le voilà orphelin et détestant un peu plus le monde occidental. Il se marie jeune, à 17 ans, avec une cousine de Syrie – trois autres femmes deviendront ses épouses – puis étudie le génie civil à l'université de Djeddah. Le monde des affaires ? Très peu pour lui. Tout en bénéficiant de la manne familiale, y compris pour piloter des voitures de luxe, il choisit très vite le djihad, version internationaliste. Quitte à déformer les sourates du Coran, à les transformer en oukases sanglants. Il soutient les tribus yéménites contre la rébellion marxiste, plaide la cause des Frères musulmans de Syrie. Son credo ? Plonger le monde arabo-musulman dans la guerre sainte afin d'asseoir la version radicale de l'islamisme wahhabite.

Au royaume de la famille Al Saoud, il préfère le Soudan, là où le fondamentaliste Hassan al-Tourabi bénéficie d'une grande influence, puis l'Afghanistan, choisi comme champ expérimental de son idéologie. Al-Tourabi, titulaire d'un doctorat de la Sorbonne, n'aime guère Ben Laden, qu'il juge un peu fruste, mais apprécie en revanche la manne dont il dispose. À Peshawar, au Pakistan, Ben Laden rencontre un homme qui va changer sa vie, le Palestinien Abdallah Azzam, Frère musulman et héraut de la guerre sainte en Afghanistan. Celui que l'on surnomme « l'imam du djihad » l'aide à monter son réseau et à recruter les cohortes de volontaires de la bataille contre l'Occident, *via* un « bureau d'aide aux combattants ». Les deux hommes, l'un idéologue et théoricien, l'autre chef belliqueux, se partagent la tâche. Au Palestinien la propagation de la foi (*al da'wa*), jusqu'à son assassinat en 1989. Au Saoudien la propagation du feu et du combat (*al qitâl*). Ben Laden surveille soigneusement la montée en puissance d'Al Qaida, encore dans les limbes, créée à la fin des années 1990 avec un noyau dur de fondamentalistes égyptiens, yéménites, saoudiens et nord-africains. L'organisation, qui monte très vite en puissance, repose sur deux axes stratégiques : des frappes spectaculaires et un recrutement massif et décentralisé. Les Pakistanais, eux, ferment les yeux. Intronisé missionnaire d'un terrorisme tous azimuts, Ben Laden se frotte les mains.

Pendant cinq ans, le très messianique Saoudien, qui aime parader devant les caméras vidéos de ses propagandistes, finance des groupes islamistes de par le monde, concocte des réseaux, embauche des prédicateurs pour former les combattants. Avec l'appui, longtemps, des autorités saoudiennes, jusqu'à ce qu'elles s'aperçoivent que ce radicalisme leur est préjudiciable. Lui arbore continuellement un fusil kalachnikov devant ses hommes afin de mieux asseoir sa légende guerrière. Même s'il n'a guère ferraillé, peu expérimenté en matière de combat, en dehors de l'attaque de Jaji, lancée par les troupes soviétiques et ses alliés de Kaboul contre la résistance afghane, non loin de la frontière pakistanaise en 1987. Il n'empêche : il comprend très vite que la rhétorique de la violence donne du lustre à l'étendard d'Al Qaida, quitte à pratiquer la fuite en avant. Le mythe Ben Laden s'installe, tandis qu'il continue à récolter des fonds auprès des familles princières et des cénacles saoudiens. Tacticien, il joue les naïfs et les pétromonarques préfèrent donner leur obole à ce patriote plutôt qu'à des Pakistanais, sans savoir qu'il va allumer une poudrière. Patient architecte d'un système financier parallèle version fondamentaliste, il récolte des millions de dollars. Porte-étendard de la guerre sainte, il met en garde certaines capitales occidentales, soutient ou fomente plusieurs attentats.

L'homme qui brouille les pistes

Le régime soudanais commence à s'inquiéter de ce visiteur belliqueux. D'autant que Bill Clinton, le président américain, exige son expulsion. Oussama Ben Laden n'en a cure. Il trouve refuge au Pakistan puis en Afghanistan en 1998. Le chef d'Al Qaida aime narguer les forces spéciales lancées sur ses traces, et même l'Occident honni tout entier. Il parvient en quelques années à transformer les données du terrorisme international.

Obstiné, figure emblématique de nouveaux maquis, il réussit à implanter des troupes dans plusieurs contrées montagneuses et les fameuses zones tribales, à la frontière pakistanaise, sous des crêtes et au fond de vallées difficilement accessibles, protégées par la loi des tribus.

Sa légion islamique est en marche. Ses diatribes deviennent de plus en plus violentes, destinées à la fois aux capitales occidentales et à celles du Moyen-Orient, qu'il juge gouvernées par « les apostats », princes d'Arabie en tête. Ainsi signe-t-il la proclamation du « Front islamique mondial pour le djihad contre les juifs et les croisés ». Peu à peu, il va incarner à lui seul le nouvel « axe du mal », l'islamo-terrorisme. Comment s'y prend-il ? Est-il doté alors d'un sens inouï du machiavélisme ? Un double mouvement s'opère en fait. D'une part, le monde occidental le désigne, dans une vision rationnelle et manichéenne, comme l'ennemi public numéro un et contribue à sa popularité dans les franges radicales de l'Ouma. D'autre part, le nouveau réseau Al Qaida (« la base » en arabe) est perçu comme un réseau structuré et hiérarchisé. Il n'en est rien en réalité. Fort de son expérience afghane, apprenant de ses hôtes qui ont combattu avec succès de 1979 à 1989 l'une des meilleures armées au monde, celle des Soviétiques, Ben Laden va adopter une technique redoutable : celle de la nébuleuse, à conception non pas pyramidale mais horizontale. Même si Ben Laden en est le chef suprême, elle fonctionne davantage en groupes indépendants, cloisonnés, qui rendent l'ensemble souple, s'adaptant aux situations de répression, essaimant des sous-réseaux dans d'autres pays, dotés d'une forte initiative à la fois politique et militaire. La communauté occidentale ne saisit pas la force de ce mouvement informel dans l'univers multipolaire consécutif à l'effondrement du système communiste. Une véritable logique de guerre se met ainsi en place, due en partie à l'aveuglement du monde occidental.

Dans les camps d'entraînement des djihadistes en Afghanistan et au Pakistan, on croise alors des combattants de tous les continents ou presque, Maghrébins, Égyptiens, Saoudiens, Français, Indonésiens, Turcs, des convertis aussi. Certains des affidés de Ben Laden sont diplômés, comme leur mentor. Dans les villages et les camps d'Al Qaida, j'ai ainsi rencontré des médecins, des avocats, des ingénieurs. Le bras droit du Saoudien, l'Égyptien Ayman al-Zawahiri, devenu depuis chef d'Al Qaida, n'est-il pas lui-même médecin ?

Sous la férule de Ben Laden, le wahhabisme, courant spécifique de l'islam rigoriste qui a pris racine dans la péninsule arabique avec l'ascension des Al Saoud, connaît un nouvel élan. L'endoctrinement est généralisé. Les camps servent aussi de lieux de propagande, sous la vindicte de religieux de tous pays, dont le cheikh égyptien aveugle Abdel Rahmane. En 1988, il lance une *fatwa* dans un camp au sud-ouest de Peshawar au

Pakistan afin de durcir le mouvement : il autorise et légitime par son édit l'assassinat de musulmans. Grand étonnement des militants. « Comment peut-on commettre cela, ce sont des frères ! » répond un activiste algérien, M., qui s'évadera ensuite du camp et des rangs des fondamentalistes pour se réfugier dans une ville du Pakistan, la barbe rasée. Réponse du zélote, considéré comme le chef spirituel du groupe terroriste égyptien Gamaa al-Islamiya : « Nous avons bien assassiné le président égyptien Anouar el-Sadate. Donc vous êtes autorisé à tuer des membres de l'Ouma. » Depuis, les activistes s'en donnent à cœur joie. Le fidèle aveugle de Ben Laden, lui, a été arrêté et extradé aux États-Unis pour la tentative d'attentat contre le... World Trade Center, en 1993. Un projet d'attentat à la voiture piégée visant les piliers de l'immeuble dans les parkings en sous-sol et déjoué au dernier moment. J'ai assisté au procès du cheikh à New York en 1996 : le dignitaire religieux, condamné à perpétuité, n'a pas dit un mot de son chef. L'omerta chez les prédicateurs du djihad à outrance est de règle.

Une traque à 50 millions de dollars

Ben Laden, pendant ce temps, poursuit sa route clandestine. Et les Américains, sa traque. Malade des reins, soigné par son adjoint al-Zawahiri, sa tête mise à prix à 25 puis 50 millions de dollars, il échappe pourtant aux commandos, tueurs, chasseurs de primes divers, et semble bondir d'une montagne à l'autre tel un cabri. Sa légende grandit très vite. Il devient le défenseur des musulmans opprimés, le grand argentier de la cause djihadiste internationale. Mais dans le laboratoire du terrorisme à ciel ouvert qu'est devenu l'Afghanistan, deux visions s'opposent. Primo, celle des talibans, partisans d'une vision certes radicale et féodale mais relativement rationnelle, non « suicidaire » de la société locale. Secundo, celle des wahhabites, prompts à porter le feu jusque dans les villes et à tuer indistinctement. Lorsque les bouddhas de Bamiyan sont détruits, en mars 2001, les internationalistes prennent le dessus, avec l'aval des services secrets pakistanais. Ben Laden peut se réjouir de son plan démoniaque : transformer l'Afghanistan en tremplin de son djihad international, et en sanctuaire pour terroristes.

Première étape : éliminer le commandant Massoud, l'ennemi juré de Ben Laden et de ses alliés. Quelques mois après mon dernier séjour en Afghanistan, je le revois à Paris, lors de sa première visite officielle en Europe. Le fameux Lion du Panshir adresse alors un message au président américain : « S'il ne s'intéresse pas à la paix en Afghanistan et s'il ne nous aide pas, George Bush aura les mêmes ennuis que nous : la guerre menée par les islamistes de Ben Laden et les talibans. » Message prémonitoire… qui ne sera pas écouté.

Le 9 septembre 2001, Massoud meurt dans un attentat à la frontière avec le Tadjikistan. Deux jours plus tard, les attentats du World Trade Center sonnent le glas du régime des talibans, qui tombera en novembre. Ben Laden, lui, est en fuite. Il est désigné d'office comme le maître d'œuvre de l'ensemble des attentats, l'homme à abattre le plus tôt possible. Du jour au lendemain, le zélote combattant devient une icône médiatique universelle. On l'aperçoit dans les montagnes de Tora Bora, à l'est de Kaboul. Il est quasiment cerné, au point qu'il en rédige son testament. Mais il échappe aux poursuivants, une fois encore, avec la complicité de tribus pachtounes radicales et en raison des carences des troupes américaines : elles ont sous-traité la traque à des commandants afghans qui ne s'entendent pas. Ben Laden profite d'un nouvel incendie allumé à l'ouest, le conflit en Irak déclenché en mars 2003. La guerre de Bush junior relance alors l'extrémisme en Afghanistan, dont le conflit subit une « irakisation » : attentats-suicides, exécution de fonctionnaires et de directeurs d'écoles pour filles, enlèvements d'humanitaires, etc.

Ben Laden court toujours. Il se réfugie dans les zones tribales puis... non loin de la capitale pakistanaise. L'incarnation vivante du terrorisme international tient à son rôle et resurgit çà et là, au gré de vidéos et messages audio. Caméléon et passe-murailles, donné pour mort à maintes reprises, et même par les services secrets saoudiens, il change de cache continuellement, se sachant traqué. Ce n'est pas un corps, c'est un djinn. Selon les dossiers déclassifiés par la Direction du renseignement américain (DNI), il souffre alors de troubles paranoïaques. L'une de ses épouses est-elle soignée pour maux dentaires à Téhéran ? Il craint que les Iraniens n'aient introduit dans le plombage un signal électronique « de la longueur d'un grain de blé et de la grosseur d'un petit morceau de vermicelle ». Il met même en garde sa femme contre des injections qui pourraient être exigées par des médecins, occasion idéale pour installer une puce sous la peau. Transporte-t-il des valises de dollars obtenues par ses affidés lors de prises d'otage ? Il redoute là encore la traçabilité... Et demande à son garde du corps Nasser al-Bahri de lui loger deux balles dans la tête s'il est arrêté. À tout prendre, plutôt mort que vif.

Pendant plusieurs années, les services secrets pakistanais, l'ISI, le protègent et le cachent dans une petite ville très sécurisée à l'orée du Cachemire, Abbottabad, à 100 kilomètres d'Islamabad. Impossible d'échapper aux militaires sur cette route stratégique qui serpente dans de magnifiques paysages montagneux, au-delà du parc national très boisé et calme *a priori* d'Ayubia. Il faut dire que le cheikh du djihad mondialisé continue de distribuer prébendes et gratifications : il évalue lui-même sa fortune placée au Soudan à 29 millions de dollars.

Une mort sans sépulture

Les Américains ont beau sonder leurs alliés pakistanais, ceux-ci refusent d'avouer où se terre Ben Laden. Et pour cause ! Il est plus que jamais le protégé des services secrets, l'ISI, sorte d'État dans l'État. L'un de ses anciens chefs, Hamid Gul, n'a-t-il pas œuvré pour créer la milice des talibans ? Lorsque je lui poserai la question, dans sa belle résidence d'Islamabad, l'homme de l'ombre ne s'esquivera pas : « Oui, ce sont nos protégés. Pourquoi nous, les Pakistanais, devrions-nous suivre le diktat de Washington ? » Sait-il alors où est Ben Laden ? Toujours est-il que la CIA parvient à le localiser dans la ville-garnison d'Abbottabad. Grâce aux aveux du cerveau autoproclamé des attentats du 11 septembre, Khaled Cheikh Mohammed, emprisonné à Guantanamo, les agents de la centrale ont réussi à repérer l'un des « messagers » de Ben Laden. L'intermédiaire rend visite au chef d'Al Qaida dans une villa blanche de deux étages, protégée des regards extérieurs par un mur d'enceinte de plus de cinq mètres de haut et surmonté de fils barbelés. Le fait que la maison-bunker, pourtant évaluée à plus d'un million de dollars, ne soit dotée d'aucune ligne de téléphone ou d'une connexion Internet renforce les soupçons des renseignements américains. Comme si les Pakistanais avaient voulu mettre au vert un honorable correspondant...

Un chirurgien, Shakil Afridi, est alors chargé par la CIA d'approcher le refuge. Le prétexte ? Une fausse campagne de vaccination contre l'hépatite... Lorsqu'il frappe à la porte de la résidence fortifiée, le médecin prend mentalement des notes, parvient à effectuer des prélèvements d'ADN puis transmet aux Américains. Les experts du Pentagone et ceux des services spéciaux mettent au point un plan d'attaque, après cinq réunions du Conseil national de sécurité. C'est un peu mission impossible mais ils lancent très vite leur opération commando qui mobilise 79 hommes et 4 hélicoptères dans la nuit du 1er au 2 mai 2011, à 11 000 kilomètres de Washington. L'Amérique tient sa revanche.

Ben Laden se sait traqué. Il a pris toutes les précautions... ou presque. Il n'est pas armé mais tente de s'enfuir lorsque surgissent les commandos à viseur nocturne qui viennent de défoncer le portail métallique orangé. Il faut faire vite : l'un des hélicoptères de l'US Navy a heurté le mur d'enceinte, sans dommage pour les agents très spéciaux, ceux des Navy Seals, autant dire l'élite de l'armée. « Geronimo », le nom de code de Ben Laden donné par les agents américains, tente alors de se protéger derrière l'une de ses épouses, mais il est atteint de deux balles. Le raid contre le djihadiste n'aura duré qu'une quarantaine de minutes.

Barack Obama, qui suit l'opération minute par minute depuis la Situation Room, la salle de crise de la Maison-Blanche, annonce très vite la mort du terroriste devant les caméras de télévision. « *Geronimo EKIA, Enemy killed in action* » (« ennemi tué pendant l'intervention »), vient de lui confirmer Leon Panetta, le directeur de la CIA. C'est le premier vrai triomphe d'Obama depuis son entrée à la Maison Blanche. Très tendu, il sait aussi qu'il jouait là sa survie politique. Un autre président démocrate, Jimmy Carter, n'a-t-il pas mordu la poussière en 1980 ? La mission de sauvetage des otages américains de l'ambassade de Téhéran s'était achevée par un désastre, le crash de la mission commando dans le désert iranien de Tabah.

Ainsi s'achève la plus longue et la plus coûteuse chasse à l'homme de l'Histoire. Le corps de « l'ennemi mondial » est rapatrié sur le pont du porte-avions américain USS Carl Vinson qui stationne en mer d'Oman, puis prestement enseveli au large. Pas de traces, a prévenu la Maison Blanche, pas de stèle dans un cimetière qui se transformerait très vite en endroit mythique pour tous les djihadistes de la planète et les dévots du « cheikh libérateur ». Une mort sans sépulture et sans pèlerinage. Une image manquante, aussi, pour un protagoniste qui a traversé la décennie tel un personnage évaporé.

Fin du système Ben Laden ? Au contraire. La mouvance du « djihad mondial » perdure… et suscite des vocations, émules venant grossir la galaxie terroriste. Le rêve machiavélique du Saoudien s'est réalisé : autonomiser l'islamisme radical et inventer des formes nouvelles de violence. Daesh est ainsi l'enfant naturel d'Al Qaida, mais avec une stratégie différente :

la sanctuarisation, la revendication d'un territoire. Le pseudo-califat créé entre l'Irak et la Syrie démontre sa force, fût-elle éphémère. Une redoutable organisation est née aux forceps, mélange de réseaux terroristes et d'armée conventionnelle, nantie d'un armement d'un à deux milliards de dollars et de plusieurs centaines de blindés. De quoi continuer à porter le feu au Moyen-Orient et ailleurs, même si les deux mouvements sont concurrents. Longtemps en quête de dauphins, l'homme qui gît dans les profondeurs de la mer d'Oman ne pouvait rêver meilleure filiation.

Olivier Weber

Kim Jong-un
L'héritier

(1983-)

On prend souvent la Corée du Nord pour un des derniers régimes staliniens de la planète. En fait, il y a bien longtemps que la République populaire démocratique de Corée, son nom officiel, s'est muée en monarchie autocratique, concentrationnaire et ultranationaliste qui, à bien des égards, évoque l'Allemagne nazie. Cette dérive est due à ses dirigeants, Kim Jong-il (1942-2011) et son fils Kim Jong-un, actuellement au pouvoir, n'ayant rien à envier au fondateur Kim Il-sung (1912-1994) pour ce qui est de la barbarie, du cynisme et de la brutalité.

Nous sommes le 12 décembre 2013, en fin d'après-midi, dans l'immense auditorium tendu de velours rouge du parti des travailleurs de Pyongyang. Les trois cents membres du bureau politique attendent patiemment leur nouveau maître, le maréchal Kim Jong-un, secrétaire général du Parti et président de la Commission de défense nationale, que le décès inopiné de son père Kim Jong-il a porté au pouvoir suprême deux ans plus tôt. Après une longue attente, celui que les médias désignent désormais comme le « Soleil du XXIe siècle » consent enfin à paraître. C'est un jeune homme d'à peine 30 ans, aussi mafflu que dodu. Habituellement jovial, il arbore son visage des mauvais jours, le regard fixe et les mâchoires serrées. Cela n'annonce rien de bon. Au premier rang de l'assemblée, Jang Song-taek, le numéro deux du régime qui est aussi l'oncle par alliance du dirigeant, attend, las et résigné. Lui, à qui Kim Jong-il avait confié officieusement la régence, est en train de perdre la main. Kim Jong-un ne l'écoute plus et prend chaque jour ses distances. Au lieu de prêter allégeance à la Chine dont dépend la survie économique du pays, il n'en fait qu'à sa tête et préfère jouer au petit soldat en multipliant les provocations militaires. Quel sera le nouveau caprice du jour ? S'il savait...

Car après quelques propos convenus sur les succès du régime et les objurgations rituelles à suivre scrupuleusement la voie tracée par ses géniaux prédécesseurs, Kim Jong-un éclate en imprécations. Il ne serait entouré que de traîtres et aurait une fois de plus déjoué une tentative de coup d'État. Le maître d'œuvre ? Il en hurle le nom devant une assemblée médusée : Jang Song-taek lui-même. Tétanisé par cette estocade à laquelle il ne s'attendait pas, l'oncle écoute sans ciller ni penser à rétorquer. Lorsque Kim Jong-un se tait enfin, deux officiers de sa garde descendent de l'estrade sans se presser, prennent Jang Song-taek par le bras et, dans un silence sépulcral, l'entraînent hors de la salle. Nul ne le reverra plus. Jugé en extrême urgence par un tribunal d'exception qui l'insulte et lui dénie le droit de se défendre, il est condamné à mort en moins d'une heure pour haute trahison, désobéissance, corruption, trafic en tous genres et même consommation de drogue. Dans la foulée, son épouse Kyong-hee, la tante de Kim Jong-un, obtient le divorce. À l'aube, Jang est traîné devant un peloton d'exécution commandé par Kim Jong-cheol, le propre frère du dirigeant, et passé par les armes. Ses restes sont jetés à la voirie comme s'il s'agissait d'immondices.

La colère de Kim Jong-un n'est pas rassasiée pour autant. Dans les jours qui suivent, la plupart des proches de l'oncle déchu sont arrêtés, jugés et éliminés à leur tour. Ses frères et ses neveux, qui, jusque-là privilégiés du régime, servaient dans la haute administration ou dans la diplomatie, sont rappelés à Pyongyang, dégradés et déportés avec toute leur famille dans un des cinq camps de concentration que compte le pays. Un seul en réchappe : étudiant en architecture à Paris, il est exfiltré *in extremis* en Corée du Sud en novembre 2014. Tous ceux que la purge a épargnés se rallient en tremblant à Kim Jong-un, de peur d'y passer eux aussi. Car il y a longtemps que les Nord-Coréens savent à quoi s'en tenir sur leur régime. À Pyongyang comme à Rome, la roche Tarpéienne est proche du Capitole. La Corée des Kim est une oligarchie tempérée par la disgrâce. Les foucades du dirigeant suprême y ont force de loi. Mais sous Kim Jong-un, c'est pire qu'avant. Même les proches, les intimes, les princes du sang en somme, ne sont plus à l'abri.

Le retour de Caligula

De fait, Kim Jong-un qui règne depuis moins de cinq ans, n'a plus rien à envier à Caligula, cet empereur qui souhaitait que le peuple romain n'ait qu'une seule tête qu'il pourrait ainsi trancher d'un coup[1]. Car il n'a pas que le sang de son oncle sur les mains. Avant lui, il y a eu le maréchal Ri Yong-ho, auquel Kim Jong-il l'avait confié. Officiellement, il se serait retiré pour raison de santé. En fait, Kim Jong-un ayant ordonné son arrestation, sa garde rapprochée a résisté et tout s'est achevé dans un bain de sang (juillet 2012). Il y a aussi eu ce responsable de la sécurité exécuté au lance-flammes (avril 2014), ce ministre de la défense éliminé au canon antiaérien pour s'être assoupi en public (mai 2015), ce chef d'état-major fusillé pour l'exemple devant toute sa famille (février 2016), et bien d'autres encore. On estime que pour asseoir son pouvoir sur l'armée, Kim Jong-un aurait fait disparaître soixante-dix officiers généraux, sans parler des obscurs et des sans-grade. Devant l'ampleur de la proscription, certains ont eu le courage de protester. Du jour au lendemain, on ne les a plus revus.

La population civile n'a pas été davantage épargnée. Bien que le régime prétende avoir aboli la peine de mort, des

1. Voir à ce sujet le chapitre sur Caligula.

centaines d'exécutions ont été pratiquées depuis l'arrivée au pouvoir de Kim Jong-un, la plupart groupées et publiques. Puisqu'il s'agit de régner par la terreur, tous les prétextes sont bons pour vous condamner à la peine capitale, les crimes de sang bien sûr, mais aussi de simples délits, comme la corruption, le marché noir, le trafic de CD ou de téléphones portables en provenance de Corée du Sud, voire des comportements irrespectueux comme boire et chanter durant les journées de commémoration nationale. Et pour ceux qui échappent au peloton d'exécution, il y a la mort lente, celle qui guette les prisonniers des immenses camps de concentration où croupissent près de 150 000 Nord-Coréens, déportés en famille et sans jugement digne de ce nom, affamés, torturés et traités en esclaves. « Qu'ils me haïssent, pourvu qu'ils me craignent », aimait à dire Caligula. Cela pourrait être la devise de Kim Jong-un.

Dès lors, comment douter ? Le Caligula de Pyongyang ne peut être qu'un fou furieux, un psychopathe sanguinaire, un roi Ubu ivre de sa toute-puissance. « Le pouvoir rend fou et le pouvoir absolu rend absolument fou », disait Hubert Beuve-Méry, le fondateur du *Monde*. De fait, colérique et dominateur, arrogant et capricieux, Kim Jong-un ne priserait rien tant que les rapports de force et les exercices physiques violents. De là à en déduire que c'est un sadique, un pervers ou un déséquilibré, un diagnostic psychiatrique fiable nous manque pour le confirmer. Pour autant qu'on sache, il a eu une enfance heureuse et protégée de petit prince rouge. C'est depuis son accession au pouvoir qu'on a forgé la légende d'un génie précoce qui serait omniscient et ne dormirait jamais. En fait, comme il n'était que le cadet du second lit, il a échappé au culte de la personnalité dont son père Jong-il avait été l'objet durant sa jeunesse. Il a effectué une scolarité anonyme et sans aspérité, dont une partie en Suisse. Il ne s'est guère plu à l'université, a préféré son passage à l'armée et, après quelques aventures, s'est marié à 27 ans à Ri Sol-ju, une jeune fille de bonne famille avec qui il a eu une fille, en attendant de mettre au monde un héritier. Un parcours banal en somme, qui ne correspond pas au profil du tueur en série qu'on s'imagine.

Nombre d'atrocités qu'on lui impute ne sont d'ailleurs que des inventions. En août 2013, un quotidien de Séoul prétend qu'il aurait assisté à l'exécution de Hyon Song-wol, une ancienne conquête qui aurait tourné des vidéos érotiques compromettantes. Il n'en est rien : la belle a réapparu lors d'un concert, en mai 2014. On dit aussi qu'il aurait obligé sa tante Kyong-hee à se suicider pour permettre à sa jeune sœur Kim Yo-jong, qui est une de ses plus proches conseillères, de mettre la main sur ses biens. Rumeurs infondées. En fait, la question est d'un autre ordre. La Corée du Nord fonctionnant comme une monarchie absolue, le sang de Kim Il-sung qui coule dans ses veines place Kim Jong-un au-dessus de la morale et du droit. Qu'il ait envoyé tant de collaborateurs à la mort, y compris son oncle, nous épouvante. Mais comme le Prince de Machiavel, Kim Jong-un ne relève pas de notre logique. Sa vie entière, il l'a passée à manœuvrer sur un échiquier sanglant de cynisme et de fourberies. Comme jusqu'ici, il a réussi à mener la partie, on jurerait qu'il jubile. Mais en fait, c'est un prisonnier. Un prisonnier de la tradition, un prisonnier de l'absolutisme, un prisonnier du labyrinthe où Kim Il-sung et Kim Jong-il ont enfermé leur peuple à double tour.

Crimes en bande organisée

Pour comprendre, il faut donc remonter dans le passé. Kim Jong-un n'est ni Hitler, ni Staline, ni Mao. Il ne s'est pas fait tout seul. C'est avant tout un héritier. L'histoire de la dynastie Kim commence à l'orée de la Première Guerre mondiale. À l'instar de la Chine, la Corée n'est plus qu'un royaume cacochyme, gangrené par les inégalités, la corruption et l'isolement. Le Japon, qui a su surfer sur la vague de l'occidentalisation, s'en empare sans coup férir pour en faire sa cave à charbon, son grenier à riz et son lupanar. Toute rébellion est noyée dans le sang. Celle du 1er mars 1919 fait près de 10000 morts. Tortures et déportations sont quotidiennes. Ceux qui n'acceptent pas de céder doivent fuir. Parmi ces résistants, un certain Kim Sang-ju, qui est issu de la bourgeoisie de Pyongyang, peu fortunée, mais protestante et lettrée. Dans la clandestinité, il a pris le nom de Kim Il-sung, « Kim le soleil », et lutte depuis les montagnes du Sud-Est mandchou, à la frontière septentrionale de la Corée. Il n'est ni plus ni moins courageux que les autres, mais il est aussi brutal que les Japonais. Pour s'imposer, il fait régner une discipline de fer, rançonne et pille sans vergogne. Il n'oubliera jamais la leçon. Même parvenu au pouvoir, Kim Il-sung restera un guérillero qui ne recule devant rien et certainement pas devant la violence.

Mais c'est aussi un opportuniste qui voit loin. Maoïste à ses débuts, il s'est rallié à Staline. Bonne pioche. Après l'avoir exfiltré en URSS, Moscou le ramène dans ses fourgons en 1945, et le place à la tête de la république satellite qu'il a installée dans le nord de la Corée à la suite de la défaite japonaise. Au pouvoir, Kim Il-sung se comporte exactement comme dans la résistance. Il s'empare des biens des anciens collaborateurs, place ses partisans aux postes clés et élimine méthodiquement tous ceux qui pourraient le gêner : ses rivaux, ses concurrents dans la résistance et même ceux de ses anciens compagnons d'armes qui n'apprécient pas sa dérive autoritaire. Il se prétend socialiste, prend quelques mesures économiques et sociales qui le rendent populaire, mais cherche surtout à confisquer le pouvoir à son profit et à celui de sa famille, au point d'envisager très tôt l'idée d'une succession héréditaire. En 1950, ayant fait le vide autour de lui, il se croit assez fort pour s'emparer de la Corée du Sud que Washington a transformée en Guantanamo asiatique. C'est un échec tragique. Les Américains ripostent, les Chinois interviennent et l'opération est à deux doigts de dégénérer en Troisième Guerre mondiale. Bilan : 4,5 millions de morts, près de 15 % de la population de la péninsule. Et pour rien puisque l'armistice de Pam Mun Jeom signé en juillet 1953 entérine la division de la péninsule en deux États distincts. Nous en sommes toujours là.

Malgré cet échec, Kim Il-sung s'accroche au pouvoir. Pour se ménager des soutiens, il joue alternativement Pékin contre Moscou et transforme son régime en une oligarchie de fait. Tous les privilèges économiques et politiques vont à ses partisans tandis que le reste de la population est soumis à d'infernales cadences stakhanovistes destinées à faire du pays une puissance industrielle. Pour tuer toute opposition dans l'œuf, il charge son benjamin, Kim Yong-ju, qui l'a secondé dans la résistance, de purger le pays du moindre opposant. En une décennie de proscription, des dizaines de milliers de suspects passent ainsi à la trappe, dégradés, déportés et souvent passés par les armes. Kim Il-sung ne prend aucun risque. Critiquer le régime, avoir des liens avec le Sud ou même compter un opposant parmi les membres de sa famille entraînent *ipso facto* l'élimination. À la fin des années 1960, le système est définitivement sur les rails. La société est divisée en trois catégories héréditaires : les partisans, les tièdes et les ennemis du régime. Que la Corée accumule les revers économiques, se brouille avec ses anciens alliés et renonce *de facto* au socialisme au profit du *juche*, une sorte de salmigondis national-socialiste, ne change rien à l'affaire. Kim Il-sung et son clan tiennent solidement le pays. Soixante ans plus tard, leurs descendants sont toujours aux manettes.

Chantage au terrorisme

Le 8 juillet 1994, Kim Il-sung succombe à une crise cardiaque. Déboussolés par la perte de celui qui les avait guidés pendant cinquante ans, les Nord-Coréens lui confèrent la dignité de « président éternel ». Mais en fait, depuis près de vingt ans, il se contentait de régner. Celui qui gouvernait, c'était déjà son fils

Kim Jong-il. C'est pourtant l'antithèse de son père. Né en 1942, il n'a pas pu combattre dans la résistance et a eu une enfance privilégiée, enchaînant les meilleurs établissements et les frasques de jeune aristocrate rouge : filles, alcool et voitures de course. Peu gâté par la nature et mal à l'aise en public, son père lui préfère son cadet Pyong-il, le fils que sa seconde épouse lui a donné en 1954 et qui lui ressemble étonnamment. Décidé à recueillir la succession coûte que coûte, Kim Jong-il doit intriguer dans l'ombre. Jouant avec maestria la carte de l'humilité et de la piété filiale, il se rend progressivement indispensable. Aucune tâche ingrate ne le rebute. Il élimine sans états d'âme tous ceux qui déplaisent à son père et exécute scrupuleusement ses moindres caprices. Contrôlant les services de la propagande, il s'assure que Kim Il-sung fasse l'objet d'un culte de la personnalité toujours plus emphatique. Il fait tourner des films, composer des opéras et édifier des milliers de statues à sa gloire. À la longue, cette abnégation paie. En octobre 1980, au Ve Congrès du parti des travailleurs, Kim Jong-il est désigné comme l'héritier de son père. Officiellement socialiste, la Corée du Nord devient une monarchie de fait.

Maintenant qu'il a les coudées franches, Kim Jong-il peut donner toute sa mesure. C'est un jouisseur qui vit dans un luxe insolent, entouré d'un véritable harem, un paranoïaque qui, par crainte des attentats, ne se déplace que dans un train de luxe, même pour se rendre à Moscou, un mégalomane qui peuple Pyongyang de monuments gigantesques à la gloire du régime, comme le mémorial de Mansudae et ses statues de 30 mètres, la tour du Juché, 170 mètres, ou l'hôtel Ryukyung, plus haut que la tour Eiffel. Comme il n'a pas les moyens de ses ambitions, il se livre sans scrupule à tous les trafics possibles : armes, drogue, fausse monnaie, et se mue en maître chanteur de haute volée. Sa politique consiste à troquer sa capacité de nuisance contre les soutiens dont il a besoin. Il ordonne le kidnapping de Japonais, tente d'assassiner le président de la Corée du Sud en visite à

Rangoon (novembre 1983) et fait exploser un avion de la Korean Air (novembre 1987) pour pousser Séoul à annuler les Jeux olympiques de septembre 1988. Pour calmer le jeu et mettre un terme à l'escalade, Pékin, Moscou et même Washington consentent à des crédits et à des livraisons de pétrole. Elles ne profitent qu'à l'armée et au clan au pouvoir. Comme l'appareil productif ne s'est pas renouvelé, le reste du pays sombre dans la misère et le sous-développement. De 1995 à 1997, une série de sécheresses et d'inondations transforme la banqueroute en catastrophe humanitaire. Une terrible famine fait près de 2 millions de morts, soit 10 % de la population. Kim Jong-il parvient pourtant à se dédouaner. Le responsable de la situation, ce n'est pas lui, mais les ennemis du régime. Comme son père, il prend la tête de la résistance et assure que le pays va s'en sortir. Après tout, n'en a-t-il pas connu d'autres durant la colonisation ou la guerre de Corée ? Il en profite pour passer au chantage humanitaire. Au lieu de menacer, il cherche à apitoyer. Et cela marche. La communauté internationale se mobilise pour fournir une aide alimentaire d'urgence qui permet au Nord de survivre et au clan Kim de conserver le pouvoir.

La crise surmontée, le régime donne l'impression de lâcher du lest. En 2002, pour amorcer la reprise, Pyongyang s'entrouvre à l'économie de marché. Mais c'est un jeu de dupes. En fait, Kim Jong-il cherche avant tout à sauvegarder le système oligarchique et répressif qui soutient son pouvoir. Il y parvient en s'appuyant sur l'armée dont il fait le fer de lance du régime. S'ils vont trop loin, les réformateurs sont impitoyablement éliminés, comme l'atteste, par exemple, en mars 2010, l'exécution publique du ministre Pak Nam-ki, coupable d'avoir dévalué le won pour stopper l'inflation, au grand dam des privilégiés du régime. Il en va de même du point de vue international. Après avoir laissé croire à un rapprochement avec le Sud au sommet intercoréen de juin 2000, Kim Jong-il repart à l'offensive. Il donne cette fois dans le chantage nucléaire. En octobre 2006, Pyongyang annonce fièrement s'être doté de la bombe atomique. Tollé international. Le pays est ruiné et Kim Jong-il joue aux apprentis sorciers ? L'ONU vote résolution sur résolution pour forcer le Nord à s'amender. Le régime fait mine de céder, monnaie chèrement sa renonciation mais finit par se raviser et par procéder à un nouvel essai en mai 2009. En somme, l'État guérilla qu'était celui de Kim Il-sung est devenu un État voyou passé maître en poker menteur.

Héritier et fier de l'être

Du temps de Kim Jong-il, la propagande nord-coréenne affectionnait le slogan « Kim Jong-il c'est Kim Il-sung, et Kim Il-sung c'est Kim Jong-il ». Elle déclare aujourd'hui que « Kim Jong-un, c'est encore Kim Il-sung et toujours Kim Jong-il ». On ne saurait mieux dire. Sans son père et son grand-père, Kim Jong-un ne serait rien. Il a d'ailleurs placé leurs dépouilles embaumées dans un immense tombeau au cœur de Pyongyang qui est le premier mémorial double de l'Histoire. Comme son grand-père, avec qui il aime à souligner sa ressemblance, c'est un matamore, un brutal, un guérillero sans foi ni loi. Comme son père, c'est un homme solitaire et méfiant qui n'a jamais connu que les coulisses du pouvoir et a dû ferrailler dur pour s'imposer.

Car Kim Jong-il a eu trois fils. En 1971, Song Hye-rim, une actrice de renom, lui a donné son aîné Jong-nam, dont il a longtemps voulu faire son héritier. Puis, de Ko Young-hee, une ravissante danseuse, deux autres fils lui sont nés : Jong-cheol en septembre 1981 et Jong-un en janvier 1983 – certains disent même en 1984. Pour s'imposer, il a d'abord fallu pousser Jong-nam vers la sortie. En 2009, Jong-cheol et Jong-un cherchent à le faire assassiner. Prudent, Jong-nam préfère se terrer à Macao où il vit toujours. Puis il a fallu supplanter Jong-cheol qui, heureusement, semble se contenter du rôle d'éminence grise. On peut le comprendre : depuis son avènement, le nouveau leader aurait déjà fait l'objet d'une dizaine de tentatives d'assassinat. Autrement dit, s'il est arrivé jeune au pouvoir, Kim Jong-un était déjà un intrigant aguerri.

Il n'a donc eu aucun état d'âme à recueillir l'héritage de ses prédécesseurs. Au début de son règne, quelques sourires aux médias internationaux ont laissé croire qu'il allait tout changer, ouvrir, moderniser, normaliser. Déconcertante naïveté. En fait, comme son grand-père, Kim Jong-un est un chef de bande. Ceux qui servent la cause, c'est-à-dire la sienne, ont droit à ses largesses et à sa protection. Mais il élimine sans états d'âme tous ceux qui pourraient lui porter ombrage, les militaires qui ne lui obéissent pas aveuglément, les spéculateurs qui pensent pouvoir voler de leurs propres ailes ou les arrogants, comme son oncle Jang Song-taek, qui osent le contredire. Comme son père, c'est un maître-chanteur qui se sert de l'arme atomique pour obtenir le pétrole et les devises dont il a besoin, n'en déplaise à l'ONU et même à la Chine, l'alliée de toujours, avec qui Kim Jong-un se paie le luxe d'être en froid.

Deux nouveaux essais nucléaires en trois ans (février 2013 et janvier 2016) : Kim Jong-il serait fier de son fils. Quant au goût affiché de ce dernier pour les technologies numériques, ce n'est qu'une façade. Il s'agit moins de moderniser son pays que de confirmer ses capacités de nuisance. En décembre 2014, en parvenant à pirater le site du groupe Sony qui allait distribuer le film *The Interview*, un brûlot anti Kim Jong-un, la Corée du Nord a démontré qu'il allait falloir compter avec elle en matière de cyber-terrorisme. En somme, de Kim Ier à Kim III, rien n'a changé.

Cela dit, que Kim Jong-un ait adhéré aux valeurs du clan n'a rien de surprenant. Il y avait tout intérêt et c'est bien parce que, contrairement à ses frères, il les partageait pleinement qu'il a recueilli leur succession. D'ailleurs, aurait-il eu la tentation de changer qu'il ne l'aurait pas pu. Lorsque nous songeons à la

Corée du Nord, nous nous imaginons une population accablée, soumise à une aristocratie avide et aux caprices de dirigeants sans merci. Ce n'est pas faux. Mais ce fatalisme nous cache la violence sourde qui y règne en maître. Violence d'une propagande paranoïaque qui contrôle tous les médias et qui, depuis soixante-dix ans, dénonce jour après jour les attaques de l'étranger et les complots internes. Violence d'une administration pléthorique, incompétente et policière qui rançonne la population au lieu de la servir. Violence d'une société de plus en plus inégalitaire qui incite à la corruption et au crime, à la drogue et à la prostitution. Violence d'une culture viriliste qui encourage les batailles de gangs, les viols collectifs, les sports de combat et, lors des matchs de football, un hooliganisme ritualisé qui fait des dizaines de blessés à la sortie des stades. Violence symbolique d'un système concentrationnaire où domine le chacun pour soi.

En somme, Kim Jong-un est à l'image du pays que ses prédécesseurs lui ont légué après l'avoir façonné : agressif, impitoyable et cruel. En toute bonne foi, nous sommes persuadés que les Nord-Coréens rêvent d'être débarrassés de ce potentat grassouillet, un peu ridicule et buté qui joue avec la paix du monde comme s'il s'agissait d'un jeu vidéo. Rien n'est moins sûr. À chacune de ses apparitions, ils acclament Kim Jong-un en héros. Ses promesses de faire du Nord une puissance économique et militaire les font rêver. Ses essais nucléaires les enthousiasment. Kim Jong-un est leur bourreau. Mais ce bourreau, ils l'idolâtrent.

PASCAL DAYEZ-BURGEON

Bibliographie

Caligula

AUGUET Roland, *Caligula*, Paris, Payot, 1975.

BALSDON J.P.V.D., *The Emperor Gaius*, Oxford, Clarendon Press, 1934.

BARRETT A.A., *Caligula. The Corruption of Power*, Londres, Batsford, 1989.

JERPHAGNON Lucien, *L'Histoire de la Rome antique*, Paris, Tallandier, 1987.

LE BOHEC Yann, *Naissance, vie et mort de l'Empire romain*, Paris, Picard, 2012.

MARTIN Régis F., *Les Douze Césars. Du mythe à la réalité*, Paris, Les Belles Lettres, 1991.

NONY Daniel, *Caligula*, Paris, Fayard, 1986.

Néron

ACHARD Guy, *Néron*, Paris, PUF, 1995.

CIZEK Eugen, *Néron*, Paris, Fayard, 1982.

CROISILLE Jean-Michel, *Néron a tué Agrippine*, Bruxelles, Complexe, 1994.

GIROD Virginie, *Agrippine*, Paris, Tallandier, 2015.

MARTIN Régis F., *Les Douze Césars. Du mythe à la réalité*, Paris, Les Belles Lettres, 1991.

SALLES Catherine, *Le Grand Incendie de Rome*, Paris, Tallandier, 2015.

Frédégonde

LEBECQ Stéphane, *Les Origines franques, Ve-IXe siècle*, Paris, Seuil, 1990.

LE JAN Régine, *Les Mérovingiens*, Paris, PUF, 2015.

PÉRIN Patrick et FEFFER Laure-Charlotte, *Les Francs*, Paris, Armand Colin, 1987.

WOOD Ian, *The Merovingian Kingdoms, 450-751*, Londres, Longman, 1994.

Ezzelino III da Romano

CRACCO Giorgio (sous la direction de), *Nuovi Studi Ezzeliniani*, Rome, Istituto Storico Italiano per il Medio Evo, 1992.

CROUZET-PAVAN Élisabeth, *Enfers et paradis*, Paris, Albin Michel, 2001.

FASOLI Gina (sous la direction de), *Studi Ezzeliniani*, Rome, 1963.

RAPISARDA Mario, *La signoria di Ezzelino da Romano*, Udine, 1965.

RIPPE Gérard, *Padoue et son contado (Xe-XIIIe siècle). Société et pouvoirs*, Rome, École française de Rome, 2003.

Gilles de Rais

BOSSARD Eugène (abbé), *Gilles de Rais, maréchal de France, dit Barbe Bleue*, Paris, Honoré Champion, 1885 ; réédition : Paris, Jérôme Millon, 1992.

CAZACU Matei, *Gilles de Rais*, Paris, Tallandier, coll. « Texto », 2012.

HEERS Jacques, *Gilles de Rais*, Paris, Perrin, 1994, rééd. 2005.

Vlad III Tepes (Dracula)

CAZACU Matei, *Dracula*, Paris, Tallandier, coll. « Texto », 2011.

CAZACU Matei, *L'Histoire du prince Dracula en Europe centrale et orientale (XVe siècle)*, Genève, Droz, 1988.

Alexandre VI Borgia

CLOULAS Ivan, *César Borgia*, Paris, Tallandier, 2005.

DAL BELLO Mario, *I Borgia, La leggenda nera*, Rome, Città Nuova Editrice, 2012.

LE THIEC Guy, *Les Borgia, Enquête historique*, Paris, Tallandier, 2011.

Ivan le Terrible

Sources

Ivan le Terrible, *Lettres à un félon. Correspondance entre le Tsar et le prince Andreï Kourbski, passé à l'ennemi*, traduction : MARCHADIER Bernard, Paris, L'œuvre éditions, 2012.

Le Domostroï (ménagier russe du XVIe siècle), traduction : DUCHESNE Eugène, Paris, Picard, 1910.

Études

GONNEAU Pierre, *Ivan le Terrible ou le métier de tyran*, Paris, Tallandier, 2014.

WALISZEWSKI Kazimierz, *Ivan le Terrible*, Paris, Plon, 1904.

Élisabeth Báthory

DESTAIS Alexandra, « Erzébet Báthory (Élisabeth Báthory) » in REGINA Christophe et FAGGION Lucien (sous la direction de), *Dictionnaire de la méchanceté*, Paris, Max Milo Éditions, coll. « L'inconnu », 2013.

JOLY Aurélie, *L'Étude criminologique des tueuses en série* (mémoire de Master 2), Paris, université Paris VIII, 2013-2014.

MEURGER Michel, *Dictionnaire des assassins et des meurtriers* (dir. Stéphane BON et François ANGELIER), Paris, Calmann-Lévy, 2012.

MOLNÁR Miklós, *Histoire de la Hongrie*, Paris, Hatier, 1996.

PENROSE Valentine, *La Comtesse sanglante*, Paris, Gallimard, 1962.

PÉRISSET Maurice, *La Comtesse de sang. Erzébeth Báthory*, Paris, Pygmalion, coll. « Bibliothèque infernale », 1974.

ROBERT Stéphanie, *La Cruauté au féminin : mythes et sacrifice dans* La Comtesse Sanglante *de Valentine Penrose*, Montréal, Faculté des Arts et des Sciences, 2010.

Madame Voisin

Archives de la Bastille [édition par RAVAISSON-MOLLIEN François], Paris, A. DURAND et PEDONE-LAURIEL, 1866-1904 [la source indispensable : publication des pièces de l'enquête et du procès réunies par La Reynie].

PETITFILS Jean-Christian, *Madame de Montespan*, Paris, Fayard, 1988.

QUÉTEL Claude, *Une ombre sur le Roi-Soleil : l'affaire des Poisons*, Paris, Larousse, 2007.

SAINT-GERMAIN Jacques, *La Reynie et la Police au Grand Siècle d'après de nombreux documents inédits*, Paris, Hachette, 1962.

SARMANT Thierry, *Louis XIV. Homme et roi*, Paris, Tallandier, 2012.

Landru

BÉRAUD Henri, BOURCIER Emmanuel, SALMON André, *L'Affaire Landru*, Paris, Albin Michel, 1924.

BERNÈDE Arthur, *Landru*, éditions Culture Moderne, 2012.

BIAGI-CHAI Francesca, *Le Cas Landru à la lumière de la psychanalyse*, Paris, Imago, 2014.

DARMON Pierre, *Landru*, Paris, Plon, 1994.

JAEGER Gérard, *Landru : bourreau des cœurs*, Paris, L'Archipel, 2005.

SAGNIER Christine, *L'Affaire Landru*, Paris, De Vecchi, nouvelle édition 2006.

YUNG Éric, *Landru – 6 h 10 – Temps clair (Les pièces du dossier)*, Paris, coédition Télémaque, Musée des lettres et manuscrits, 2013.

Rafael Leónidas Trujillo

Littérature

LLOSA Mario Vargas, *La Fête au Bouc*, Paris, Gallimard, 2002.

Sur Trujillo

CAPDEVILA Lauro, *La Dictature de Trujillo*, Paris, L'Harmattan, 1998.

ESPAILLAT Arturo, *Les Dessous d'une dictature*, Paris, Calmann-Lévy, 1966.

DE GALINDEZ Jesus, *L'Ère de Trujillo*, Paris, Gallimard, 1962.

DE LA SOUCHÈRE Elena, *Crime à Saint-Domingue*, Paris, Albin Michel, 1972.

Sur les États-Unis et l'Amérique latine

ANTONEL David, JAUBERT Alain, KOVALSON Lucien, *Les Complots de la CIA*, Paris, Stock, 1976.

DUBUIS Étienne, *L'Assassinat de dirigeants étrangers par les États-Unis*, Lausanne, Favre, 2011.

ROLINAT Jean-Claude, *Hommes à poigne et dictateurs oubliés de l'Amérique exotique*, Grez-sur-Loing, Pardès, 2006.

Mao Zedong

ANDRIEU Jacques, *Psychologie de Mao Tsé-toung*, Bruxelles, Complexe, 2002.

CHANG Jung et HALLIDAY Jon, *Mao*, Paris, Gallimard, 2006.

DOMENACH Jean-Luc, *Mao, sa cour et ses complots, Derrière les murs rouges*, Paris, Fayard, 2012.

FALIGOT Roger et KAUFFER Rémi, *L'Hermine rouge de Shanghai*, Rennes, Les Portes du Large, 2005.

FALIGOT Roger et KAUFFER Rémi, *Kang Sheng, le maître espion de Mao*, Paris, Perrin, coll. « Tempus », 2014.

KAUFFER Rémi, *Le Siècle des quatre empereurs, Sun Yat-sen, Chiang Kai-shek, Mao Zedong et Deng Xiaoping*, Paris, Perrin, 2014.

MACFARQUHAR Roderick et SCHOENHALS Michael, *La Dernière Révolution de Mao, histoire de la Révolution culturelle*, Paris, Gallimard, 2009.

ROUX Alain, *Le Singe et le Tigre, Mao, un destin chinois*, Paris, Larousse, 2009.

SHORT Philip, *Mao Tsé-toung*, Paris, Fayard, 2005.

ZHISUI Li, *La Vie privée du président Mao*, Paris, Plon, 1994.

Nikolaï Iejov

DŽAGFAROV N., OSIPOV V. et ČILIKOVA E., « N. Ežov, khronika prestbplenii », 2002, numéro 6.

JAKOVLEV A.N. (sous la direction de), *Ljubjanka, 1937-1938*, Moscou, Meždunarodny fond « Demokratia », 2004.

JAKOVLEV A.N. (sous la direction de), *Ljubjanka, 1939-mart 1946*, Moscou, Materik, 2006.

JANSEN M., PETROV N., *Stalin's Loyal Executioner: People's Commissar Nikolai Ezhov*, Stanford, Hoover Institution Press, 2002.

POLJANSKI Aleksej, *Ežov*, Moscou, Veče, 2001.

SOKOLOV B., *Narkomy strakha*, Moscou, AST-Press, 2001.

THOM Françoise, *Beria, le Janus du Kremlin*, Paris, éditions du Cerf, 2013.

Reinhard Heydrich

BURGESS Alan, *Seven Men At Daybreak*, Evans Brothers Limited, 1960 ; traduction : TADIÉ Marie, *Sept hommes à l'aube*, Paris, Albin Michel, 1962.

BINET Laurent, *HHhH* [pour *Himmlers Hirn heißt Heydrich*, c'est-à-dire « Le cerveau de Himmler s'appelle Heydrich », sobriquet qui aurait été donné à Heydrich, selon Mario R. DEDERICHS, par certains officiers SS], roman, Paris, Grasset, 2010.

CALIC Édouard, *Heydrich, l'homme-clé du IIIe Reich*, Paris, Robert Laffont, 1985 ; réédition Paris, Nouveau Monde, 2014.

DEDERICHS Mario R., *Heydrich. Das Gesicht des Bösen*, München, Piper, 2005 ; traduction : CANAL Denis-Armand, *Heydrich. Le Visage du Mal*, Paris, Tallandier, coll. « Texto », 2007.

GERWARTH Robert, *Hitler's Hangman: The Life of Heydrich*, New Haven, Yale University Press, 2011.

HUSSON Édouard, *Heydrich et la Solution finale*, préface de KERSHAW Ian, Paris, Perrin, 2008.

MACDONALD Callum, *The Killing of SS Obergruppenführer Reinhard Heydrich*, New York, The Free Press, 1989.

WIGHTON Charles, *Heydrich, Hitler's Most Evil Henchman*, Philadelphie, Chilton Company, 1962.

WILLIAMS Max, *Reinhard Heydrich. The Biography*, tome 1, *Road to War*, Church Stretton, Ulric Publishing, 2001, et tome 2, *Enigma*, id., 2003.

Idi Amin Dada

ALLEN John, *Idi Amin*, Farmington Hills, Blackbirch Press, 2003.

BARTER James, *Idi Amin*, San Diego, Lucent Books, 2004.

KYEMBA Henry, *A State of Blood*, Kampala, Fountain Publishers, 1997.

MARTIN David, *General Amin*, London, Faber and Faber, 1974.

MERLE Pierre, *Amin Dada ou les sombres exploits d'un sergent de l'armée britannique*, Paris, éditions Régine Deforges, 1978.

ORIZIO Riccardo, *Talk to the Devil. Encounter with Seven Dictators*, New York, Walker and company, 2003.

ROPA Denis, *Qui est Idi Amin Dada ?* Paris, L'Harmattan, 1995.

WESTLAKE Donald, *Kahawa*, Paris, Presses de la Cité, 1983 [Idi Amin Dada est l'un des principaux personnages du roman].

WIEDEMANN Eric, *Amin Dada*, Albertville, éditions Charles Denu, 1976.

Films

KERSHNER Irvin (réalisé par), *Raid sur Entebbe*, 1977.

MACDONALD Kevin, *Le Dernier Roi d'Écosse*, avec Forest Whitaker, 2007, d'après le roman de FODEN Giles ; traduction : LASQUIN François et DUFAUX Lise, Paris, éditions de l'Olivier, 2003.

PATEL Sharad, *L'Ascension et la chute d'Idi Amin*, documentaire, 1981.

SCHROEDER Barbet, *Genéral Idi Amin Dada : Autoportrait*, documentaire, 1974.

Pol Pot

BIZOT François, *Le Portail*, Paris, La Table ronde, 2000.

COURTOIS Stéphane et WERTH Nicolas (sous la direction de), *Le Livre noir du communisme, crimes, terreur, répression*, Paris, Robert Laffont, 1997.

FALIGOT Roger et KAUFFER Rémi, *Kang Sheng, le maître espion de Mao*, Paris, Perrin, coll. « Tempus », 2014.

KIERNAN Ben, *Le Génocide au Cambodge*, Paris, Gallimard,1998.

SHORT Philip, *Pol Pot, anatomie d'un cauchemar*, Paris, Denoël, 2007.

SOMANOS Sar, *Apocalypse khmère*, Paris, Jean Picollec, 2003.

SUONG Sikœun, *Itinéraire d'un intellectuel khmer rouge*, Paris, éditions du Cerf, 2013.

Charles Manson

BUGLIOSI Vincent et GENTRY Curt, *Helter Skelter, the True Story of the Manson Murders*, New York, W.W. Norton and Company, 1974.

EMMONS Nuell (confessions recueillies par), *Manson in His Own Words*, New York, Grove Press, 1988.

GORIGHTLY Adam, *Charles Manson. Magie noire, manipulations mentales et mythologie de la Manson Family*, Rosières-en-Haye, Le camion noir, 2011.

MARYNICK Marlin, *Moi, Charles Manson. Enquête sur le tueur présumé de Sharon Tate-Polanski*, Oissel, Cogito éditions, 2011.

NOËL So. et LORENTZ Christophe, *Charles Manson. Le gourou du rock*, Rosières-en-Haye, Le camion noir, 2009.

SCHRECK Nikolas, *Le Dossier Manson. Mythe et réalité d'un chaman hors-la-loi*, Rosières-en-Haye, Le camion noir, 2011.

Documentaires

Charles Manson Superstar, réal. Nikolas Schreck, 1989.

Charles Manson, la contre-enquête, réal. Patrick Schmitt, 2015.

Saddam Hussein

ANGELI Claude et MESNIER Stéphane, *Notre allié Saddam*, Paris, Olivier Orban, 1992.

BOZARSLAN Hamit, *La Question kurde, États et minorités au Moyen-Orient*, Paris, Presses de Sciences Po, 1997.

COCKBURN Andrew et Patrick, *Out of the Ashes, the Resurrection of Saddam Hussein*, New York, Harper Perennial, 2000.

KUTSCHERA Chris (sous la direction de), *Le Livre noir de Saddam Hussein*, Paris, Oh ! Éditions, 2005.

MALBRUNOT Georges et CHESNOT Christian, *L'Irak de Saddam Hussein, portrait total*, Paris, éditions n° 1, 2003.

TALABANY Nourri, *Arabization of the Kirkuk Region*, Uppsala Kurdistan Studies Press, 2001.

TRIPP Charles, *A History of Iraq*, Cambridge University Press, 2002.

Ben Laden

BERGEN Peter, *The Osama bin Laden I Know: An Oral History of al Qaeda's Leader*, New York, Simon & Schuster, 2006.

HAMEL Ian, *L'Énigme Oussama Ben Laden*, Paris, Payot, 2008.

KEPEL Gilles, *Qui est Daech ?* (avec Éric FOTTORINO, Edgar MORIN, Régis DEBRAY, Olivier WEBER, Jean-Christophe RUFIN et Tahar BEN JELLOUN), Philippe REY, 2015.

KEPEL Gilles, *Fitna, guerre au cœur de l'islam*, Paris, Gallimard, 2007.

KEPEL Gilles avec MILELLI Jean-Pierre, *Al Qaida dans le texte*, Paris, PUF, 2005 ; nouvelle édition revue et augmentée, Paris, PUF, coll. « Quadrige », 2008.

RANDAL Jonathan, *Osama: The Making of a Terrorist*, New York, Random House, 2004.

RASHID Ahmed, *L'Ombre des Talibans*, Paris, Autrement, 2001.

RUFIN Jean-Christophe et BEN JELLOUN Tahar, *Qui est Daech ?* Paris, Philippe Rey, 2015.

WEBER Olivier, *Le Faucon afghan*, Paris, Robert Laffont, 2001.

Kim Jong-un

CHARVIN Robert, *Comment peut-on être Coréen (du Nord) ?* Paris, éditions du Losange, 2006.

CUMINGS Bruce, *Korea's Place in the Sun, A Modern History*, New York, W.W. Norton, 2005.

DAYEZ-BURGEON Pascal, *La Dynastie rouge*, Paris, Perrin, 2014, réédité en coll. « Tempus », 2016.

DELWART Charly, *Citoyen Park*, Paris, Le Seuil, 2012.

MARTIN Bradley K., *Under the Loving Care of the Fatherly Leader*, North Korea and the Kim Dynasty, New York, Thomas Dunne Books, 2004.

MAURUS Patrick, *La Corée dans ses fables*, Arles, Actes Sud, 2010.

PONS Philippe, *Corée du Nord, un État-guérilla en mutation*, Paris, Gallimard, 2016.

REYNOLDS-MYERS Brian, *How North Koreans See Themselves and Why it Matters*, New York, Melville House Publishing, 2010 ; traduction : DESCHAMPS Pascale-Marie, *La Race des purs*, Paris, Saint-Simon, 2011.

Biographies des contributeurs

Jean-Yves Boriaud

Professeur émérite à l'université de Nantes, Jean-Yves Boriaud est l'auteur de *Machiavel* (Perrin, 2015, prix Provins-Moyen Âge), des *Femmes illustres de Boccace* (traduction, Les Belles Lettres, 2014, prix Jules Janin de l'Académie française), de *Galilée* (Perrin, 2012) et d'une *Histoire de Rome* (Perrin, coll. « Tempus », 2012).

Joëlle Chevé

Joëlle Chevé est historienne, spécialiste de l'époque moderne et journaliste pour la revue *Historia*. Biographe de la reine *Marie-Thérèse d'Autriche épouse de Louis XIV* (Pygmalion/Flammarion, 2008 et 2015), elle se consacre à l'histoire des femmes dans le champ de l'amour, du devoir et du pouvoir. Elle a publié une histoire des *Grandes Courtisanes* (First, 2012) de l'Antiquité aux Années folles. À paraître : *Une histoire de l'Élysée au féminin : de la IIe à la Ve République.*

Pascal Dayez-Burgeon

Normalien, agrégé d'histoire et ancien élève de l'ENA, Pascal Dayez-Burgeon est un spécialiste des deux Corées auxquelles il a consacré de nombreux articles et quatre études récentes : *Les Coréens* (Tallandier, 2011), *Histoire de la Corée* (Tallandier, 2012), *De Séoul à Pyongyang, idées reçues sur les deux Corées* (Le Cavalier Bleu, 2013) et *La Dynastie rouge, Corée du Nord 1945-2015* (Perrin, 2014 ; réédition en collection « Tempus », 2016). Après de nombreuses années en poste à l'ambassade de France à Séoul, il est actuellement chargé de mission au CNRS.

Bruno Dumézil

Bruno Dumézil est maître de conférences à l'université Paris Ouest Nanterre La Défense. Ses recherches actuelles portent notamment sur les lettres des rois et reines mérovingiens. Il a publié plusieurs ouvrages sur le haut Moyen Âge occidental : *Servir l'État dans la Gaule franque* (Tallandier, 2013), *Des Gaulois aux Carolingiens* (PUF, 2013), *La Reine Brunehaut* (Fayard, 2008) et *Les Racines chrétiennes de l'Europe. Conversion et liberté dans les royaumes barbares* V-VIIIe *siècle* (Fayard, 2005).

Fabien Faugeron

Agrégé et docteur en histoire, ancien élève de l'École normale supérieure de Fontenay/Saint-Cloud et ancien membre de l'École française de Rome, Fabien Faugeron est maître de conférences à l'université Paris-Sorbonne, où il enseigne notamment l'histoire de l'alimentation. Ses recherches portent sur l'histoire économique et sociale de l'Italie à la fin du Moyen Âge, et en particulier sur Venise à laquelle il a consacré une imposante monographie : *Nourrir la ville. Ravitaillement, marchés et métiers de l'alimentation à Venise dans les derniers siècles du Moyen Âge* (École française de Rome, 2014).

Rémi Kauffer

Auteur ou coauteur de vingt-cinq ouvrages, Rémi Kauffer a publié récemment *Le Siècle des quatre empereurs, Sun Yat-sen, Chiang*

Kai-shek, Mao Zedong et Deng Xiaoping (Perrin, 2014), *L'Histoire mondiale des services secrets de l'Antiquité à nos jours* (Perrin, 2015) et, avec Roger Faligot, *Kang Sheng, le maître espion de Mao* (Perrin, coll. « Tempus », 2014). Il vient de faire paraître chez Perrin *Paris la Rouge, capitale mondiale des révolutionnaires et des terroristes*, dont un chapitre raconte les années parisiennes de Pol Pot.

Jean-Pierre Langellier

Journaliste, spécialiste des questions internationales, Jean-Pierre Langellier a travaillé pendant trente-cinq ans au *Monde*, notamment comme correspondant à l'étranger (Nairobi, Jérusalem, Londres et Rio de Janeiro). Il est l'auteur de plusieurs ouvrages, dont *Les Héros de l'An Mil* (Seuil, 2000) et *Dictionnaire Victor Hugo* (Perrin, 2014).

Xavier de Marchis

Libraire parisien, Xavier de Marchis est l'auteur du portrait de la reine Brunehaut pour *Les Derniers Jours des reines* (Perrin-Le Figaro Histoire, 2015) et de « Trujillo, le César des tropiques » pour *Les Derniers Jours des dictateurs* (Perrin-L'Express, 2014). Il tient régulièrement des chroniques à la télévision pour *Télématin* sur France 2 et à la radio pour France Info.

Lorraine de Meaux

Lorraine de Meaux, agrégée et docteur en histoire, spécialiste de la Russie moderne et contemporaine, a notamment publié *La Russie et la Tentation de l'Orient* (Fayard, 2010) et l'édition critique du *Roman d'une impératrice Catherine II de Russie* de Kazimierz Waliszewski (Perrin, 2011). Avec Véronique Jobert, elle a été commissaire de l'exposition *Intelligentsia. Entre France et Russie, archives inédites du* XXe *siècle* (Beaux-Arts éditions, 2013).

Éric Pincas

Rédacteur en chef du magazine *Historia*, Éric Pincas est historien de formation et ancien élève de l'Institut français de presse. Spécialisé dans la vulgarisation historique depuis dix-huit ans, il a publié de nombreux reportages, enquêtant sur des sujets méconnus comme le dossier secret de l'affaire Dreyfus, les fusillés pour l'exemple de la Grande Guerre ou les rites funéraires d'il y a 35000 ans. Il est l'auteur de *Qui a tué Neandertal ? Enquête sur la disparition la plus fascinante de l'histoire de l'humanité* (Michalon, 2014).

Lionel Richard

Professeur honoraire des universités, Lionel Richard est l'auteur de nombreux livres sur l'histoire culturelle de l'Allemagne (*La Vie quotidienne sous la République de Weimar*, Hachette, 1983 ; *Comprendre le Bauhaus*, Infolio, 2009) et sur le national-socialisme (*Goebbels. Portrait d'un manipulateur*, André Versaille éditeur, 2008 ; *Malheureux le pays qui a besoin d'un héros. La fabrication d'Adolf Hitler*, Autrement, 2014). Poète, critique littéraire, traducteur, il a longtemps été un collaborateur régulier du *Magazine littéraire*, du *Monde diplomatique* et des émissions de France Culture.

Catherine Salles

Catherine Salles, agrégée et docteur en lettres classiques, a enseigné à l'université Paris X-Nanterre (Latin et civilisations antiques). Elle a publié de nombreux ouvrages sur l'Antiquité : *Les Bas-Fonds de l'Antiquité* (Payot, 2004), *Lire à Rome* (Payot, 2010), *L'Antiquité romaine* (Larousse, 1999), *La Rome des Flaviens* (Perrin, 2002), *Saint Augustin, un destin africain* (Desclée de Brouwer, 2009), *Histoire du mariage* (Robert Laffont, 2009), *L'Amour au temps des Romains* (First, 2011), *Le Grand Incendie de Rome* (Tallandier, 2015).

Thierry Sarmant

Thierry Sarmant, archiviste-paléographe, docteur habilité de l'université de Paris I, est conservateur en chef au Service historique de la Défense. Il a publié de nombreux travaux sur l'histoire politique et administrative du Grand Siècle, en particulier *Régner et gouverner : Louis XIV et ses ministres* (Perrin, 2010, en collaboration).

Françoise Thom

Maître de conférences en histoire contemporaine à l'université Paris IV Sorbonne, agrégée de russe, Françoise Thom est spécialiste de l'histoire de l'URSS et du monde communiste. Elle est l'auteure de *Beria, le Janus du Kremlin* (éditions du Cerf, 2013).

Olivier Tosseri

Journaliste et écrivain, Olivier Tosseri vit à Rome et arpente la péninsule depuis sept ans. Il est passionné par son histoire et aime la raconter. Il est l'auteur de plusieurs ouvrages dont le roman *Le Bal des hommes* (Robert Laffont, 2014) et a participé à l'ouvrage collectif *150 idées reçues sur l'Histoire* (First, 2013).

Laurent Vissière

Ancien élève de l'ENS et de l'École nationale des chartes, Laurent Vissière est maître de conférences en histoire médiévale à l'université de Paris-Sorbonne et membre du comité éditorial d'*Historia*. Spécialiste de l'histoire politique et militaire de la fin du Moyen Âge, il travaille actuellement sur la vie quotidienne en période de siège au XVe siècle. Il a récemment publié *Les Paysages sonores du Moyen Âge à la Renaissance*, en collaboration avec Laurent Hablot (Presses universitaires de Rennes,

2015), et *Le Feu et la Folie. L'irrationnel et la guerre (fin du Moyen Âge-1920)*, en collaboration avec Marion Trévisi (Presses universitaires de Rennes, 2016).

Olivier Weber

Écrivain et journaliste, Olivier Weber a reçu le prix Albert Londres, le prix Joseph Kessel et le prix de l'Aventure. Ancien reporter de guerre puis ambassadeur de France itinérant pendant cinq ans, il a séjourné avec une quinzaine de mouvements de guérilla pour les besoins de ses livres et de ses reportages, et a couvert une vingtaine de conflits. Ses derniers ouvrages parus sont *L'Enchantement du monde* (Flammarion, 2015) et *Frontières* (Paulsen, 2016).

Crédits iconographiques

Caligula, ©Photo 12 / Universal Images Group / Getty Images

Néron, empereur romain (37 av JC – 68 av JC), buste antique, Ier siècle, ©Ullstein Bild / Getty Images

Frédégonde, épouse de Chilpéric Ier, reine de France, ©Château de Versailles, Dist. RMN-Grand Palais / Image Château de Versailles

Ezzelino da Romano, Portrait de Ezzelino da Romano, ©DEA / G. DAGLI ORTI / De Agostini / Getty Images

Gilles de Rais, Graf Gilles de Montmorency-Laval, Baron de Rais, Marschall von Frankreich, Portrait, vermutl. 19. Jhdt. ©Ullstein Bild / Getty Images

Vlad III, l'Empaleur 1906, (1907), ©Print Collector / Hulton Archive / Getty Images

Le pape Alexandre VI, ©Hulton Archive / Getty Images

Tsar Ivan IV Vasilyevich dit « Ivan le Terrible » (1530-84), 1897 (huile sur toile), ©Victor Mikhailovich Vasnetsov / Art Image / Getty Images

Élisabeth Báthory (1560/1561-1614), comtesse de Transylvanie, membre de la famille royale de Hongrie, tableau, ©Apic / Hulton Fine Art Collection / Getty Images

L'affaire des Poisons… ©DEA PICTURE LIBRARY / De Agostini / Getty Images

Henri Désiré Landru, ©Bentley Archive / Popperfoto / Getty Images

Rafael Leónidas Trujillo Molina (1891-1961), dictateur de la République dominicaine entre 1930 et 1961. Portrait datant des années 1940, ©Ullstein Bild / Getty Images

Mao Zedong (1893 - 1976), révolutionnaire chinois, théoricien politique et leader communiste. Gouverna la République populaire de Chine de 1949 à 1976… ©Universal Images Group / Getty Images

Nikolai Iejor. Artiste anonyme, ©Heritage Images / Hulton Archive / Getty Images
Reinhard Heydrich, ©PhotoQuest / Archive Photo / Getty Images
Général Amin, ©Central Press / Hulton Archive / Getty Images
Portrait de Pol Pot, ©Bettmann / Getty Images
Photographie de Charles Manson, ©Michael Ochs Archives / Getty Images
Saddam Hussein, ©Thomas Hartwell / The LIFE Images Collection / Getty Images
Oussama Ben Laden, Sans titre, ©ATLASPRESS / MAXPPP
Kim Jong-un lors d'un défilé, ©Kyodo / MAXPPP

Ouvrage réalisé par Cursives à Paris
Imprimé en France par Normandie Roto Impression s.a.s. à Lonrai
Dépôt légal : novembre 2016
N° d'édition : 549 – N° d'impression : 1604038
ISBN 978-2-35584-549-9

MIXTE
Papier issu de
sources responsables
FSC® C003309
FSC
www.fsc.org

Les papiers utilisés dans cet ouvrage
sont issus de forêts responsablement gérées.